한국사 진실 찾기
2

김 태 영

글터
GAEUL TER

머리말

　삼공 김태영 선생님의 프로필의 저서 목록에는 『한국사 진실 찾기』가 1,
2권으로 소개된다. 1권은 2012년 도서출판 명보를 통해 발행되었는데 『선도
체험기』 97권부터 102권까지의 내용 중 한국사에 관련한 글을 모은 것이다.
그렇다면 2권은 『선도체험기』가 계속 발간되면 언젠가 나올 것으로 기대되
었다.

　도서출판 명보가 더이상 책을 발간하지 않게 되었을 때 글터 출판사 사장
님의 후의로 『선도체험기』 104권부터 120권까지 완간되었다. 이에 『한국사
진실 찾기』 2권이 나올 여건이 마련되었지만, 삼공 선생님께서 귀천하시고
말았다.

　그동안 『약편 선도체험기』 30권을 완간했는데, 후속으로 『한국사 진실
찾기』를 발행하자고 사장님의 제안을 받았다. 삼공 선생님의 3주기를 맞이
한 시점이라 이에 기념사업으로 이 책을 출간하기로 하였다. 그래서 기존의
1권 원고를 새로 교열, 편집하여 전달하였다.

　2권의 원고는 『선도체험기』 103권 이후의 내용에서 한국사 관련 글을 추
려 만들었다. 목차는 1권의 방식을 따라 전부 7개 부로 나누고, 1부는 『선
도체험기』 103권, 2부는 104권, 3부는 105권, 4부는 106권, 5부는 107권, 6
부는 108권, 마지막 7부는 109권과 110권에 실린 글로 나름 구성했다.

　이 작업을 하면서 삼공 선생님께서 직접 만드신다면 어떻게 구성하실지,
2권을 안 내신 특별한 이유가 있는 것인지, 이번 일이 혹 선생님께 누가 되
는 것은 아닐지 등등 생각도 했다. 그런데 기념 사업의 일환으로 단순화하

여 임하기로 했다.

역사는 승자를 위해 또한 역사가의 시각에 의해 편집되고 해석되는 경향이 있다. 한국사 특히 한국의 고대사에 관한 많은 책이 조선 시대에 사라졌고, 일제 강점기에 만들어진 식민사학에 의해 우리 역사가 왜곡된 채 오늘에 이르렀다. 또한 중국이 한족 중심의 역사를 재편하고 있기에 그 영향을 알게 모르게 받아왔을 것이다.

이러한 배경을 안다면 기존에 배워 알던 한국사가 과연 제대로 된 것이지 회의가 생길 수밖에 없다. 그럴 때 이 책이 한국사에 대한 경직된 사고방식을 넓히는 데 기여한다면 다행이겠다.

마지막으로, 『한국사 진실 찾기』를 발간하자고 제안해 주신 글터 출판사에 한신규 사장님께 감사드리고, 『약편 선도체험기』의 교열 멤버인 신삼공재의 별빛자, 대명, 선광 님들이 이번에도 도움을 주신 데 대하여 고마운 마음을 전한다.

단기 4357(2024)년 2월 16일

엮은이   조 광 씀

차 례

제1부

제2부

제3부

제
1
부

350년 된 종가 이야기

대륙사관에 관심이 있는 김춘배 씨가 말했다.

"요즘 텔레비전에 보면 흔히 350년 된 종가의 음식 맛의 대를 이어온 맏며느리 얘기 같은 것이 자주 나옵니다. 조선 왕조가 1910년까지 대륙에 있었다면 350년 된 종가가 어떻게 한반도에 있을 수 있는지 의문이 아닐 수 없습니다. 역사가 오래된 종가쯤 되면 조선 왕조의 실세로서 그 당시에 대륙 동부에 살았을 것이기 때문입니다. 선생님께서는 이것을 어떻게 생각하십니까?"

"물론 그런 의문이 생길 수 있습니다. 9100년이나 대륙에서 역사 생활을 하여 온 우리나라가 서세동점 시기인 지금으로부터 130년 전후에 한반도로 이전되면서 반도에서의 본격적인 역사 활동이 시작되었으니까요. 조선 왕조가 대륙 동부에서 통째로 한반도로 이주하면서 대륙에서의 역사는 한반도에서 일어난 것처럼 일제에 의해 교묘하게 짜맞추어졌다는 것은 이미 말했습니다.

바로 그때에 우리나라의 역사와 유적뿐만 아니라 가문의 역사까지도 대륙에서 한반도로 통째로 옮겨졌습니다. 동시에 그곳의 땅 이름까지도 그대로 대륙에서 반도로 고스란히 옮겨져 왔습니다. 그래서 한반도에는 동정호洞庭湖 같은 큰 호수가 없는데도 호남湖南이라는 지명이 그대로 껴묻혀 들어와 한반도의 전라남북도 지방의 별칭이 되기도 했습니다.

손쉬운 실례를 하나 들겠습니다. 30년 전 서울에 강남 개발 붐이 일면서 강북에 있었던 몇몇 명문 중고등학교들이 강남으로 이전했습니다. 가령 100년 전통을 자랑하는 어떤 고등학교가 강북에서 강남으로 30년 전에 이전했을 때 30년의 전통을 가진 학교라고 할까요? 그렇지 않으면 강북에서 100여 년 전에 창설된 학교라고 할까요?

당연히 강남에 이사 와서도 그 학교의 100년 전통은 그대로 살아 있게 됩니다. 가문도 마찬가지입니다. 350년 전에 대륙에서 시작된 가문이라면 한반도에 옮겨와서도 그 역사는 그대로 전수됩니다.

이씨조선 왕조가 1392년에 대륙에서 역성혁명으로 고려를 뒤엎고 개국되었는데, 지금으로부터 130년 전후부터 순차적으로 한반도로 이전해 왔다고 해서 130년 전에 건국되었다고는 말하지 않는 것과 같습니다. 틀림없이 이조는 한반도에 이사 와서도 1392년에 건국되었다고 말합니다. 그와 마찬가지로 350년 된 가문도 한반도에 이사 와서도, 이사한 연도 따위는 무시하고 처음 대륙에서 시작된 350년 전통을 그대로 사용합니다."

"그렇다면 중국에서 언제부터 그 가문이 시작되었다고 밝히지 않는 것은 무엇 때문일까요?"

"그거야말로 한국민을 일본의 영원한 식민지 노예로 길들이기 위하여 일본이 날조한 반도식민사관에 의한 교육이 일제강점기 35년과 해방 후 66년 총 101년 동안 일사불란하게 실행되었기 때문입니다."

"그렇다면 우리나라가 일본의 강점으로부터 해방된 지도 벌써 66년이나 흘렀는데도 그러한 진상이 명명백백하게 밝혀지지 않는 이유는 무엇일까요?"

"우리나라가 일본의 강점에서 해방된 지 어언 66년의 세월이 흐른 것은 명백한 사실이지만 한국 역사 분야에서만은 아직도 일제강점기가 그대로 계속되고 있기 때문입니다. 그 한 실례로 대한민국에서 각종 역사 교과서를 집필하는 사학자들이 일본인 스승들이 가르쳐 준 반도식민사관을 그대로 교과서에 적용하고 있기 때문입니다. 이것이 불변의 냉혹한 현실입니다. 이 현실을 타파하고 역사의 진실을 밝히자는 것이 나의 생각이고 여러분의 생각이기도 합니다."

장보고의 청해진은 청해성 서녕시

스승님 그간 안녕하십니까? 지난 7월 말 삼공재를 방문한 지 벌써 한 달이 지났습니다. 방문 직후 큰비가 와서 강남역 일대가 물이 잠기는 수해가나서 큰 걱정을 했습니다. 스승님 댁이 고지대라 다행이지만 혹 다른 피해는 없으셨는지요?

제가 사는 부산도 올여름 비가 많이 와서 여름이 실종된 것 같지만은 별다른 피해는 없었습니다. 제가 하고 있는 수련 경과를 말씀드리겠습니다. 6월 초금주를 결심하고 현재 80일째 축기에 열중하고 있습니다. 뒷산 약수터에 매일오르고 생식을 하루 2끼씩 하며 매일 3시간 이상 정좌 수련을 하고 있습니다.

단전에 기방이 형성된 것이 느껴지고 뜨거운 기운이 여기저기 관통하는것이 느껴집니다. 특히 대맥이 뜨겁게 달아오르고 인당으로 들어오는 기운이 대추 명문을 지나 단전으로 흘러와 쌓이고 있습니다. 조금씩이나마 수련에 진척이 있습니다.

이번 9월 3일 삼공재 방문 예정이오니 허락해 주시기 바랍니다. 생식도 구입할 준비를 하고 가겠습니다. 그럼 안녕히 계십시오. 끝으로 제가 틈틈이연구한 역사 지리 연구 내용을 올립니다. 많은 지도 편달을 부탁드립니다.

2011년 9월 1일
부산에서 마운일 올림

제목: 고려 역사 지리 연구

『고려사』「지리지」의 기록을 살펴보자.『고려사』권 제58, 지 제12. 서해도는 본래 고구려의 땅이었는데 당나라 고종이 고구려를 멸망시켰으나 그 지역을 지키지 못하였으므로 신라가 마침내 이를 합하였으며 신라 말에 이르러서는 궁예가 웅거하게 되었다.

고려 태조가 나라를 세우고서는 이 지역을 다 소유하였고 성종 14년에 전국을 10개 도로 나눌 때에 황주黃州, 해주海州 등 주, 현을 관내 도에 소속시켰다가 후에 서해도로 고쳤으며, 그 후 수안遂安, 곡주谷州, 은률殷栗현 등을 원나라에 빼앗겼었는데 충렬왕 4년에 이를 돌려받았다. 이 서해도의 관할에 대도호부가 1개, 목牧이 1개, 군이 6개, 현이 16개, 진鎭이 1개 있다.

안서 대도호부 해주安西 大都護府 海州

안서 대도호부 해주는 원래 고구려의 내미홀內米忽(지성池城 또는 장지長池라고도 한다)인데 신라 경덕왕은 폭지군瀑池郡으로 바꾸었다. 고려 태조는 이 군을 해주라고 부르고, 성종 2년 처음으로 전국에 12개의 목을 설치했을 때 그중 하나가 되었으며, 14년 12개 주에 절도사를 두면서 우신책군이라 부르고 좌신책군 양주楊州와 함께 서울을 지키는 좌우 2개의 방어선의 하나가 되었다.

대녕서해大寧西海(성종이 정한 명칭이다) 또는 고죽孤竹이라고도 부른다. 수양산, 대수압도, 소수압도, 연평도, 용매도 등이 있으며 이 주에 소속된 현이 3개 관할하에 방어군이 1개, 현령관이 1개, 진이 1개 있다. 고려 성종이 정한 명칭 대녕서해大寧西海의 줄인 명칭이 서녕西寧이다.

대륙의 청해성 지도이다(생략). 중국에서 제작한 교통지도로 청해호수 옆에 청해진이 있어야 할 곳에 서해진이 있다. 이곳 청해호에 서해진으로 표기된 현재 대륙의 지명을 잘 생각해 보자.

청해성에 있는 진의 이름이 왜 서해진일까?

고려 때 이 지역을 서해도로 불렀음을 상고해 볼 때 왜 그들이 청해진을 서해진이라고 했는지 알 수 있다. 그 후 현종 4년 안서 대도호부로 고쳤다가 고종 34년 해주목으로 하였다. 대녕서해大寧西海(성종이 정한 명칭) 또는 고죽孤竹이라 부른다.

이곳 청해성의 중심지가 서녕西寧이란 도시이다. 서녕은 대녕서해란 뜻이다. 바로 이곳이 고려의 해주임을 알 수 있다. 또 이곳이 신라 장보고 장군이 청해진을 건설하여 실크로드를 장악한 중심지임을 지도를 통해 알 수 있다.

황하의 상류 지역, 감숙성 난주를 통해 황하를 건너면 만나는 감숙성 회랑 지대, 남쪽의 기련산맥과 북의 고비사막 사이로 난 길다란 유일한 통로, 실크로드 길을 장악한 장보고 장군의 청해진이 바로 이 해주의 서해진이었던 것이다.

대녕서해란 서쪽, 청해성 지역의 바다와 같은 넓은 땅의 안녕을 책임진다는 뜻이고, 폭지瀑池, 장지長池, 지성池城이란 이름으로 불린 것을 보면 광활하게 넓고 무한정한 불모지대, 황하의 상류 지대로 큰 못과 거대한 호수와 수많은 늪지대 등으로 마치 바다와 같은 곳으로, 우리 역사의 기록에 큰 강, 사막 등을 즐겨 바다(海)로 기록했음을 볼 때, 청해성이 바다가 아님에도 청해靑海라 한 것처럼, 바로 고려의 서해도가 청해성이며 안서 대도호부 해주가 대녕서해 즉 지금의 청해성의 요충지 서녕시인 것을 알 수 있다.

그리고 이곳이 우리가 그토록 찾아 헤매던 장보고의 청해진인 것이다. 청해성에 청해진이 있었지 왜 한반도 남해안 완도에서 청해진의 유적을 찾을 것인가? 참으로 한심하다고 아니할 수 없다.

위의 지도(생략)는 감숙성을 중심으로 한 지도로 청해진이 대륙의 서안에서 실크로드를 따라가다 보면 감숙성 난주에서 황하를 건너게 되고, 기련산맥과 고비사막 사이로 형성된 기다란 감숙성 회랑 지대를 따라 돈황까지 연결된 실크로드의 요충지에 청해진이 설치되어 있음을 알 수 있다.

바로 대륙의 청해성 서녕시인 해주 지역에 청해진이 설치된 지정학적인 이유이다. 서녕이란 지명이 서쪽의 안녕을 책임지는 곳이란 뜻이다. 또한 이 서녕시 남쪽에 흐르는 황하가 북으로 흘러 난주를 지나서 은천銀川시에 도달한다.

이곳이 백주 은천이다. 강감찬 장군의 아명이 은천이란 사실을 알고 있는 가. 은천시 아래로 흐르는 황하의 지류가 청수하이다. 이곳이 청천강 살수 인 것이다. 『고려사』 「지리지」에 소개된 해주의 소속 군, 현을 살펴보면

1) 염주鹽州: 글자 그대로 소금이 많이 나는 곳이다.

   본래 고구려의 동음홀冬音忽(또는 고염성鼓鹽城)을 신라 경덕왕이 해고海皐 군으로 바꾸고 고려 초 염주라 고쳤으며 석주, 온주목 연안부로 하였 는바 오원五原이라고 부른다.

   - 염주를 오원이라 했고 백주를 은천이라 하였는데 이곳이 지금의 영 하회족자치구와 내몽고자치구의 접경지대로 은천시와 오원시가 황하 유역에 자리하고 있다. -

2) 백주白州: 고구려의 도랍현으로 신라 경덕왕이 구택으로 고쳐 해고군 관할로 하였고, 의종 12년 토산 중흥궐을 세우고 지개흥부사로 승격시 켰다. 은천銀川이라고도 부른다. 감숙성에 백은白銀시가 있다.

   - 『고려사』의 고대 지명들이 대륙의 청해성, 감숙성에 그대로 살아 숨 쉬고 있다. -

3) 안주安州: 원래 고구려의 식성군인데 거란군을 물리친 공로로 재령현 령관으로 승격, 안릉 또는 안풍이라 부른다.

4) 풍주豐州: 원래 고구려의 구을仇乙현인데 서하西河라고도 한다. 여기 소속 군이 1, 현이 5개 있다.

ㄱ) 안악安岳군: 원래 고구려의 양악楊岳군인데 양산이라고도 부른다. 여기에는 아사나루성초阿斯津省草곶과 아사나루도阿斯津桃곶이 있다.

ㄴ) 유주는 원래 고구려의 궐구로 시녕始寧이라고도 부른다. 여기에 구월산 (세상에 전하기를 아사달阿斯達산이라고 한다), 장장평(세상에 전하기를 단군이 도읍했던 곳)이라고 한다. 즉 장당경이 잘못 전해진 것이다. 삼성사(단인, 단웅 및 단군의 사당이 있다) 등이 있다.

ㄷ) 은률은 고구려의 율구인데 고려 초에 바뀌었다.

ㄹ) 청송현은 고구려의 마경이인데 고려 초에 바뀌었고, 예종 원년에 감무를 두었다. (해안현령관이 왜적의 침입을 막기 위해 설치되었다.)
  - 위의 지도(생략)를 보면 서녕시 옆에 해안시(고려 시대 때 해고군)가 있다. -

ㅁ) 가화현은 원래 고구려의 판마곶으로 고려 초 지금 명칭으로 고쳤다.

ㅂ) 영녕현은 고구려의 웅한이이다.

ㅅ) 옹진현은 원래 고구려의 옹천인데 고려 초에 옹진으로 고쳤고 현종 9년 현령을 두었다. 여기에 기린도, 창린도, 어화도, 고도, 모도 등이 있으며 소속 현이 2개 있다.

ㅇ) 장연현(장담이라고도 한다)은 이곳에 장산곶과 백사정이 있다.

ㅈ) 영강현은 고구려의 부진이이다.

ㅊ) 백령진은 고구려의 곡도로 고려 때 진으로 하였다. 이곳에 대청도와 소청도가 있다.

이렇게 많은 지명이 천 년 전 고려 시대에 존재하였고 그 지역이 한반도의 3배가 더 되는 거대한 대륙의 청해성이란 사실에 가슴이 뛴다. 한반도에는 해주시 위에 장연長淵이란 지명이 있고, 그 위쪽에 구월산이 있을 뿐이다.

이 구월산이 옛적에 아사달산이라 하고 단군이 도읍한 곳이다라고 『고려사』는 말한다. 위의 『고려사』에는 안악군에 아사나루도곶과 아사나루성초

곳이 있는데 다 아사나루란 접두어가 지명에 붙어 있다.

대륙의 청해성에서 다음의 지명들과 비교해 보자.

아사달阿斯達산

우랄알타이산맥을 아미태산阿彌泰山이라 하고 또 곤룬산 바로 옆에 아미금산阿彌金山이 있고, 청해성과 서장자치구인 티벳 사이에 당고랍산唐古拉山이 있다. 이곳을 청장靑藏고원이라 하고 청해성에 자달목紫達木 분지가 있다.

또한 아랍달택산阿拉達澤山이 있는데, 천산에 있는 나라 이름에는 스탄斯坦이라는 말이 붙는다. 타지키스탄塔吉克斯坦(탑의 땅이란 뜻), 아프카니스탄, 우즈베키스탄, 키르키스탄, 카자흐스탄, 파키스탄...

지도를 확인하여 우리 민족의 고향 아사달을 찾아보자. 대륙의 티벳고원 일대가 고조선 시대의 장당경임을 알 수 있다.

〈필자의 회답〉

기방이 형성되고 대맥이 열리는 등 수련에 큰 진전을 이룬 것을 환영합니다. 계속 정진하시기 바랍니다.

우리나라 각종 교과서에는 통일신라 때에 진鎭을 설치했었다는 유적 하나 없는데도 장보고의 청해진이 한반도 남쪽의 완도에 있었던 것으로 되어 있습니다. 순전히 일본 어용 사학자들이 한반도를 영원히 자기네 식민지로 지배하기 좋게 하기 위해서 날조해 낸 반도식민사관이 빚어낸 허구요 공상에 지나지 않습니다.

이러한 역사 날조 범죄의 진상이 『고려사』 「지리지」에 의해 지금 산산이 깨어져 나가면서 백일하에 폭로되는 순간입니다. 그런데 문제는 이러한 일본의 역사 날조 범죄 행위가 1945년 우리가 일제로부터 해방이 된 지 어느덧 66년이란 세월이 흘렀는데도 불구하고, 우리나라 각종 역사 교과서에는 그대로 활개를 치고 있다는 엄연한 사실입니다.

대한민국의 교육 당사자들과 국사편찬위원회란 곳은 세금만 축내면서 도대체 뭐 하는 곳인지 묻고 싶습니다. 국민의 한 사람으로서 실로 통탄을 금할 수 없는 일이 아닌가 합니다.

대륙 고려의 연구

삼공 스승님 전.

안녕하십니까? 지난 9월 초 삼공재를 방문한 지 벌써 한 달이 훌쩍 지나가 버렸습니다. 지난 한 달간 추석도 들어 있었고, 계절이 여름에서 가을로 완연히 바뀌었습니다. 단전호흡 수련이 별 진전이 없어 면목이 없습니다.

한 달에 한 번 삼공재를 방문할 때 별 진전이 없으면 숙제를 못 하고 가는 기분입니다. 생각해 보면 삼공수련은 참으로 어려운 것 같습니다. 저는 첫 번째의 수련의 난관의 하나가 술입니다. 지난 6월 초 단단히 결심을 하고 100일을 버티려고 하였는데 한 달이 가고 두 달이 가면서 제방에 물 스며들 듯이 조금씩 조금씩 허물어져서 지금은 간신히 버티고 있는 형국입니다.

하지만 다시 마음을 다잡고 며칠 전부터는 조심을 하고 있습니다. 내일 10월 8일 삼공재를 방문하려고 합니다. 이번 삼공재 수련을 계기로 다시 열심히 수련하는 자세가 확립되도록 최선을 다하겠습니다. 많이 도와주시기 바랍니다. 그럼 이만 줄이겠습니다. 다음은 제가 그간 연구한 고려의 역사 지리의 내용입니다. 많은 조언을 부탁드립니다.

2011년 10월 7일
부산에서 마윤일 올림

제목: 고려의 안북安北 대도호부 영주寧州는 영하회족자치구이다

북계北界

고려의 행정 구역은 성종 때 전국을 나누어 10개 도를 만들고(1 관내도, 2 중원도, 3 하남도, 4 강남도, 5 영남도, 6 영동도, 7 산남도, 8 해양도, 9 삭방도, 10 패서도), 12개 주에 각각 절도사를 두었고 그 후 전국을 다시 5개 도와 두 개의 계(양광도, 경상도, 전라도, 교주도, 서해도와 동계, 북계)로 만들었는데 전국에 총계 경京 4개, 목牧 8개, 부府 15개, 군 129개, 현 335개, 진鎭 29개를 두었다.

이들 중 동계는 철령 이북은 삭방도로 그 이남은 강릉도로 이 둘을 합쳐 강릉삭방도로 또는 연해명주도로, 공험진 이남으로부터 삼척 이북까지의 지역을 동계라 이름 지었다. 이 동계의 관할하에 도호부가 1개, 방어군이 9개, 진이 10개, 현이 25개 있었다.

예종 때 추가로 대도호부 1개, 방어군 4개, 진 6개를 설치하였고, 공민왕 이후에는 부 2개를 설치하였다. 또한 북계는 고조선의 옛 땅으로 삼국 시대에는 고구려의 땅으로, 보장왕 27년 신라 문무왕이 당나라 장군 이적과 함께 고구려를 멸망시키고 이 지역을 합쳤으며 후고구려왕 궁예가 이 지역에 패서 13진을 설치하였다.

고려 성종 14년 전국을 10개 도로 나눌 때 서경 관할하의 지역을 패서도로 만들었다가 후에 북계로 불렀다. 숙종 7년 다시 서북면이라고 불렀고 후에 황주, 안악, 철화, 장명진을 이 북계에 소속시켰으며 신우 14년에는 옛날대로 서해도에 소속시켰다.

이 북계의 관할하에 부가 1개, 대도호부가 1개, 방어군이 25개, 진이 12개, 현이 10개 있고 중엽 이후 설치된 부가 2개, 군이 1개 있다. 패서 13진, 패서도 등 패수의 서쪽이 북계가 된다.

한반도에서는 대동강 서쪽에 황해 바다가 있을 뿐이다. 대륙에 있던 고구려의 패수는 황하에 합류되는 위수이다. 그리하여 패서도가 서해도가 되며 서해도의 해주가 청해성의 서녕시가 되는 것이다.

1. 서경 유수관 평양부

당요 무진년 신인 단군이 나라를 건국하고 조선이라 하였으며 평양에 도읍을 정했다. 고구려 장수왕 15년 국내성으로부터 도읍을 옮겨 이곳을 수도로 정하였으며, 보장왕 27년 고구려의 멸망으로 신라의 땅이 되었고, 고려 태조 원년 평양이 황폐하여 염주, 백주, 황주, 해주, 봉주 등지의 백성을 이주시키고 대도호부로 만들었다가 얼마 후 서경이라 하였고, 성종 14년 서경 유수라 불렀다.

목종 원년에는 또 호경으로 고쳤고, 문종 16년 다시 서경 유수관이라 하고 그 직할하에 4개 도를 설치하였다. 인종 13년 서경의 중 묘청, 류참 및 분사시랑 조광 등이 반란을 일으켜 절령도를 차단하였으므로 원수 김부식 등이 이를 진압하였다.

얼마 후 직할하의 경기 4개 도를 없애고 6개의 현을 설치하였다. 원종 10년에 서북면 병마사영 기관 최탄과 삼화교위 이연령 등이 반란을 일으켜 유수를 죽이고 서경과 여러 성을 가지고 몽골에 투항하여, 몽골은 서경을 동령부로 만들어 자비령을 경계로 만들었다.

충렬왕 16년 원나라가 서경과 여러 성을 돌려주었으므로 다시 서경 유수관으로 고쳤고, 공민왕 18년 만호부를 두었고 후에 평양부로 고쳤다.

여기에 대동강(패강 또는 왕성강이라고 한다. 이 강의 하류는 구진익수로 되어 있다), 대성산(구룡산 또는 노양산이라고도 한다. 산마루에 3개의 연못이 있다), 2개의 옛 성터(하나는 기자 때에 쌓은 것으로 성안을 정전제를 써서 구획하였고, 다른 하나는 고려 성종 때 쌓은 것이다), 기자묘(부성 북쪽 토산 위에 있다), 동명왕묘(부성 동남쪽 중화와 접경인 용산에 있는데 사람들은 진주묘라고도 부른다. 또한 인리방에는 그 사당이 있는데 고려에서는 계절에 따라 제사를 지냈으며 세상에 전하기를 동명성제의 사당이라고 한다.), 을밀대(금수산 마루에 있는데 이 대 아래 층층이 쌓인 낭떠러지 곁에 영명사가 있다. 이곳이 곧 동명왕의 구제궁이며 그 안에 기린굴이 있고 굴 남쪽은 백은탄이며, 이곳에 바위가 있어 조수가 드나들므로 조천석이라고 한다) 등이 있으며 소속 현이 4개 있다.

- 아래 지도(생략)는 대륙의 장안성을 지나 흐르는 위수(대동강)와 한수의 흐름이다.

대륙의 물에 대한 기록의 원전인 상흠의 『수경水經』에 대동강 즉 패수浿水에 대하여 다음과 같은 기록을 남겼다. "浿水出樂浪鏤方縣 東南過臨浿縣 東入于海." 동쪽으로 바다에 들어간다는 표현으로, 과거 많은 학자들이 서를 동으로 잘못 적었으니 하면서 논란이 많았다. 패수가 대륙의 황하와 합류되어 동해 바다로 들어가니 동입우해東入于海가 맞는 것이다.

* 『청일통지』의 기록에 의하면 "패수는 조선국 평양성의 동쪽에 있는데 일명 대통하라고 한다. 가운데에 조천석이 있는데 당나라 소정방이 패수에서 군사를 격파하였다고 하는데 바로 이곳이다" 하였다.

* '대통하'는 청해의 서북 '아목니니고'산에서 발원하여 동쪽으로 흐르는 '간니 대통하'이며 '화석특 좌익두기' 북쪽 좌우의 물을 모두 받아, 동남으로 방향을 틀어 대통현을 경유하여 감숙성으로 들어온다. 영등현 서쪽에서 동남으로 흘러 황수에 들어오고, 이 황수는 다시 황하에 합류하는 하천을 말하는데 이러한 하천을 패수라고 했다. 바로 대륙의 장안성(서안, 서경, 평양성)을 흐르는 위하渭河가 동쪽으로 흘러 황하와 합류하고 결국 동해 바다로 들어간다. -

2. 안북 대도호부 영주寧州

원래 고구려의 팽원彭原군인데 태조 14년 안북부를 설치하였고 성종 2년 영주안북 대도호부라고, 현종 9년에는 안북 대도호부라고 하였다. 고종 43년 왕은 몽골 침략군을 피하여 창린도로 들어갔다가 나왔고, 공민왕 18년 안주 만호부를 설치하였고 후에 목으로 승격시켰는바 안릉安陵이라고도 부른다.

이 주에는 청천강이 있으며(옛날에 살수라고 불렀으며 고구려 을지문덕 장군이 수나라 침략군 100만 대군을 격파한 곳이다) 그 당시 한반도에는 청천강이라는 이름을 가진 강이 없었다.

본 부 관할하에 방어군이 25개, 진이 12개, 현이 6개 있다.

- 한반도에는 영주가 없다. -

고려 때 무려 43개의 방어군과 진과 현이 포함된 어마어마한 지역으로 평양의 서북쪽에 있었다는 안북 대도호부 영주! 바로 대륙의 장안(서안) 서북쪽에 위치한 영하회족자치구인 곳으로 황하가 흐르고 청수하란 강이 흐르는 내몽고 접경지대로 고비사막을 지나면 중원으로 진출을 노릴 경우 최단의 진입로 역할을 할 수 있는 곳으로, 고구려와 그 영토를 이어받은 고려의 중요한 방어진이었던 곳이다. 이곳 안북 대도호부 영주를 자세히 살펴보자.

본 도호부 관할하에 방어군이 25개, 진이 12개, 현이 6개 있다.

1) 구주龜州: 고구려의 만년군인데 성종 13년 평장사 서희 장군이 여진족을 쫓아내고 구주에 성을 쌓았다. 고종 18년 몽골병이 침략하자 병마사 박서가 침략군 방어에 공이 많았으므로 정원定遠 대도호부로 승격시켰다. 후에 정주定州목이 되었다.

2) 선주宣州: 안화군인데 고려 초에 통주로 고쳤고 현종 21년 선주 방어사로 불렀다.

3) 용주龍州: 고구려의 안흥군으로 용만부라고도 했다.

4) 정주靜州: 고구려의 송상현으로 덕종 2년 성을 쌓고 평민 1천 호를 이주시

켰으며 문종 32년 다시 정주 등 5개 성은 지역은 넓은데 인구가 적다고 하여 내지 백성 백 호씩을 이주시켰다.

5) 인주麟州: 고구려의 영제현으로 현종 9년 인주 방어사라고 불렀고 21년 영평진 백성을 이주시켰으며, 고종 8년 반역을 하였다고 낮추어 사인이라고 불렀다. 이 주에 옛 장성터가 있다. (덕종 때 평장사 류소가 쌓은 것인데 이 주 압록강이 바다로 흘러드는 지점으로부터 동계 화주 해변에까지 이르렀다.)

6) 의주義州: 고구려의 용만현으로 화의라고도 한다. 처음 거란이 압록강 동쪽 강안에 성을 쌓고 보주라고 불렀으며 문종 때 거란은 궁구문을 설치하여 포주라고 불렀는데, 예종 12년 요나라 자사 상효손이 도통 야율영과 함께 금나라의 병사를 피하여 해로로 도망쳐 와 내원성과 포주를 우리에게 돌려주겠다는 문서를 영덕성에 보냈으므로 아군이 그 성에 들어가 병장기와 전곡을 수급하였다.

이에 왕은 기뻐하여 의주 방어사로 고치고 남쪽 경계의 인호를 추쇄하여 이곳으로 이주시키고 다시 압록강을 경계로 관방을 설치하였다. 인종 4년 금나라 또한 이 주를 돌려주었다. 고종 8년 반역의 이유로 함신이라 낮추어 부르다가 다시 원래대로 하였으며, 공민왕 15년 목으로 승격시켰다. 이 주에 압록강(마자수 또는 청하라고도 한다)이 있다.

- 감숙성 의주(현 난주)는 조선의 숙천 도호부가 된다. 황하의 상류가 마자수馬訾水(말의 눈꼬리) 또는 청하青河(청해에서 흐르는 강이 청하인 것은 당연한 이치다)로 불리던 압록강임을 알 수 있다.

티벳에서 발원한 황하의 흐름이 상류 지역에서 청해성을 지나고 감숙성을 가로질러 영하회족자치구와 내몽고를 향하여 치켜들어 올라가는 모습이 꼭 말의 눈꼬리가 치켜들 듯이 생겼다는 뜻의 마자수. -

『고려사』권 제3 세가 제3 성종 신묘 10년(991년) "冬十月 逐鴨綠江外

女眞於白頭山外居之" 즉 압록강 밖에 살던 여진족을 축출하여 백두산 밖에서 살게 하였다는 기록으로, 지금 감숙성에 살던 서여진을 천산 바깥인 신강위구르 지역으로 옮겨 살게 한 기록.

7) 삭주朔州: 원래 고구려의 영새현으로 현종 9년 삭주 방어사라고 부르다가 후에 부府로 승격시켰다. 현 산서성 대동시 남서쪽에 삭주란 지명이 있다.

8) 창주: 원래 고구려의 장정현으로 정종 원년에 재전에 성을 쌓고 백성을 이주시켜 창주 방어사로 하였으나 고종 18년 몽골의 침입으로 성읍이 파괴되어 폐허가 되었다.

9) 운주: 고구려의 운중군(옛 달화진)으로 광종 때 위화진으로, 성종 14년 운주방어사로, 몽골의 침략이 끝난 후에 연산부에 속하다가 공민왕 20년 다시 군으로 고쳤는데 운중雲中이라고도 부른다.

10) 연주: 고구려의 밀운군(또는 안삭군)으로 성종 14년 방어사로, 공민왕 15년 연산부로 승격.

11) 박주: 고구려의 박릉군(古德昌)으로 성종 14년 박주 방어사, 원종 2년 몽골의 침략으로 섬에 들어갔다가 나온 후에 가주에 속하다가 공민왕 20년 군이 되었는데 박릉博陵(성종이 정한 이름)이라고도 부른다. 대령강(박주강이라고도 부른다)이 있다.

12) 가주: 본래 고구려의 신도군이라고 한다.

13) 곽주: 고구려의 장리현으로 성종 13년 평장사 서희는 명령을 받고 군사를 거느리고 여진을 내쫓을 적에 곽주에 성을 쌓았고, 현종 9년 방어사가 되었다가 고종 8년 반역자가 나와서 정양으로 낮추었다. 고종 18년 몽난을 피해 백성 등이 해도로 들어갔다가 원종 2년 육지로 나와 수주에 소속되었다가 공민왕 20년 다시 방어군이 되었다.

14) 철주: 고구려의 장령현(또는 동산)으로 현종 9년 철주 방어사라고 불렀다.

15) 영주靈州: 현종 21년 흥화진을 승격시켜 주로 만들고 방어사를 두었다.

감숙성에 쐐기가 박혀 있듯이 북쪽에 들어가 있는 곳이다. 이곳에 만리 장성을 끊고 일어나는 갈석산이 있다. 은천시가 옛 산해관이다. 산과 물을 지키는 관문이란 뜻이다.

16) 맹주: 고구려의 철옹현이다.

18) 덕주: 고구려의 요원遼原군으로 일명 장덕진이다.

19) 무주: 고구려의 운남군(고청성)이다.

20) 순주: 원래 고구려의 정융군이다.

21) 위주: 원래 낙릉군(고덕성)이다.

22) 태주: 고구려의 광화현(영삭, 연삭)이다.

23) 성주成州는 원래 비류국의 왕 송양의 옛 수도인데 고려 태조 14년에 강덕진을 설치하였고 현종 9년에 지금 명칭으로 고쳐서 방어사로 하였다가 후에 지군사로 고쳤는바 송양松讓(성종이 정한 명칭)이라고도 부른다.

— 위의 각 주州나 진鎭은 최소한 만호부로 인구 5만 이상이 되는 곳으로 천 년 전 고려의 국경이 얼마나 넓었는가를 확인할 수 있다. 게다가 다음은 감숙성, 영하회족자치구, 섬서성에서 찾아낸 진들의 이름이다.

* 유원진 * 선화진 * 정원진 * 안원진 * 영원진 * 신성 * 농서 * 위원진
* 흥륭진 -

24) 은주: 고구려의 흥덕군으로 일명 동찬군인데 성종 2년 은주방어사, 몽난 전후 성주의 소속 현이 되었고 후에 감무를 두었다.

25) 숙주肅州: 원래 고구려의 평원平原군으로 태조 11년에 진국성을 쌓고 이곳으로 주를 옮기어 통덕진으로 고쳤으며 성종 2년 방어사로 하고 후에 지군사로 하였다.

— 고구려의 평원군은 신라의 북원소경 원주로 평량경이라고 불리운 곳으로 감숙성 평량현이다. 조선의 숙천 도호부가 되는 곳으로 이제야 되찾은 대륙의 우리 역사 지명이다. -

26) 자주: 고구려의 문성군으로 태조 22년 대안주로 성종 2년 지금 명칭으로 고쳤다.

27) 영덕진: 이곳에 진사를 두었는데 아래도 같다.

28) 위원진: 현종 20년 류소를 보내 옛 석성石城을 보수한 것인데 흥화진의 서북쪽에 있다. 이 석성이 옛 백암성이며, 흥화진이 안북 대도호부 영주가 된다.

－『환단고기』의 「고구려국 본기」에 "고구려 태조대왕 융무 3년 요서에 10성을 쌓아 한의 10성에 대비하였다"는 기록이 있는데 그 10개의 성은 첫째 안시는 개평의 동북 70리에, 둘째 석성은 건안의 서쪽 50리에, 셋째 건안은 안시의 남쪽 70리에, 넷째 건흥은 난하의 서쪽에, 다섯째 요동은 창려의 남쪽에, 여섯째 풍성은 안시의 서북 100리에, 일곱째 한성은 풍성의 남쪽 200리에, 여덟째 옥전보는 한성의 서남쪽 60리에(옛 요동국이라 함), 아홉째 택성은 요택의 서남쪽 50리에, 열째 요택은 황하의 북안 왼쪽에 있었다.

또 5년 봄 정월엔 또 백암성과 용도성을 쌓았다고 했다. 드디어 고대 지명의 핵심 비밀이 밝혀졌다. 고구려 때 수나라 양광과 당나라 이세민이 고구려를 공격할 때면 항상 요택을 지나는데 그 요택이 바로 황하의 만곡 부분이었던 것이다.

고구려사를 보면 수隋의 양광이나 당나라 이세민은 탁군涿郡(현 북경)에서 군사를 모아 고구려로 출발하는데, 일군은 육로로 항상 요택을 지나 요동성을 공략한다. 또 한 군사는 동래(등주)에서 해로로 패수로 들어온다. 그 탁군은 지금의 북경으로 그들의 본거지인 하북성에서 산서성에 가로막힌 태행산맥을 우회하여 내몽고 요택이 가장 가까운 거리이며, 또 한 길은 동래로부터 황하를 거슬러 올라 패수로 들어오는 것이었다.

게다가 『환단고기』는 또 하나의 중요한 지명을 설명하였다. 바로 갈석산의 위치이다. 즉, 갈석산은 한나라 낙랑군 수성현에 있는데 진나라왕 정이 쌓은 만리장성이 동쪽으로 요수를 끊고 이 산에서 일어났다고 했다. 곧 만리장성의 기점이 갈석산이요, 그곳 산해관 쪽이 낙랑군 수성현이며, 장성에 의해 잘리는 물이 요수 즉 옛날의 요하인 것이다. 갈석산은 요택의 서남에 있다 했으니 바로 지금 영하회족자치구의 하란산을 말한다. 하란산 옆에 석각산시가 있다. 이곳이 바로 석성이었던 백암성이 있던 곳이다. 바로 지금 황하가 휘감아 돌아가는 영하회족자치구와 감숙성 남부와 섬서성이 요동이고, 낙랑군이었던 것이다. 그런데 묘한 것은 이곳이 요서도 된다는 것이다.

분명 고구려 초기 6대 태조대왕 시 이곳에 요서 10성이 위치했는데, 고구려 말 수, 당이 침입하면서 공격한 요동성과 안시성도 이곳 요하를 건넌 곳, 즉 황하의 만곡 내에 위치하고 있는 것이다. -

29) 정융진: 현종 20년 류소를 보내 옛 석벽石壁을 보수하여 만든 진인데 영평성 백성을 이주시켰다. 흥화진의 북쪽에 있다.

30) 영삭진: 옛 진전榛田인데 문종 4년 성을 쌓았다.

31) 안의진: 현종 9년 성을 쌓았다.

32) 청새진: 고종 4년 거란 침입 때 공으로 위주 방어사가 되었으며 후에 배반하여 희주로 고쳐 개주에서 겸임하게 하다. 이곳에 묘향산(즉, 태백산이다)이 있다.

33) 평로진: 정종 7년에 최충이 명령을 받아 성을 쌓았다. 후에 이 진을 유원柔遠으로 고쳤다.

34) 조양朝陽진: 태조 13년 마산에 성을 쌓았다. 안수진이라고도 불렀으며 현종 2년 연주방어사로 고친 후 다시 조양으로, 고종 2년 거란을 물리친 공으로 다시 연주로, 후에 익주로, 다시 개주로 고쳤다.

35) 양암진: 태조 21년 성을 쌓았다.

36) 수덕진: 성종 2년 성을 쌓았다.

37) 안융진: 광종 25년 성을 쌓았다.

38) 통해현: 태조 17년 성을 쌓았다. 고종 43년 현을 없애고 안인진의 진장이 겸임했다.

39) 영청현: 옛날 정수현인데 용강의 소속이었다.

40) 함종현: 원래 고구려의 아선성이다.

41) 용강현: 원래 고구려의 황룡성이다.

42) 삼화현: 인종 14년 서경 직할하에 있던 4개 도를 나누어서 6개의 현을 설치하였다. 이때 금당, 호산 및 칠정의 3개 부곡을 합쳐서 이 현을 설치하고 현령을 두었다. 4개 도를 나누어 6개의 현을 설치하였다니 고려 시대의 현의 크기가 얼마나 되는지 알 수 있다. 조양은 북경 동북쪽에 있는 성이다. 고려 때 대륙 전체를 지배하게 된 것을 보여 준다.

43) 삼등현: 인종 14년 서경 직할하에 있던 4개 도를 나누어서 6개의 현을 설치하였다. 이때에 성주에 소속되었던 신성新城, 나평, 구아의 3개 부곡을 합쳐서 이 현을 설치하고 현령을 두었다. 신성은 감숙성 농隴현에 있다. 서경 서쪽이다.

44) 강계부: 공민왕 10년 독로강 만호라고 부르다가, 18년 강계부 만호부로 하였다.

45) 이성부: 공민왕 18년에 이성 만호부를 두었다. (임토와 벽단 지역은 원래는 모두 여진족이 살던 곳인데 공민왕 6년에 니성 만호 김진을 보내 그들을 쫓아낸 후 임토를 음동으로 고쳐서 벽단은 여기에 소속시켜 남방 백성들을 이곳에 이주시켰다.) 이성은 산서성 대동시 북으로 만리장성 밖이다.

46) 수주: 고종 18년에 몽골군이 창주를 함락하자 그곳 백성들은 자연도로 피란(임금도 함께)하였다가 원종 2년 육지로 나와 곽주 해변가에 살았

다. 창주 사람들은 고 향토를 잃어 곽주 동쪽 16개 촌과 곽주 관할하의 안의진에 갈라 살게 하면서 지수주사라고 부르고 곽주를 겸임하였다가 공민왕 20년 다시 나누었다.

이렇게 많은 군, 현, 진이 고려의 서북 변경이었던 것이다.

〈필자의 회답〉

선도수련 하느라고 애를 쓰고 있으면서도, 대륙 고려의 영역 연구로 고생이 많았습니다. 우리가 일제의 강점에서 해방이 된 지도 어언 66년의 세월이 흘렀건만 아직도 대한민국의 사권史權을 장악하고 있는 반도식민 사학자들은 일제강점 시대의 일본인 스승들의 가르침에만 맹종하여 지금도 반도식민사관만을 철석처럼 고수하고 있습니다. 따라서 우리 국민들은 지금도 가짜 역사로 대대로 세뇌를 당하고 있습니다.

마윤일 씨처럼 재야에서 묵묵히 우리 조상이 남긴 소중한 기록을 토대로 역사를 연구하는 사람들이야말로 이들 식민 사학자들의 거짓 주장을 뒤집어 엎을 기초 작업을 하게 될 것입니다. 부디 신념과 용기를 갖고 계속 정진하시기 바랍니다.

대륙의 한수와 양자강은 고려의 강역

스승님 안녕하십니까? 지난 주말 스승님과 함께 수련도 하고 역사 이야기도 나누고 즐거운 시간을 보내고 부산으로 내려 돌아왔습니다. 사명감을 가지고 역사 연구에 매진하며 수련을 하면 수련에도 큰 성과가 있으리라는 말씀에 큰 힘을 받았습니다. 감사합니다. 선도수련과 역사 연구에 최선을 다하겠습니다.

오늘은 말씀하신 대로 그간의 한수와 양자강에 대한 『고려사』의 기록을 정리하여 보내드립니다. 지난번 메일은 지금 수정 중에 있습니다. 수정 후 다시 보내겠습니다. 그리고 제가 참고한 『고려사』 원본은 1966년 북한에서 발행한 것입니다.

제 목 : 북역 고려사
편찬자 : 사회과학원 고전연구실
번역자 : 박시형, 홍희유
이것은 도서출판 신서원에서 1992년 재편집 발행한 것입니다.

그러나 그 외 다수의 서적을 읽고 분석한 내용으로 북역 『고려사』에서 「지리지」 부분을 인용한 것으로 하면 되겠습니다.

2011년 10월 15일
마윤일 올림

　　대륙의 한수와 양자강은 고려의 강역이었다. 대륙의 큰 흐름 황하와 양자
강 사이에 또 하나의 큰 강이 있었으니 바로 삼천리를 흐르는 한수漢水이다.
우리 삼국의 역사에서 고구려와 백제와 신라는 항상 한수 유역을 서로 차지
하려고 싸워 왔다.

　　그런데 그 한수가 반도에 흐르는 한강이 아니고 대륙의 흐름인 한수라는,
어쩌면 아주 당연한 사실을 알고 나서 한동안 기가 막혔다. 즉, 한수 유역이
대륙의 중심 중원 땅이었으며 실제로는 고구려, 백제, 신라의 삼국이 대륙의
중원을 쟁취하려고 서로 앞다투어 한수를 차지하려 했던 것이다.

　　다음 지도(생략)에서 한수의 흐름을 확인해 볼 수 있다. 대륙의 중원을
흐르는 한수! 이 한수는 대륙의 지도에 漢水라고 분명히 쓰여져 있다. 우리
민족의 영원한 고향이며, 지울 수 없는 역사 지명이 한수이다.

　　한수를 자세히 들여다보자. 다음 지도(생략)는 대륙의 섬서성이다. 섬서
성은 지도에서 붉은 부분으로 청색선이 한수의 흐름인데 한수의 상류 부분
3분지 1 정도가 표시되어 있다. 하류 부분 3분지 2는 다음 지도 호북성에서
볼 수 있다.

　　한수의 북쪽에 있는 산맥은 북한산군인데 현재 명칭은 진령산맥으로, 그
산에 태백산이 있고 그 옆에 태백시가 있어 그곳이 한수의 발원지임을 지도
에서 확인할 수 있다. 어찌하여 태백산과 태백시와 한수를 한반도에도 옮겨
놓고 한강이라고 했을까? 그러나 그 흐름이 정반대이다.

　　대륙의 한수는 서쪽에서 발원하여 동남쪽으로 흘러 결국 양자강과 합류
한다. 우리『고려사』에는 그것에 대한 기록이 있다. 원래 고려의 남경 유수

관이었던 양주는 백제 시대에는 백제의 수도인 한성이 되며(근초고왕 25년(370)에서 개로왕 20년(474)까지 104년간) 고려 시대에는 4경 중의 남경이 되고 조선의 도읍지 한양이 되는 곳으로, 양주의 관경 내에 한수漢水와 양진楊津이 있다고 기록되어 있다.

대륙의 황하와 양자강 사이에 삼천리를 흐르는 한수. 그 한수 북쪽에 건설된 도읍이 한양漢陽인데 (낙수의 북쪽에 낙양성이 있듯이 강의 북에 도시를 건설하여 양陽, 강의 남쪽이면 음陰이 되며 산은 그 남쪽에 도시를 건설하여 양陽이라고 하고, 북에 건설한 도시는 음陰이 된다) 일제강점기에 왜인들이 대륙을 유린할 때 남경과 양주를 따로 떼어 양자강 하구로 옮겨 놓았다. 『신증동국여지승람』의 기록이다.

북거화산 남임한수北據華山 南臨漢水

조선의 도읍지 한양성이 북으로 삼각산(일명 화산華山이라 한다)이 있고 남쪽은 한수에 임해 있다고 하였으니, 현 대륙의 섬서성 한수의 북쪽에 있는 진령이 북한산군이며 그 진령의 끝에 화산이 솟아 있음을 지도에서 확인해 볼 수 있다.

『신증동국여지승람』의 기록에는 우리나라는 조선 시대 때 행정 구역이 8도, 2경, 4부, 4도호부, 20목, 83군, 173현 등으로 총계 300여 군, 현으로 기록되어 있는데, 그 조선보다 500년이나 앞선 때인 고려 때의 행정 구역은 5도 양계, 4경, 8목, 15부, 129군, 335현으로 총수가 580여 개로 군, 현의 수가 조선 때의 두 배가 된다.

대륙 전체에 걸쳐 있던 고려 시대의 지명을 근대 조선이 망한 후 일제강점기 때 한반도에 옮겨 놓았는데 축소하고 또 줄여 보아도 절반도 옮겨 놓지 못하였다. 그리고 현재 대륙에 그 이름 그대로 존재하는 현의 크기는 한반도에 옮겨진 군, 현의 크기와 수십 배의 차이가 난다.

예 1: 대륙의 섬서성에 안강安康이라는 지명이 있다. 경주에 소속된 군, 현
　　　중의 하나인데 묘하게 한수 유역의 한양이 있어야 할 곳에 옮겨 놓
　　　았는데 그 크기가 한반도의 경상남도만한 곳이다.

예 2: 한반도의 여수麗水시는 대륙의 절강성 여수麗水현을 이름만 옮겨 놓은
　　　것인데, 대륙의 여수는 그 크기가 반도 것의 10배도 더 되는 경상남
　　　북도만한 곳이다.

예 3: 한반도의 원주는 조그마한 도시로 치악산이 유명하다. 이와 비교해
　　　서 대륙의 평량현 일대에서 돈황까지인 감숙성 전체가 옛 북원경
　　　원주이니 그 크기가 한반도만한 크기로 옛 대륙에서의 고려의 위상
　　　을 상상해 볼 수 있다. 세계적인 대제국 원나라와 싸워 원이 먼저
　　　멸망할 때까지 존재했던 나라가 고려였다.

남경 유수관 양주南京 留守管 楊州

양주는 일명 광릉이라고도 부른다. 삼각산三角山(신라의 부아악負兒嶽이었
다), 한수漢水(사평沙平나루), 양진楊津이 있다. 즉, 한수와 양진(양찐 - 양쯔 - 양
자강)유역이 양주楊州라는 말이다. 양주楊州에 흐르는 강이 양진楊津이다. 본
주州에 소속된 군이 3개, 현이 6개 있으며, 관할하에 도호부가 1개, 지사군이
2개, 현령관이 1개 있다.

1) 교하交河군: 원래 고구려의 천정구泉井口현(굴화屈火군 또는 어을매곶於乙買
　　串)인데 신라 경덕왕이 교하로 고쳤다. 현종 9년에 본 양주에 속하게
　　하였고 선성宣城이라고도 부른다. 오도烏島성(한수와 임진강 하류가 여
　　기서 만난다)과 낙하나루터洛河渡가 (이 현의 북쪽에) 있다.
　　- 아래의 지도(생략)를 보면 한수가 단강丹江과 만나는 곳에 단강구丹江
　　口시가 있다. 이 단강구가 천정구였던 교하이다. 단강구시 다음에는

양양襄陽시가 있고 그다음에는 의성宜城시가 있다. 잊어버렸던 우리 고대사의 역사 지명이 대륙에 살아 숨쉬고 있는 현장이다.

보라, 『고려사』의 설명이 얼마나 자세한가. 두 강(한수와 임진강)이 만나는 곳을 교하라고 하고 이곳을 천정구라고 하였는데 한수와 단강이 만나는 곳을 단강구라고 한 대륙의 지도를... 과연 단강의 북쪽엔 낙하洛河도 흐르고 있다. 이 낙수가 동으로 흘러가는데 그곳에 낙양성이 있다. -

2) 견주: 원래 고구려의 매성군이다.

3) 포주: 고구려의 마홀군이다. 신라의 경덕왕이 견성군으로 고쳤다. 단련사를 두었다가 후에 감무를 두었으며 청화淸化라고도 한다.

4) 행주: 고구려의 개백현인데 신라 경덕왕은 우왕으로(왕봉이라고도 한다) 고치고 한양군 관할하의 현으로 하였다. 덕양德陽이라고도 한다.

5) 봉성현: 고구려의 술미홀현. 교하군 관할이다. 서원현령으로 고쳤다.

6) 고봉현: 고구려의 달을성현으로 교하군 관할이다.

7) 심악현: 옛날의 보신향이다.

8) 풍양현: 고구려의 골의노현인데 경덕왕은 황양으로 고쳐 한양군 관할의 현으로 만들었다.

9) 사천沙川현: 고구려의 내을매內乙買현(내이미라고도 한다)인데 신라 경덕왕이 지금 명칭으로 고쳐 견성군 관할하의 현으로 만들었다. 현종 9년 본 양주에 소속되었다. 대륙의 사천성을 감아 돌아 흐르는 강이 양진(양쯔강)이다.

안남 도호부 수주安南 都護府 樹州

본래 고구려의 주부토主夫吐군으로 신라 경덕왕은 장제長堤군으로, 의종 4년 (1150)에 안남도호부로 고쳤고, 고종 2년(1215) 계양 도호부로 고쳤으며, 충렬왕 34년 길주吉州목으로 승격시켰다가 부평富平부로 되었다. 소속 현이 6개나 된다.

1) 금주衿州(衿은 黔으로도 쓴다)현: 본래 고구려의 잉벌노仍伐奴현으로 신라 경덕왕은 곡양穀壤으로 고쳐서 율진栗津군 관할하에 현으로, 고려 초 금주로 고치고, 현종 9년에 수주에 소속되었다. 시흥始興(성종이 정한 명칭)이라고도 하며, 양화나루터楊花渡가 있다.

- 금주黔州와 금강黔江: 사천성과 운남성과 귀주성을 양쯔강楊津이 흘러간다. 이 지역의 양쯔강의 이름은 금사金沙강이라 한다. 운남성을 흐를 때는 려강麗江이라 부르며, 중경시 남부 지방에선 금강黔江이 된다. 그래서 이 지역의 지배자였던 백제를 침략해 온 당나라군이 티베트에서 이 금강을 타고 공격해 온 것이다. 귀주성에 귀양 보내는 곳이라고 귀양貴陽이라는 도시가 있다. 이 귀양을 중심으로 금동, 금서가 있다. 이 귀주가 금주黔州가 아니라면 우리의 고대 도시 금주를 어디서 찾을 수 있을까? -

2) 동성현: 고구려의 동자홀현(당산현 또는 구사파의라고도 한다)으로 신라 경덕왕은 동성현으로 만들어 장제군 관할로 만들었고, 고려 공양왕 때 통진감무를 두면서 그 소속 현이 되었다.

3) 통진현: 고구려의 평회압현(淮는 唯로도 쓴다)으로 (북사성이며, 별사파의라고도 한다), 신라 경덕왕 때 분진으로 고치고 장제군 관할하 현으로 만들었고, 고려에 와서 지금 이름으로 바꾸고 수주에 소속시켰다.

4) 공암현: 고구려의 재차파의 현으로 경덕왕이 율진군 관할하의 현으로 만들었다. 충선왕 2년 양천현으로 고치고 현령을 두었다.

5) 김포현: 고구려의 검포현으로 경덕왕이 장제군 관할하의 현으로 만들었다.

6) 수안현: 고구려의 수이홀을 술성으로 고쳐 장제군 관할 현으로 만들었다.

인주仁州

원래 고구려의 매소홀현(미추홀)인데 경덕왕은 소성으로 고쳐서 율진군 관할하의 현을 만들었다. 현종 9년 수주樹州 관할 소속이었고, 경원군이 되었으며 또 인주로 고치고 지주사가 되었다. 공양왕 2년 경원부로 승격되었다. 자연도, 삼목도, 룡류도 등이 있으며 본 주에 소속된 군이 1개, 현이 1개 있다.

1) 당성군: 본래 고구려의 당성군으로 경덕왕 때 당은군으로, 고려 때는 당성군으로 현종 9년 수주水州에 소속되었다가 인주에 소속시켰다. 충렬왕 16년 홍다구의 내향이라는 이유로 지익주사로 승격되었으며, 또 강녕 도호부가 되었다가 익주목으로 되었는데 충선왕 2년 전국의 목이 폐지되어 남양南陽부가 되었다.
2) 재양현: 옛날의 안양安陽현이다.

수주水州

고구려의 매홀군으로 신라 경덕왕이 수성水城군으로 고쳤다. 고려 태조가 남방을 정벌할 때 이 군 사람 김칠, 최승규 등 2백여 명이 귀순하여 협력한 공으로 수주로 승격되었으며, 원종 12년 착량 주둔 몽골병들이 대부도에 침략하여 약탈할 때 폭동이 일어나 그것을 진압한 공로로 수원水原 도호부가 되었고 후에 수주목이 되었다. 목이 폐지되어 수원부가 되었고, 공민왕 11년 홍건적난 때 제일 먼저 항복한 이유로 수원군이 되었다. 한남漢南 또는 수성隋城으로 부르는바 소속 현이 7개이다. 위의 호북성 한수가 흐르는 곳에 남양시와 수주시가 있다. 수주 옆에 광수라는 지명이 있는데 원래 이곳이 수원이라는 이름을 갖고 있었다. 대륙에 우리 고려와 조선의 지명이 한수 유역에 지금도 살아 숨쉬고 있는 것이다.

1) 안산현: 고구려의 장항구현으로 장구군이 되었다가 안산군이 되었다.
2) 영신현: 현종 9년에 본 주에 소속시켰다.
3) 용성현: 고구려의 상홀현.
4) 쌍부현: 고려 시대 전후로 지금의 화성시 장안면과 우정읍에 있던 지역이다.
5) 정송현: 옛날 송산부곡이다.
6) 진위현: 고구려의 부산현이다.
7) 양성현: 고구려의 사복홀로 적성으로 고쳐 백성군 관할 현이 되었다.

강화江華현

고구려의 혈구군(갑비고차)으로 신라 경덕왕은 해구군으로 고쳤다. 고려 초 강화로 고쳤다. 고종 19년(1232) 왕이 몽골의 침략군을 피하여 이곳으로 수도를 옮기자 군으로 승격시키고 강도江都라고 불렀으며 37년(1250)에 주위에 길이가 2천9백60여 간間이 되는 중성을 쌓았고 원종 원년(1260) 다시 송도를 수도로 하였다. 진강현, 하음현, 교동현 등이 소속되어 있다.

- 아래 지도(생략)는 대륙의 강소성으로 상해시가 있는 곳이다. 양자강이 바다로 들어가는 곳이 장강구, 즉 해구군이다. 강구江口, 해구海口 어느 것이든 이 지역에 맞는 이름이다. 이곳에 강도江都시, 진강鎭江시, 강음江陰시가 있다. 한반도의 강화도에는 없는『고려사』「지리지」의 기록에 있는 시명이 대륙에 살아 숨쉬고 있는 현장이다.

누가 강화가 섬이라고 했는가? 단지 이 지역이 강이 거미줄같이 엮여 있는, 강의 바다와 같은 곳이라 몽골의 기병들이 접근할 수 없었던 곳이라 고려 조정에서는 전략적으로 이곳에 임시 수도로 정한 곳이 강도(강의 도시)

였던 것이다. -

"대륙의 한수와 양자강은 고려의 강역"이라는 논문 잘 읽었습니다. 티끌
모아 태산이라고 이러한 글들이 자꾸만 쌓여서 국민들의 의식을 변화시킬
때 지금 대한민국에서 낮도깨비처럼 횡행하는, 침략자 일제가 심어 놓은 반
도식민사관이 뿌리째 뽑힐 날이 차츰차츰 다가오게 될 것입니다.

고구려, 백제, 신라가 쟁패전을 벌인 한수는 분명 한반도의 한수가 아니
라 대륙의 한수를 말합니다. 일제는 한국인을 영원히 일본의 노예로 길들이
기 위해서 반도식민사관을 날조하여 대륙의 한수를 반도의 한강으로 둔갑시
켰건만, 지금도 우리 사학계는 단지 그들의 기득권 사수를 위해 일본의 농
간을 고치려고 하지 않고 그대로 답습하고 있습니다.

지금 한반도에서 통하는 한자 지명들은 그 대부분이 반도식민사관을 짜
깁기하기 위해서 일본이 대륙에서 옮겨온 것입니다.

오늘과 내일의 역사는 과거사에 그 뿌리를 두고 있습니다. 마치 오늘과 내
일의 우리 개개인이 어제의 행적에 그 뿌리가 닿아 있는 것처럼 말입니다.
따라서 과거사를 바로 세우는 것은 잠시도 미룰 수 없는 긴급한 일입니다.

바른 역사 찾기는 우리 민족뿐만 아니라 우리의 이웃 나라에도 바른 역사
를 찾아 주는 계기가 되어 끝내 온 인류의 공익이 크게 기여하게 될 것입니
다. 그러므로 공익을 사명으로 삼고 헌신적으로 노력하는 구도자에게는 반
드시 큰 공덕이 있을 것임을 확신합니다.

단군조선의 강역

스승님, 그간 안녕하신지요? 점점 추워지는 날씨에 건강 유의하시길 바랍니다. 저는 그동안 역사 공부에 심취하는 바람에 단전호흡 수련을 소홀히 하여 그 리듬을 잃어버렸습니다. 때문에 지난달 삼공재 방문을 거르게 되었습니다. 하지만 다시 마음을 추스려 이번 달에는 다시 삼공재로 향할 것을 다짐해 봅니다.

이번 메일에 첨부한 역사 지리 해설편을 잠시 소개해 올리겠습니다. 앞으로 제가 연구할 부분 중 가장 중점을 둘 것은 고구려 역사 지리입니다. 고구려는 건국 연도가 『환단고기』 내에서도 두 가지로 되어 있습니다. 「북부여기」에는 BC 79년으로, 「고구려국본기」에는 BC 199년으로 두 갑자가 차이가 납니다.

고구려는 건국하면서부터 유방이 세운 한나라와 무력 충돌을 벌이면서 5호 16국 시대를 지나 수, 당과 전쟁을 벌여 나갑니다. 그 시기의 지명들을 논하려면 역시 고구려의 모태인 북부여와 단군조선의 지명들을 연구해야 하는데 그동안 상당한 성과가 있었습니다.

우선 이번에는 『환단고기』 「단군세기」의 역사 지명을 해석해 보았습니다. 현재 연구하고 있는 북부여의 역사 지명 해석은 다음 메일에 실어 보내겠습니다. 많은 관심과 조언을 부탁드립니다. 그럼 안녕히 계십시오.

2011년 11월 16일
부산에서 마윤일 올림

시조 단군 왕검

무진 원년(BC 2333) 지금부터 4344년 전 신시개천 1565년 상월 3일 아사
달에 도읍을 정하다.

- 아사달阿斯達 단목터는 청해성 아랍달택산阿拉達澤山 지역 자달목紫達木 분지
이고 장당경은 티베트에 있었는데 그 산의 명칭이 당고랍산唐古拉山과 염청당
고랍산念青唐古拉山인데 단군을 잊지 말라는 뜻이다.

한반도의 역사 지리는 대륙의 역사 지리를 축소 왜곡해 옮겨 놓은 것으로
그중 황해도는 황주와 해주를 말하는데, 이 지역을 『고려사』「지리지」에서
는 서해도라 불렀다. 그 서해도에 구월산이 있는데 이곳에 단군조선의 아사
달과 장당경이 있었다고 역사는 기록하고 있다. 그 서해도가 실상은 대륙의
청해성이었던 것이다. 이 청해성은 고구려의 남해가 되며 백제의 서해가 되
는 곳이다. -

정사 50년 홍수가 크게 났다. 풍백 팽우에게 명하여 물을 다스리게 하였
다. 우수주에 그 비석이 있다.

- 『고려사』「지리지」에 "춘주는 원래 맥국인데 우수주로 만들어 군주를
두었다. 수약주(또는 오근내烏斤乃라고도 한다)라고 불렀으며 삭주 또는 광해
주로 고쳤다. 수춘 혹은 봉산이라고도 한다. 이 주에 소속된 군, 현 중에 횡
천현이 있는데 화전이라고도 부른다.

지금 산서성 대동시 서쪽에 삭주가 있다. 그 지형이 황하가 횡으로 흐르
는 구간이다. 내몽고 남부 지방으로 현재의 호화호특시인데 원나라 때의 쌍
성총관부인 화주 안변도호부가 있던 곳이다. -

무오 51년 운사 배달신에 명하여 혈구에 삼랑성을 짓고 제천단을 마리산에 쌓으니 참성단이 그것이다. (양자강 하구를 강구江口, 해구군海口郡이라 하며 강도江都시가 그곳에 있으니 이곳이 강화이다.)

갑술 67년 태자 부루를 파견, 도산에서 우사공과 만나게 하였다. 오행치수의 비결을 전수하고 나라의 경계도 따져 정했으니 유주와 영주의 두 곳 땅이 우리에 속하였다. 또 회대 지방의 제후를 평정하여 분조를 두고 이를 다스렸는데 우순에게 그 일을 감독하게 하였다.

- 도산은 대륙의 안휘성 회원현 회화의 동쪽 강변, 유주는 순임금 때 기주의 동북이니 하북성 순천, 영평 및 요녕성 금주 서북으로 지금 북경의 동쪽 해안 일대, 영주는 연의 수도 계성이 있던 곳으로 북경 서남쪽, 회대의 회는 회수이고 대는 큰 산으로 태산을 말하는데 안휘성, 산동성, 강소성, 절강성 일대를 말한다. -

경자 93년: 단군님의 교화는 멀리 탐랑에까지 미쳤으며 가르침은 점차로 멀리 퍼져 갔다. 이에 천하의 땅을 새로 갈라서 삼한으로 나누어 다스렸으니 삼한은 모두 5가家 64족族을 포함하였다.

-『환단고기』기록에 "대저 구한의 족속은 나뉘어 5종이 되고 피부의 색깔과 모양을 가지고 구별을 짓게 되니 황부인黃部人은 피부가 좀 누렇고 코는 튀어나오지 않았으며 광대뼈가 튀어나오고 머리털은 검고 눈은 펑퍼짐하며 청흑색이요, 백부인白部人은 피부는 밝고 뺨은 높고 코도 크며 머리털은 회색이고, 적부인赤部人은 피부가 녹슨 구리색이요 코는 낮아 뭉툭하며, 남부인藍部人은 풍족이라고도 하며 또 야자나무 색깔의 인종이라고 한다. 그 피부는 암갈색으로 모양은 오히려 황부인과 같다"하였으니 아시아 대륙의 모든 피부색이 모두 우리 단군의 교화를 받은 한민족임을 알 수 있다.

삼한관경 1, 마한: 웅백다, 달지국에 도읍, 역시 백아강이라 하고 마한산에 올라 하늘에 제사하다. (『고려사』에 말하기를 "저울 그릇은 백아강이라"

했으니 이는 마한의 옛 도읍지로 지금의 대동강이다.)

막조선 마한: 여원홍, 대명을 받아 대동강을 장악하니 역시 왕검성이라 한다. (대동강-패수현 대륙 장안의 위하)

삼한관경 2, 번한: 치우천황은 서쪽으로 탁예를 정벌하고 남쪽으로 회대를 평정하니 땅의 넓이가 만 리에 이르렀다(탁예는 산서성 대동부). 치두남을 번한에 임명하고 우의 정치를 감독하게 하다.

경자년 요중(遼中)에 12개 성을 쌓았다. 1. 험독 2. 영지 3. 탕지 4. 통도 5. 거용 6. 한성 7. 개평 8. 대방 9. 백제 10. 장령 11. 갈산 12. 여성(黎城)

(험독 - 섬서성 서안. 영지 - 하북성 천안현. 탕지 - 산동성 능현. 통도 - 고려진: 북경. 거용 - 북경시 서북. 한성 - 섬서성 서안 동북. 개평(蓋平) - 감숙성 평량현. 대방 - 강소성 남창: 남원소경. 백제성 - 양자강 무협. 장령 - 내몽고 적봉과 조양 경계. 갈산 - 갈석산: 영하회족자치구 은천시 서쪽 하란산이 옛 갈석산이다. 여성 - 섬서성 빈, 기의 땅)

번한은 부루 태자와 함께 태산에서 삼신을 제사지내고 나니 이 풍습이 회대 지방에 크게 행해지게 되었다. 삼신의 단을 탕지산에 세우다. 탕지는 옛날의 안덕향이다. (저울추는 오덕지라 함은 번한의 옛 서울을 말함이니 지금 개평부開平府 동북 70리에 있는 탕지보가 그곳이다.)

장군 치운을 보내 탕을 도와 걸을 치게 하다. (싸움터: 명조 - 산서성 하곡부 하현)

은나라가 조공을 바치지 않아 가서 북밝을 치니 그 왕 하단갑이 사죄하다. (북밝 - 하남성 상구)

은나라 왕 무정이 병사를 일으키니 우현왕 고등이 상장 서여와 함께 이를 격파하고 추격하여 색도에 이르렀다. 서여는 북밝을 습격하여 격파하고 군사를 탕지산에 주둔케 하다.(색도는 산동성 임치현 동남 여수의 남쪽에 있는 성)

단군 색부루는 서우여를 번한에 임명하다.

한수漢水 사람 왕문이 이두법을 지어 바치다. (한수는 대륙의 황하와 양자강 사이에 사천 리를 흐르는 강으로 호북성 무한시에서 양자강과 합쳐지는 물이다.)

상장 고력을 파견, 회군과 함께 주나라를 치게 하다.

(BC 895) 병인년 주나라 이공이 조공하다.(서주의 수도: 호경 - 섬서성 서안. 동주의 수도: 낙읍 - 하남성 낙양)

(BC 341) 번한 해인이 연나라 자객의 시해를 당하다. (연의 수도: 계성 - 북경)

(BC 146) 마지막 번한 기준은 위만의 난을 피해 남쪽 양자강 이남 금마군 익주에 마한을 세우고(호남성 장가계) 오가의 무리들은 대장군 탁을 받들어 모두 함께 산을 넘어 월지에 이르러 나라를 세웠다. 월지는 탁의 태어난 고향이니 이를 가리켜 중마한中馬韓이라 한다. 이로써 마한이 번한에 합쳤다가 다시 두 곳의 마한으로 거듭나는데, 북쪽으로 간 중마한은 월지국으로 결국 고구려의 일부가 되고, 남쪽으로 간 마한은 온조왕 때 백제에 병합된다. (월지는 지금 감숙성 돈황 일대.)

진한 - 진조선:『고려사』「지리지」의 서해도, 안서 대도호부 해주에 소속 군, 현 중에 유주는 원래 고구려의 궐구인데 시녕이라고도 하며 이곳에 구월산(아사달산), 장당경이 있는 곳인데 이곳은 대륙의 청해성과 티벳이다. -

2세 단군 부루

신축 원년(BC 2240) 제순 유우가 유주, 영주 두 주를 남국의 이웃에 두었기 때문에 이를 정벌하여 동무, 도라 등을 그곳 제후로 봉하다.(유주와 영주는 지금 하북성 북경 부근)

3세 단군 가륵

갑진 6년(BC 2177) 열양의 욕살 색정에게 약수로 유배를 명하다. 후에 그 땅에 봉하니 그가 흉노의 조상이 되었다.

- 열양列陽의 열列은 황하의 하류를 구하지지라 하여 아홉 갈래로 갈라져 바다로 들어간다는 의미로 생긴 말이며, 양陽은 "산남수북"을 양陽이라 한다는 말대로 북쪽을 의미한다. 약수는 흑룡강 즉 아무르강이다. -

병오 8년 강거가 반란을 일으켰다. 이를 지백특에서 정벌하다.

- 강거康居는 아랄해 동쪽 시르다리아강 유역으로 키르키즈 초원: 소그디아나. 사마르칸트와 박트리아, 토하리스탄 -

무신 10년 두지주의 예읍이 반란을 일으키니 여수기에게 명하여 그의 추장 소시모리를 베게 하다.

- 두지주의 예濊읍은 「고구려국본기」 태조대왕 69년(105) "한의 유주자사 풍환, 현도태수 요광, 요동태수 채풍이 예맥濊貊의 거수渠帥를 격살하고 병마와 재물을 약탈했다. 이에 대왕은 아우 수성을 보내 맞아 싸우게 하였다"는 기록의 거수는 신강성의 북과 남의 거수(고성과 투루판)인 것을 보면 고구려의 강역이 신강성과 감숙성으로 서쪽에서 동쪽 요동(황하 유역)을 공격해 왔음을 알 수 있다. -

4세 단군 오사구

갑신 원년(BC 2137) 황제의 동생 오사달을 몽고리한으로 봉하다. 지금 몽골족이 그의 후손이라 한다.

경인 7년 배 만드는 곳을 살수의 상류에 설치하다. (살수의 상류는 황하의 상류로 지금 청해성 지역을 말한다. 청해성과 티벳 지역이 단군조선의 진한 강역이다.)

임인 19년 하나라 왕 상이 덕을 잃어 식달에게 명하여 남, 진, 변의 3부

병력을 이끌고 이를 정벌하였다.

- 하나라 5대째 군주가 상㎴인데 도읍이 하남성 상구이다. 남국鑑國은 산서성과 하북성 지역, 진한眞韓은 청해성 지역, 변한弁韓은 산동성과 회수 유역으로 하나라를 둘러싸고 있는 형국이다. -

5세 단군 구을

기사 8년(BC 2092) 신독인 표류하여 동해안에 도달하다.

정축 16년: 제께서 친히 장당경에 행차하여 삼신의 단을 봉축하시고(티벳불교의 원형이 이것이다) 한화를 많이 심다. 7월 남쪽을 순수하사 풍류강을 건너 송양에 이르러 병을 얻으시사 곧 붕어하시니 대박산에 묻혔다.

6세 단군 달문

임자 35년(BC 2049) 모든 한을 상춘에 모이게 하여 삼신을 구월산에 제사하고 신지 발리가 서효사를 짓다.

"성스러운 단군님이 신경으로 나아가심에 저울 그릇은 백아강이요 저울대는 소밀랑이라, 저울추는 안덕향이니 앞뒤가 균형이 잡혀 덕을 신뢰하고 신정을 지키며 나라를 일으켜 태평을 유지하니, 정사를 하매 70국을 항복시키고 길이 삼한의 뜻을 간직하니라."(상춘 주가성자가 구월산에 있으니 지금의 청해성 아랍달택산으로 황하의 발원지이다.)

7세 단군 한율
8세 단군 우서한
9세 단군 아술

정사 2년(BC 1984) 청해 욕살 우착이 군대를 일으켜 궁성을 침범하니 상춘으로 피하신 후 새 궁궐을 구월산 남쪽 기슭에 창건하다.

- "청해 욕살 우착"에서 이곳 청해가 바로 대륙의 청해성이다. 궁성을 침범할 때까지 다른 변방의 군의 움직임이 없음은 궁성에서 가깝다는 증거이니 청해성이 단군조선의 중심부임을 알려 주는 단서이다. -

10세 단군 노을

병오 16년(BC 1955) 천하에서 거북이 그림을 지고 나타났는데 바로 윷판과 같은 것이다. 발해 연안에서 금덩이가 나왔는데 수량이 13석이었다.

- 천하天河는 청해성 양자강의 상류가 통천하通天河이다. -

11세 단군 도해

정묘 38년(BC 1854) 선사 20명을 하나라 서울로 보내 위세를 보였다.(하나라 수도- 하남성 상구)

을해 46년 송화강 기슭에 관청을 세워 배와 관계되는 물건이 크게 세상에 퍼졌다.

12세 단군 아한

무자 2년(BC 1833) 외뿔 가진 짐승이 송화강 북쪽에 나타났다. 가을 8월에 제께서 나라를 순수하시다가 요하의 남쪽에 이르러 순수관경의 비를 세워 역대 제왕의 이름을 새겨 전하게 하셨다. 뒤에 저 창해 역사 여홍성이 이 비석을 지나며 시 한 수를 지었다.

- 요하는 지금의 황하를 말한다. 창해는 『후한서』「동이전」에 "예군濊君 남려南閭 등이 우거를 배반하고 28만을 이끌고 요동으로 가 항복하니 무제는 그 땅을 창해蒼海군으로 삼았다" 했으니 예의 본래 살던 곳이 청해성이다. 창해는 청해성이다. -

을묘 29년 청아의 욕살 비신과 서옥저의 욕살 고사침과 맥성의 욕살 돌개를 봉하여 왕으로 삼다.

- 청아靑莪는 청해성 지역, 서옥저는 개마대산 동쪽을 동옥저라 하였고, 고구려 동천제 20년(246) "위의 유주자사 관구검이 내침하여 환도성이 함락되니 제는 남옥저로 달아나려 하여 죽령에 이르렀다" 하였으니 옥저는 신강성과 감숙성, 청해성 지역 -

13세 단군 흘달

갑오 16년(BC 1767) 하나라 걸왕을 정벌하고자 신지 우량을 보내 견의 군대를 이끌고 낙랑과 합쳐서 관중의 빈, 기 땅에 웅거하고 관청을 설치하다.

- 관중은 지금 섬서성, 빈과 기는 섬서성 장안 서쪽. 낙랑이 대륙의 섬서성이었음을 알 수 있다. -

14세 단군 고불

을해 56년(BC 1666) 사방의 호구를 조사하니 총계 1억 8천만 인이었다.

- 3677년 전 단군조선의 인구는 중국 대륙, 만주 대륙, 몽골 대륙, 중앙아시아까지의 거대한 제국이었다. -

15세 단군 대음

경진 원년(BC 1661) 은나라 왕 소갑이 조공하다. (은나라 수도: 은허- 하남성 안양시)

신사 2년 홍수가 크게 나서 곡식을 창해사수의 땅으로 옮겨 백성을 규휼하다. 겨울 10월 양운국과 수밀이국 사신이 특산물을 바쳤다.

기축 10년 우루국 사람이 투항하여 오니 염수鹽水 근처에 살도록 하다.

- 청해성은 『고려사』 「지리지」의 서해도이며 안서 대도호부 해주는 대녕서해 즉 서녕이다. 이 해주의 소속 군으로 염주鹽州가 있는데 이곳을 석주 또

는 오원으로 부르는데 지금 영하회족자치구가 있는 황하의 유역이다. -

정미 28년 제께서 태백산에 올라 비석을 세워 역대 단군의 이름과 역대 왕들의 공적을 세우다.

- 태백산은 천산산맥을 말한다. 그곳에서 꼭 찾아야 하는 비석인데... -

기미 40년: 단제의 동생 대심을 남선비의 대인으로 봉하다.

16세 단군 위나

무술 28년(BC 1583) 구한의 여러 한들이 영고탑에 모여 삼신과 상제에게 제사를 지내고, 닷새 동안 크게 백성과 더불어 연회를 베풀고 불을 밝혀 밤을 지새며 경을 외우고 마당밟기를 하였다. 한쪽은 횃불을 나란히 하고 또 한쪽은 둥글게 모여 서서 춤을 추며 애한의 노래를 불렀다. 애한愛桓의 노래는 다음과 같다.

"산에는 꽃이 있네. 산에는 꽃이 피네. 지난해 만 그루 심고 올해 또 만 그루 심었지. 불함산에 봄이 오면 온 산에는 붉은빛. 천신을 섬기고 태평을 즐긴다네."

- 영고탑은 단군조선의 핵심 강역이 천산산맥이다. 천산산맥 주변의 온갖 지명이 탑으로 시작된다. 탑리목塔里木분지, 탑극납마간塔克拉瑪干사막, 탑길극사탄塔吉克斯坦. 나라 이름마저 탑의 땅이니 이 지역이 영고탑의 관할이었음을 증명한다. 또한 탑극납마간塔克拉瑪干사막은 이 지역이 마한이었음을 그 이름에서 역설하고 있다. 마간瑪干 즉 마한이며 또한 이곳에서 고구려가 건국한 것을 말해 준다. 고구려는 마한의 종자다. -

17세 단군 여을

갑신 52년(BC 1501) 단제께서 오가와 함께 나라를 순수하셨는데 개사성蓋

斯城 근처에 이르렀다.

　- 천산 유역의 나라들은 대부분 사탄斯坦이라는 접미사가 붙는다. 또한 개마국蓋馬國 지역이 또한 천산 유역이다. -

18세 단군 동엄

병신 20년(BC 1465) 지백특 사람이 와서 특산물을 바치다.

19세 단군 구모소

기축 24년(BC 1412) 남상인이 벼슬을 얻어 조정에 들어오다.
　- 남상인은 운남성 변두리 섬라국을 말한다. -

20세 단군 고홀

병신 36년(BC 1345) 영고탑을 개축하고 별궁을 지었다.
　- 영고탑은 천산 파미르고원에 있었다. -

21세 단군 소태

경인 47년(BC 1291) 은나라 왕 무정이 귀방을 쳐 이기더니 또 색도, 영지 등의 나라를 침공하였으나 우리에게 대패하였다. (귀방 - 은나라 때 섬서성 서북 일대. 색도- 산동성 임치현 동남. 영지- 하북성 천안현)

임진 49년 개사원 욕살 고등이 몰래 군사를 이끌고 귀방을 습격, 이를 멸망시키더니 많은 군대를 장악하고 서북의 땅을 공격하여 차지하니 단제께서 마침내 우현왕으로 임명함. (개사원 - 천산 서북 일대로 지금 카자흐스탄. 귀방과 서북의 땅- 신강성, 내몽고, 감숙성 일대.)

을미 52년 우현왕 고등이 죽고 손자 색불루가 세습. 단제가 나라를 순수하시다가 남쪽 해성에 이르렀다. 이에 살수의 땅 백리를 둘러보시고 서우여를 섭주로 기수라 부르게 하다. 이에 우현왕은 거역하고 부여의 신궁에서 즉위하다. 이에 백이, 숙제도 고죽군을 버리고 동해의 해변에 와서 살다.

   - 해성은 청해성 서녕, 이곳을 고죽이라 부른다. 이곳에 살수가 흐르니 황하의 상류를 살수라 불렀음을 알 수 있다. 전기 단군 시대의 진한 영역이었던 청해성 지방의 아사달에서 마한의 영역인 천산 유역의 영고탑으로 나라의 중심이 이동하여 가는 것을 알 수 있다. 그곳으로 도읍을 옮겨 결국 북부여가 된다. -

22세 단군 색불루

병신 원년(BC 1285) 녹산(부여의 신궁)에서 즉위하다. 9월 몸소 구한의 군사를 이끌고 은나라 서울(은허- 하남성 안양)을 격파하고 이를 추격하여 황하에서 승전을 축하하고 변한의 백성을 회대로 옮겨 살게 하다.

을묘 20년 남국이 매우 강성하여 고죽군과 더불어 진격하여 엄독홀에 이르렀으니 은나라와 가까웠다. 이에 여파달로 하여금 빈, 기의 땅에 웅거하고 여黎라고 하고 서융과 함께 은의 제후들 사이에 차지하고 있도록 조치하다.(여 - 섬서섬 서안 서쪽)

23세 단군 아홀

갑신 원년(BC 1237) 단제의 숙부 고불가를 낙랑홀에 봉하고 웅갈손을 보내 남국藍國의 왕과 함께 남쪽을 정벌한 군대가 은나라 땅에 6읍을 설치하는 것을 감독하다가 여의치 않으니 이를 쳐부수었다.

을유 2년 남국(내몽고, 산서성, 섬서성)의 임금 금달이 청구(하북성, 산동성)의 임금, 구려(신강성, 감숙성)의 임금과 주개에서 회합하고 몽고리의 병력과 합쳐 은나라의 성책을 부수고 깊숙이 오지로 들어가 회대의 땅을 평정하더니 포고씨를 엄으로, 영고씨를 서땅에, 방고씨를 회땅에 각각 임명하였

다.(엄- 산동성 박흥현 동북. 서- 안휘성 사현의 북)

24세 단군 연나

25세 단군 솔나

정해 37년(BC 1114) 기자가 서화에 옮겨 살다. (서화- 하남성 개봉부 서쪽 90리 기箕의 땅. 남북조 시대 양나라 땅)

26세 단군 추로

27세 단군 두밀

갑신 원년(BC 997) 수밀이국, 양운국, 구다천국 등이 모두 사신을 보내 특산물을 바치다.

28세 단군 해모

정묘 18년(BC 954) 빙해의 뭇 한들이 사신을 보내 공물을 바치다.

- 단군조선과 배달국을 통털어 4000년 동안 전 세계를 지배한 지구촌 최강국임을 알 수 있다. 이후에도 고구려, 백제, 신라가 그 강토를 그대로 이어받았고, 또 대진국과 고려가 전 대륙을 석권하였고, 조선이 한수 유역의 한양에 도읍하니 대륙의 중원을 차지하고 양자강 하구의 변두리 명나라를 제압하여 대제국을 건설하였다. -

29세 단군 마휴

무인 원년(BC 943): 주나라 사람이 공물을 바치다.

- 은나라가 결국 멸망하고, 단군의 제후국들이 춘추전국 시대를 이끌어 가기 시작한다. 서주, 동주 춘추 시대 -

30세 단군 내휴

청구의 다스림을 둘러보시고 돌에 치우천황의 공덕을 새기다. 서쪽으로 엄독홀에 이르러 여러 제후들의 한들과 병사를 사열하고 주나라와도 수교를 맺다.

- 청구는 하북성, 산동성, 회수 유역이며 그곳에서 다시 서쪽으로 엄독홀은 지금의 섬서성 장안이다. -

병진 5년 (BC 905) 흉노가 공물을 바쳤다.

31세 단군 등올

임인 16년 봉황이 백악에서 울고, 기린이 와서 상원에서 노닐다.

32세 단군 추밀

갑인 3년 선비산 추장 문고가 공물을 바치다.

계해 12년 초나라 대부 이문기가 조정에 들어와 벼슬을 했다.(초나라 수도: 영- 호북성 강릉시)

33세 단군 감물

무자 7년(BC 813) 영고탑 서문 밖 감물산 밑에 삼성사를 세우고 제사를 올리다.

34세 단군 오루문

병오 원년(BC 795) 도리가를 지어 불렀다.

35세 단군 사벌

무오 50년(BC 767) 장군 언파불합을 보내 바다의 웅습을 평정하다. (언파불합 - 『일본서기』에 신무천황의 부. 웅습- 규슈 지방)

갑술 66년 조을을 보내 연나라 서울을 돌파하고 제나라군과 임치의 남쪽 교외에서 싸워 승리하다. (연의 도읍, 계- 북경. 임치- 제의 도읍, 산동성 치박시)

36세 단군 매륵

신해 35년(BC 670) 천하에 나온 용마 등에 별무늬가 있었다.

갑인 38년 협야후 배반명을 보내 삼도를 평정하다.

무진 52년 단제께서 병력을 보내 수유의 군대와 함께 연나라를 정벌하다. 연이 제나라와 함께 고죽에 쳐들어왔는데 우리의 복병에 걸려 지고는 화해를 구걸했다.(고죽- 청해성 서녕시)

37세 단군 마물, 재위 56년

경오 56년(BC 591) 제께서 남쪽을 순수하시다가 기수에 이르러 붕하시다.(기수 하남성 임현)

38세 단군 다물, 재위 45년

39세 단군 두홀, 재위 36년

40세 단군 달음, 재위 18년

41세 단군 음차, 재위 20년

42세 단군 을우지, 재위 10년

43세 단군 물리, 재위 36년

을묘 36년(BC 426) 융안의 사냥꾼 우화충이 장군을 자칭하며 무리 수만을 모아 서북 36군을 함락시켰다. 겨울이 되자 도성까지 침입. 제는 해두로 피난하시더니 곧 돌아가셨다. 백민성 욕살 구물이 어명으로 장당경을 점령하니 구지의 군과 동서 압록의 18성이 병력을 보내왔다.

- 고대 우리 역사의 핵심 지명이 압록강이다. 압록鴨綠의 한자 기록은 고대어의 크다는 '아리, 오리'의 이두문으로 아리阿里에서 시작되어 변해 오는데 그 근원은 청해성에서 발원하는 황하를 우리 민족은 압록으로 불리어 왔다. -

44세 단군 구물, 재위 29년

병진 원년(BC 425) 큰물이 도성을 휩쓸어 적이 스스로 괴멸, 마침내 우화충을 죽여 버렸다. 구물이 추대되어 장당경에서 즉위하다. 나라 이름을 대부여로 고치고 삼한을 삼조선으로 고쳤다. 해성을 개축하여 평양이라고 부르고 이궁을 짓도록 하다.

- 해성은 청해성 해주로 고려의 안서 대도호부이며 대녕서해 즉 서녕이다. 고죽이라고도 부른다.(『고려사』 「지리지」) 해성을 평양이라고 불렀다. 과연 대륙의 청해성 서녕시에는 평안平安, 악도樂都란 지명이 붙어 있다. -

45세 단군 여루, 재위 55년

신축 17년(BC 380) 연나라가 침입, 변경의 장수 묘장춘이 이를 물리치다.

병진 32년(BC 365) 연나라 배도가 쳐들어와 요서를 함락하고 운장에 육박해 왔다. 이에 번조선 대장군 우문언을 보내 이를 막고 진, 막조선의 군대도 보내 연나라, 제나라의 군을 오도하에서 쳐부수고 요서의 여러 성을 남김없이 되찾다.

- 단군조선 중 번조선의 영역은 이 시기부터 회대 지방과 하남성 일대를 잃어버리고, 지금의 섬서성 서안인 평양 유역으로 번조선 영역이 줄어들면

서 산서성 태행산맥과 황하가 번조선의 동쪽 방어선이 된다. -

신미 47년(BC 350) 북막의 추장 액니거길이 조정에 찾아와 말 200필을 바치며 연나라를 칠 것을 청하다. 마침내 번조선의 젊은 장수 신불사로 하여금 병력 만 명을 이끌고 합세하여 연나라 상곡을 공격하고 성읍을 쌓다.

무인 54년 상곡 전투 이후 이 해에 화해하고 조양의 서쪽으로 경계를 삼다.

- 대륙 전부를 지배한 단군조선이 지금 북경 지방의 연나라(계), 산동 지방의 제나라(임치), 양자강 하구의 오(고소: 강소성 소주), 월나라(회계) 등의 소국들을 지배하며 2000년 제국을 이루었음을 알 수 있다. 우리가 대륙의 중앙에 있었고 춘추의 열국들이 변두리에 있었음을 상세히 설명하고 있는 『환단고기』「단군세기」의 기록이다. -

46세 단군 보을, 재위 46년

경진 원년(BC 341) 번조선 왕 해인이 연나라 자객에게 시해당하니 오가가 다투어 일어났다.

무술 19년 읍차 기후가 병력을 이끌고 자칭 번조선 왕이라 윤허를 구하여 허락, 연나라에 대비하게 하시다.

정사 38년 도성에 큰불이 나 해성의 이궁으로 피신하시다.

을축 46년 한개가 수유의 군을 이끌고 궁궐을 침범하니 고열가가 의병을 일으키어 이를 쳤다.

- 단군조선 말기의 혼란상을 말해 준다. 그래도 이천 년 제국은 다양한 변화를 모색하며 북부여로 고구려, 백제, 신라 삼국으로 그 강토를 그대로 아니 더욱더 발전시켜 나아간다. 고구려는 흉노, 월지, 오손, 사카, 강, 저를 통합하여 유연제국, 에프탈제국으로 알려진 대국으로 돌궐, 위구르, 거란을 복속시키고 지배한다. 백제는 한수와 양자강을 중심으로 동으로는 오, 월나라까지 서로는 청해성, 티벳을 넘어 인도 북부와 아프가니스탄까지 남으로

는 운남성, 월남을 지나 말레이시아, 수마트라, 보르네오, 필리핀을 지배한 대제국으로. 신라는 당나라와 함께 대통일을 이루고 결국 당이 자멸하자 대진국 발해와 대고려로 그 강역을 이어 간다. -

47세 단군 고열가, 재위 58년

기유 44년(BC 252) 연나라가 사신을 보내 새해 인사를 올리다.

임술 57년 4월 8일 해모수가 웅심산에서 내려와 군대를 일으켰는데 그의 선조는 고리국 사람이었다.

계해 58년 오가에게 나라를 맡기고 입산수도하시어 신선이 되시다. 종실의 대해모수는 수유와 짜고 서울 백악산을 점령하고 천왕랑이라 했다. 수유후 기비를 번조선 왕으로 삼고 상·하의 운장을 지키게 하다.

「단군세기」끝.

강화에 대한 새로운 설명

친절하신 스승님.

보내 주신 조언의 말씀 감사드립니다. 강화 부분은 현재 수집된 정보로 보완을 해 보았습니다. 지난번 말씀하신 한반도 부분과 울릉도에 대한 부분은 아직 확신이 가는 것이 없습니다. 추가로 얼마 전 중국에서 발사한 우주정거장 로켓 발사 기지가 있는 곳이 감숙성 주천인데 그곳이 『고려사』「지리지」의 북원경 원주(현재 지명이 평량인데 「지리지」에 평량이라고 기록되어 있으며 소속 군현이 주천현이다)라는 점을 설명하는 기사를 실었습니다.

무오 51년 운사 배달신에 명하여 혈구에 삼랑성을 짓고 제천단을 마리산에 쌓으니 참성단이 그것이다. (양자강 하구를 강구江口, 해구군海口郡이라 하며 강도江都시가 그곳에 있으니 그곳이 강화이다.)

『고려사』「지리지」에 말하기를 강화현은 원래 고구려의 혈구군으로 경덕왕은 해구군으로 고쳤다. 고려 초 강화현으로 고쳤는데 고종 19년(1232) 왕이 몽골의 침략군을 피하여 이곳으로 수도를 옮기자 강도江都라고 불렀으며, 37년(1250)에 주위에 길이가 2960여 간이 되는 중성을 쌓았고, 원종 2년(1260) 다시 송도를 수도로 하였다.

이에 소속된 현이 3개인데 진강현, 하음현, 교동현 등이 있다. 이 강도는 대륙의 강소성 양자강 하구에 지금도 그 지명이 그대로 있다. 강도뿐만이 아니라 진강시, 하음시도 양자강 하구에 있다.

원나라 홀필열(원세조)에게 강회江淮 안무사 조량필趙良弼이 말하기를 "고려는 원나라의 침입이 시작된 지 20년이 되어도 호락호락하게 굽히지 않는다"고 했으니 이때는 이미 유럽 대륙의 몽골 세력도 정착 단계에 있었으며 송宋은 허울뿐이었으니 세계 미증유의 몽골제국에 대항하여 끝까지 남은 세력은 고려뿐이었다. 홀필열의 딸 제국대장공주는 충렬왕과 혼인한다. 강회 안무사는 글자 그대로 양자강과 회수 지역을 책임진 관리사로 이 지역에 고려의 임시 수도 강도가 있었음을 증명하고 있다.

위의 『고려사』「지리지」의 기록을 보면 1232년부터 1260년까지 다시 송도를 수도로 하기까지 28년간 강화에서 길이 2960여 간의 큰 성을 쌓고 버틴 고려의 저력은 그 황하의 하류와 회수와 양자강 하구가 만들어 내는 엄청난 강과 강이 거미줄처럼 얽혀 있는 지형 덕분이었다. 북송 말기(휘종, 1101~1125) 『수호지』에 나오는 호걸들의 아지트인 양산박이 이 거미줄 같은 수로로 이루어진 회수 유역이었다.

참고로 고려의 수도 개경의 나성의 둘레는 29,700보요, 나각은 13,000간(間)이고, 황성은 10,660보, 나각 26,000간이며 『세종실록지리지』의 한성의 도성주회都城周回 9,970보로 기록되어 있다.

『유라시아 유목제국사』의 기록을 살펴보자.

"금나라가 남송의 수도 양자강 하구의 남경을 공격했을 때 송의 고종은 영파로 도망갔다가 절강 남쪽의 온주로 이동했다. 남경에서 금의 장수 올가는 추격을 서둘러 항주와 영파를 점령했다.(1129년 말~1130년 초) 그러나 완전한 기병으로 구성된 금나라 군대는 중국 남방으로 너무나 깊숙이 들어갔다. 그곳에는 범람하는 강, 서로 얽히는 강들, 논과 운하가 있었고 조밀한 인구가 언제 그들을 기습하고 포위할지도 모르는 일이었다"라고 하였는데, 양자강 하구와 회수 지역의 거미줄같이 얽혀 있는 곳의 위험성을 충분히 말해 주고 있다.

한반도의 조그만 강화도에서 20년을 버틴다는 것은 어불성설이다. 이상으로 강화는 섬이 아니며 강소성의 강도였음을 확인할 수 있다.

이번에 이곳 우주발사기지에서 우주정거장 천궁 1호가 발사되었다. 대륙의 감숙성 주천현. 이 현의 크기가 한반도의 경상남북도만 하며 이곳에 대륙의 실크로드의 유적 중의 하나인 돈황석굴이 있다. 이 돈황이 있는 지역의 군, 현의 이름이 주천酒川이고, 주천을 포함한 전체 감숙성의 옛 명칭이 북원경 원주인 평량平凉이며 그곳이 지금 대륙의 우주로켓 발사기지가 있는 곳이다.

대륙의 중심 황하와 양자강 사이에 4천 리가 넘게 흐르고 있는 강이 한수이다. 그것도 대륙의 중심 중원 땅에. 그 한수를 차지하려고 고구려와 백제와 신라는 천 년을 다투었다고 역사는 기록하고 있다. 결국 삼국을 통일한 것은 신라이고 그 신라의 영토를 물려받은 것은 고려이다. 고려의 강역이 대륙 전부를 차지하던 대제국이었음을 증명할 수 있는 중요한 지명 중의 하나가 한수이다. 통일신라의 강역을 그대로 물려받고 더욱 확대시킨 고려의 강토는 그 동서의 폭이 만 리가 넘는다고 『고려사』에는 기록되어 있다. (惟我海東 輻之 廣幾於萬里.)

그 광대한 영토를 다스리기 위해 각 지역의 중요한 곳에 소경을 설치하였다. 그 소경小京들은 1) 북원소경 원주, 2) 남원소경 남원부, 3) 서원소경 청주목, 4) 동원경 명주, 5) 중원경 청주, 6) 김해 소경 등으로 우선 북원소경 원주가 어디였는가를 알아보자.

평량平凉은 『고려사』 「지리지」에 나오는 지명으로 성종 임금 때 정한 명칭으로 「지리지」에는 다음과 같이 설명되어 있다.

『고려사』 권 제56 지 제10 지리 1, 본래 원주原州는 고구려의 평원平原군으로 신라 문무왕은 이곳에 북원소경을 설치하였다. 고려 태조 23년 원주로 고쳤고, 고종 46년(1259) 이 주에서 반역하였다 하여 일신一新현으로 낮추었다. 원종 10년 정원靖原 도호부로 승격하였고 충렬왕 17년(1291) 합단哈丹의 침략을 물리친 공로로 익흥益興 도호부로 고치고 34년 원주목이 되었다. 성안부成安府로 고쳤다가 다시 원주목이 되었다. 평량경平凉京 또는 평량平凉(성종이 정한 명칭)이라고 부른다.

대륙을 통일한 신라와 고려의 5소경 중 하나가 북원소경인데 이 북원소경 원주의 고려 시대의 명칭(고려 성종이 정한 명칭이다)이 평량이다. 아래 지도는 대륙의 감숙성甘肅省 지도(생략)이다. 지도에 평량이란 지명이 보인다.

대륙의 장안長安성(서안西安: 서경西京 유수관留守官 평양平壤, 서경西京, 서도西都, 일명 호경鎬京)을 시작으로 실크로드의 길을 따라가면 첫 번째 만나는 감숙성의 고원지대가 평량平凉이다. (『세종실록지리지』의 숙천肅川 도호부都護府이다.) 이곳이 후고구려의 양길이 나라를 세웠던 북원北原이다. 지금도 고원固原, 진원鎭原, 해원海原이라는 도시들이 있어 과연 원주原州라 부를 만한 곳이며, 원주의 또 다른 이름인 평량平凉이라는 이름이 지도상에 뚜렷이 표기되어 있다. 한반도의 원주는 치악산 곁의 작은 군사도시일 뿐이다. 『고려사』의 기록에는 원주뿐이 아니라 중원경인 충주까지 고구려의 강역이었다고 되어 있다.

한반도의 역사와는 동떨어진 이름뿐인 원주와 이곳의 수천 년의 역사를 지닌 원주인 평량을 감히 비교할 수 있겠는가. 게다가 조선의 숙천 도호부가 된 원주는 그 지역이 감숙성 전체에 해당된다. 게다가 더욱 놀라운 사실은 『고려사』 「지리지」에 소개된 원주의 소속 군, 현들이 아직도 감숙성에 존재하고 있다는 사실이다. 『고려사』 「지리지」의 내용을 살펴보자.

원주原州에 소속된 군이 2개, 현이 5개나 된다.

1) 영월寧越군: 본래 고구려의 내생奈生군으로 신라 경덕왕이 내성奈城군으로
   고쳤다. 공민왕 21년(1372) 이곳 태생 연달마실리延達麻實里가 원사院使로
   명나라에 있으면서 우리 고려에 공로가 있었다 하여 지군사知郡事로 승
   격시켰다.
   - 아래 감숙성의 지도에 보면(생략) 감숙성 평량현과 경양현 주위로
   회령會寧, 정령靜寧, 영현寧縣, 정령正寧, 영원寧遠, 중령中寧이란 도시들이 산
   재해 있다. 이곳이 영월寧越군이다. 이 영寧이란 글자의 뜻은 편안할 령
   으로 임금이 계신 도읍지의 안녕을 책임지는 곳이란 뜻으로, 실크로
   드를 통한 이민족의 침입을 막아내던 곳을 의미한다. 또한 이곳 감숙
   성이 지도상으로 보면 길다란 이유는 아래로 해발 5천 미터가 넘는
   기련산맥과 북으로 고비사막 사이로 난 유일한 통로로 실크로드의 회
   랑이라 불리는 곳이다. -

2) 제주堤州: 본래 고구려의 내토奈吐군으로 신라 경덕왕은 내제奈堤군으로
   고쳤다. 의원義原 또는 의천義川이라 부른다.

3) 평창平昌현: 본래 고구려의 욱오郁烏현(牛烏)으로 신라 경덕왕은 백오白烏라고
   고쳤다. 고려에 와서 평창平昌이라고 고쳤다. 노산魯山이라고도 부른다.

4) 단산丹山현: 본래 고구려의 적산赤山현인데 고려 초 단산으로 고쳤고, 충
   숙왕 5년(1318) 지단양군사知丹陽郡事로 승격시켰다. 죽령산竹嶺山이 있다.

5) 주천酒泉현: 놀라운 이름이다. 대륙의 우주로켓 발사기지가 있는 곳이
   다. 대륙의 지명과 우리 역사의 기록인『고려사』「지리지」의 기록과
   일치하고 있는 것이다. 감숙성에 주천현이 있다. 감숙성 돈황에서 가
   욕관에 이르는 엄청난 크기의 지역이 주천酒川현이다. 이 지역 원주의
   크기가 한반도만 한 크기이며, 주천현의 크기가 돈황석굴까지로 남한

만 한 면적이다.

주천에서 감숙성 기련산을 따라 내려오다 보면 산단山丹시를 만난다. 단산丹山을 거꾸로 읽었다. 그다음이 금창金昌시다. 바로 붙어 영창永昌이다. 이곳이 평창平昌이다. 그다음이 백은白銀시다. 백오白烏다. 이 지역이 바로 고려의 원주이며, 신라의 9주 5소경의 하나인 북원경 원주인 것이다.

  이상은 지금은 대륙의 남의 땅으로 우주로켓 발사기지로 이용되고 있는 감숙성 주천이 불과 500년 전 고려 시대에는 우리의 영토였음을 증명해 보려고 연구하고 있는 재야 사학자의 한 사람으로 올리는 글입니다. 많은 관심을 부탁드립니다.

2011년 11월 18일
마운일 올림

〈필자의 회답〉

  '단군조선 강역'과 '강화에 대한 새로운 설명' 잘 읽었습니다. 단군조선 및 강화 지역과 함께 신라와 고려의 역사 강역을 한눈에 훑어본 느낌입니다. 계속해서 울릉도에 대한 역사 기록도 보내 주기 바랍니다.

북부여에 대한 새로운 역사 기록

스승님 안녕하신지요? 오늘 또 새로운 역사의 안목이 열리는 것이 있어서 메일을 보냅니다. 많은 조언 부탁드립니다. 이번은 지난번 단군조선에 이어 북부여에 대한 고찰입니다.

2011년 11월 21일
마운일 올림

「북부여기」상

시조 단군 해모수, 재위 45년

임술 원년(BC 239) 4월 초8일 천왕랑 해모수 단제께서는 웅심산에 의지하여 궁실을 난빈에 쌓았다. 오우烏羽의 관冠을 쓰시고 용광의 칼을 차시며 오룡의 수레를 타셨다.

- 난빈蘭濱은 대륙의 청해성 청해호 남산에 있는 오란烏蘭, 도란都蘭이다. 또 청해호에 해심산海心山이 있다. 오우烏羽(까마귀 깃털)의 관을 쓰신 해모수 천제께서 도읍하신 난빈의 궁실, 『환단고기』의 기록과 꼭 맞는 지명이다. 우리의 조상님께서 내놓은 퍼즐을 맞춘 기분이다.

청해성은 대륙의 역사 지리를 한반도에 축소 왜곡할 때 『고려사』「지리지」의 서해도가 되는 곳인데, 한반도에서는 황해도라고 하고서 이곳에 구월산과 장당경 그리고 해주가 있다고 하였는데 사실은 대륙의 청해성이었던 것이다.

『고려사』의 기록에 "안서 대도호부 해주는 원래 고구려의 내미홀(지성池城 혹은 장지長池라고도 한다)인데 신라 경덕왕이 폭지瀑池군으로 고쳤다. 태조는 이 군이 바다와 같다고 하여 해주(청해성이 바다가 아님에도 청해라고 했듯이)로 불렀다. 대녕서해 또는 고죽이라고 부른다. 수양산, 대수압鴨도, 소수압鴨도, 연평도, 용매도 등이 있다"라고 하였다. 드디어 압록鴨綠강의 비밀이 드러났다. 이곳 청해성에서 발원한 황하의 상류 지역이 압록鴨綠이었던 것이다.

이곳 청해성 청해호가 철새들의 낙원이다. 특히 청둥오리들이 떼 지어 날아오르는 장관을 연출하고 있다. 지금도 철새들의 군무를 촬영하려는 전 세계의 사진작가들에게 최고의 명소로 알려져 있는 곳이다. 인터넷에서 청해호를 검색해 보면 알 수 있다.

이상의 『고려사』「지리지」 기록을 유의해 볼 것 같으면 지성, 장지, 폭지란 말은 청해성의 지형을 설명하는 말이다. 청해성은 무수한 호수와 늪지와 초원과 황량한 고원들로 이루어져 있어서 마치 바다와 같이 영원한 곳이다. 이곳은 또한 우리 민족의 첫 고향, 시원과 같은 곳이다. 이 해주를 우리 고려는 대녕서해라고 불렀다. 바로 줄여서 서녕西寧이라고 했다. 대륙의 청해성 서녕시이다. 역사 지리를 이보다 더 자세히 어떻게 설명할 것인가.

이씨조선의 세종 때 정인지, 김종서가 편찬한 『고려사』「지리지」의 설명이다.

청해성에는 청해호라는 내륙의 바다가 있다. 소금이 나오는 진짜 바다이다. 그것도 염해이다. 그래서 이곳의 지명이 예부터 염주鹽州였다. 천연적으로 소금이 무진장 나오는 거대한 호수들이 무수히 많이 있는 곳. 마치 바다

와 같은 곳. -

임신 11년 북막의 추장 산지객륭이 영주를 습격하여 순사 목원 등을 죽이고 크게 약탈질을 하고 돌아갔다.

- 이곳 영주榮州는 북부여의 도읍지 난빈을 지키는 북방의 요새로『고려사』「지리지」의 안북 대도호부인데 지금의 영하회족자치구가 되었다. 고구려의 팽원군이다. 안릉安陵이라고도 부르는데 이 주에는 청천강(옛날에 살수라고 불렀다)이 있다. 『고려사』「지리지」의 설명은 참으로 정확하다.

우리 단군조선과 그 뒤를 이어받은 부여가 언제 만주 땅에 있었다고 하는가? 대륙의 우리 역사를 반도에 집어넣고 아무래도 부족하니까 만주까지 여기다 저기까지다 해 보아야 알쏭달쏭할 뿐이다. 우리는 대륙의 중앙에서 한수를 중심으로 역사 활동을 해왔던 것이다. 대륙의 중원 땅, 황하와 양자강 사이에 4천 리를 적시는 한수. 우리 고대사 특히 고구려, 백제, 신라를 이야기할 때 한수를 빼고는 역사를 말할 수 없다. 그 한수가 대륙의 중심에 글자 그대로 현재의 지도에 존재한다. 고구려와 백제와 신라는 한수 유역을 서로 차지하려고 싸웠다. 대륙의 중원 땅을. -

경진 19년 기비가 죽자, 아들 기준이 부를 세습하여 번조선왕이 되었다. 연나라를 대비하는 데 더욱 힘쓰게 하였다. 연나라의 장수 진개가 서쪽 변두리를 침략하더니 만번한에 이르러 국경을 삼게 되었다.

- 단군조선의 연장선인 북부여는 해모수가 난빈에서 즉위를 하고 그 도읍지에 새로운 궁궐 336간을 지어 천안궁이라고 했다. 역시 기준을 번한으로 임명하고 번조선을 통치하도록 한다. 지도에서 보면 알 수 있듯이 번조선은 부여의 울타리 역할을 한다. 조양으로부터 양평까지 성을 쌓고 또 상곡, 어양, 우북평, 요동, 요서의 여러 군을 두었다고 했다. 흉노의 공격을 막기 급급한 모습이다. 지금 북경의 만리장성이 그것이다. 연나라 수도가 지금 북경인 계薊였다. -

계미 22년 창해 역사 여홍성이 한나라 사람 장량과 함께 진시황 정의 부차를 박랑사에서 박살내다.

- 창해는 부여가 어디에 있었는지 보면 잘 알 수 있다. 단군조선과 부여가 만주 땅에 있다고 하는 바람에 여러 고대 지명들이 왜곡되고 있다. 단군조선은 청해성을 중심으로 대륙의 중심에 있었고 연, 제, 노, 오, 월나라 등은 전부 우리의 동쪽 변두리에 있던 나라들이다. 즉 창해는 청해성을 말하는 것이다, 이 청해가 고구려의 남해가 되고 백제의 서해가 되는 것이다. -

임진 31년 진승이 농민 반란을 일으켜 진나라가 크게 어지러워졌다. 이에 연나라, 제나라, 조나라 백성들이 피난하여 번조선에 귀순하는 자가 수만 명이나 되었다. 이들을 상·하의 운장에 갈라 살게 하고 장군을 파견하여 감독하게 하다.

- 이들을 살게 한 상·하의 운장이란 곳이 바로 황하의 만곡 부분 즉 오늘날 오르도스라고 부르는 곳으로 섬서성 만리장성 북쪽이다. 자, 보라. 부여와 번조선과 연, 제나라의 위치를 제대로 알고 보면 역사의 흐름을 제대로 알 수 있다. 이들 피난 온 유민들을 번조선의 변두리에 정착시킨 것은 너무도 당연한 것이 아닐까? 또 더욱 중요한 것이 있다. 이 오르도스 지역에, 황하의 북안 왼쪽에 요택이 있다고 『환단고기』가 밝혀 놓은 것이다. 「고구려국본기」 태조 융무 3년(AD 55) "요서에 10성을 쌓고 한의 10성에 대비하다"고 하였는데 첫째가 안시성- 개평의 동북 70리. 둘째- 석성은 건안의 서쪽 50리. 셋째- 건안은 안시의 남쪽 70리. 넷째- 건흥은 난하의 서쪽에, 다섯째- 요동은 창려의 남쪽에, 여섯째- 풍성은 안시의 서북 100리, 일곱째- 한성은 풍성의 남쪽 200리, 여덟째- 옥전보는 한성의 서남쪽 60리(옛 요동국이라 함). 아홉째- 택성은 요택의 서남쪽 50리, 열째- 요택은 황하의 북안 왼쪽에 있었다.

중요한 것은 요서에 10성을 쌓았다고 하고는 요택이 황하의 북안에 있다고 한 것이다. 바로 황하가 요수였던 것이다. 연나라를 시작으로 중원을 도모하려는 수, 당은 항상 요동을 공격하는데 그들의 수도인 계, 탁군(지금의 북경)에서 군사를 집결시킨다. 그리고 험준한 태행산맥을 피해서 내몽고 고원을 통해 평활한 초원의 길(고속도로나 마찬가지로 대군의 치중차량의 이동에 알맞다) 요택을 지나 갈석산을 향하여 공격해 온다. 고조선 시대부터 고구려를 지나 고려 시대까지 북방 민족이 우리나라를 침입하는 정형이다.

이곳 갈석산은 지금 영하회족자치구의 하란산이다. 인터넷으로 '하란산 암석 지대'를 검색해 보라. 회갈색의 석산이 무한히 펼쳐져 있다. 이 하란산 암석 지대에는 또 암화들이 그려져 있다. 누가 그렸을까? 까마득한 옛날 우리 조상들이었을 것이다. 이 부여의 모든 것을 물려받은 고구려는 천산 유역의 국내성(위나암尉那巖성- 위이尉犁: 지금의 투루판)에서 도읍하여 중원을 차지하려고 한나라와 전투를 벌이고 드디어 한나라를 멸망시키고는 장안성을 차지하게 된다. 황하를 울타리 삼아 대동강 평양에 도읍하게 되는 것이다.

북부여는 고구려의 모태가 된다. 북부여의 시조 해모수 단군의 둘째 아들인 고진이 위만을 물리친 공으로 고리군의 왕이 된다. 구려하 건너편 요동의 서안평 옛 고리국의 땅에 봉작을 받는 것이다. 그의 손자 불리지 고모수는 옥저의 후가 되며 그가 유화 부인과 만나 고주몽을 낳았다. 유화 부인은 불리지와 살다가 그가 죽으니 웅심산으로 돌아왔으니 지금의 서란이다. (황하의 상류 청해성 지역. 유화 부인의 친정인 하백의 집이 있는 곳으로 돌아왔는데 이곳이 서란이었다. 오늘날의 오란 도란이다.)

고주몽은 성장하여 사방을 주유하다가 가섭원에서 살았다. 관가의 미움을 받아 오이, 마리, 협보와 함께 도망하여 졸본으로 왔다. 때마침 부여왕은 후사가 없었다. 주몽이 마침내 사위가 되어 대통을 이으니 이를 고구려의 시조라고 한다. 고주몽은 해모수의 고손자뻘이다. 하지만 가섭원부여(동부여)에서 관가의 말지기를 하다가 도망하여 후기 북부여의 도읍지 졸본으로 가는데 후기 북부여는 졸본에서 즉위하고 스스로를 동명(단군조선 47대 고열가의 후손)이라고 한 고두막 단군이 전기 고우루 단군을 동부여(가섭원 또는 분릉이라고 함)로 추방하고 북부여를 계승했는데, 다음 대인 고무서 단군 때 사위인 고주몽에게 제위를 넘겼다.

졸본은 홀본이라고도 하는데 신강성을 회홀 즉 회회족이라고 한다. 고려의 특산물인 송골매의 고향이 이곳 신강위구르의 오국성 지역이다. 오국성을 당나라 때 북정(베시바르크)이라고 불렀는데 고려와 금의 경계에 있었다. 북송의 휘종, 흠종을 가둔 곳이다. 송골을 송홀, 회홀이라고 한다. 고구려는 이곳 신강위구르 지역에서 건국한다. 고주몽은 건국하여 제일 먼저 비류국왕 송양을 접수하고, 두 번째 태백산 동남쪽 행인국을 빼앗고, 세 번째로 북옥저를 멸한다. -

병오 45년 연나라 노관이 한나라를 배반하고 흉노로 망명하니, 그의 무리 위만은 우리에게 망명을 청해 왔다. 단제는 허락하지 않으셨다. 번조선왕 기준이 실수로 그를 박사로 모시고 상·하 운장을 떼어 봉해 주었다.

- 이곳 상·하 운장이 요택 주변의 오르도스 지역이다. 이제 이곳에서 해성(청해성)을 향해 위만과 그의 뒤를 이은 우거가 부여를 공격해 온다. -

2세 단군 모수리, 재위 25년

정미 원년(BC 194) 번조선 왕은 오랫동안 수유에 있으면서 항상 많은 복을 심어 백성들이 매우 부유하였다. 뒤에 떠돌이 도적 떼 위만에게 패하여 바다로 들어가더니 돌아오지 않았다. 오가의 무리들이 대장군 탁을 받들어 모두 함께 산을 넘어 월지에 이르러 나라를 세웠다. 월지는 탁의 태어난 고향이니 이를 가리켜 중마한이라고 한다. 이에 이르러 변, 진한의 두 한도 각각 자기들의 각 영토를 가지고 수도를 정하고 나름대로 나라 이름을 정했는데 모두 오래도록 마한의 다스림을 따르며 세세토록 배반하는 일이 없었다.

- 번조선왕 기준과 탁의 무리들은 서로 다른 곳을 향해 가는데, 기준은 양자강 이남 동정호 부근의 익주(『고려사』「지리지」의 금마군 익주, 지금의 장가계)에서 마한국을 건국하는데 백제의 시조 온조왕에게 망한다.

또한 한 무리의 오가들은 대장군 탁의 고향인 월지로 가는데 이곳이 대륙의 감숙성 돈황 지역이다. 이 월지는 마한이란 이름으로 고구려에 복속되는데 일부는 다시 아프가니스탄과 우즈벡 지역으로 가서 대월지국을 세우는데 후에는 쿠샨 왕조가 된다고 많은 학자들이 주장하고 있다.

인터넷 검색하면 "쿠샨 왕조는 서기 105년 ~ 250년경 카스피해에서 아프가니스탄, 타지키스탄을 지나 인도 갠지스강 상류까지 대제국을 이루는데 월지 민족이 건국하였다"라고 나와 있다.

또 다른 마한과 변한의 무리들은 천산 유역과 청해성, 내몽고 등에 여러 군소 국가를 이루는데 옥저, 낙랑, 말갈, 숙신, 여진, 읍루, 물길, 오손, 쿠차, 고창, 거사, 훈, 강거, 색, 사카 등으로 동서양의 학자들이 부르고 있다. -

무신 2년(BC 193) 단제께서 상장 연타발을 파견하여 평양에 성책을 설치하고 도적 떼와 위만의 무리에 대비하였다.

- 연타발은 졸본 사람이다. 남북의 갈사를 오가면서 재물을 모아 부를 이루어 거만금에 이르렀다. 은밀하게 주몽을 도와서 창업입도의 공을 세웠다. 뒤에 무리를 이끌고 구려하로 옮겨 고기잡이와 소금장수를 하게 되더니 고주몽 성제가 북부여를 칠 때에 양곡 5000석을 바쳤다. 서울을 눌현으로 옮길 때(다물 33년 을미 146)는 앞질러 자납을 원하여 유랑민을 초무하고 왕사를 권하여 공을 세웠으니 좌원에 봉직을 받았다. 나이 80에 죽으니 다물 34년 병인 3월이다.

이 기사는 많은 것을 알려 준다. 남북의 갈사란 곳은 신강위구르 지역 준가르 분지를 말한다. 뒤에 무리를 이끌고 구려하로 옮겨 고기잡이와 소금장수를 하였다고 했으니 청해성 염주에 소금으로 된 호수가 있으며 이 지역이 황하의 상류 지역으로 구려하라고 불린 것을 보면 그가 청해성에 와서 고기잡이와 소금장수를 했음을 알 수 있다.

고구려는 졸본에서 건국하고 고주몽 성제 당대에 눌현으로 옮겼다가 유리명제 19년에는 국내성으로 옮긴다. 이 연타발은 고주몽이 태어난 지 7년 후(무신 193)에 벌써 상장군으로 큰 공을 세운다. 나이 80에 죽으니 다물 34년 병인 3월이라고 했다.

『환단고기』「고구려국본기」의 기록에는 고주몽이 22세(다물 원년, 계해 178)에 고구려를 건국하고, 다물 32년(갑오 147) 북옥저 정벌, 다물 33년(을미 146) 졸본에서 눌현으로 천도한 것이니 최소한 56세 이후에 붕어하신 것인데, 『삼국사기』에는 22세(갑신년) 건국하고, 건국한 지 19년(계묘년) 후에 40세에 승하하신 걸로 되어 있다.

그런데 북옥저를 공격하여 멸망시킨 해가 『환단고기』의 기록은 다물 34년 갑오년이고, 『삼국사기』에는 건국 10년째인 계사년이다. 돌아가신 해가 똑같이 계묘년이면 『환단고기』는 건국 40년 후이고 『삼국사기』는 탄생 40년 후가 된다. 『삼국사기』는 결국 고주몽의 생물 기간을 20년 정도 축소 기록한 것이다. -

기유 3년 해성을 평양도에 속하게 하고는 황제의 동생 고진을 시켜 이를 수비케 하니 중부여 일가 모두 복종하였다.

- 이곳 해성이 황하의 상류인 청해성 지역이며 이곳이 고리군이고 이곳이 옥저이며 황하의 상류가 서쪽 압록강 일대이고, 이 황하의 지방관 하백의 딸인 유화를 불리지는 만나 고주몽을 낳은 것이다. 옥저는 저祖라고 불렸던 족속으로, 남옥저는 청해성 지역으로 백제에게 귀부하고, 동옥저는 감숙성 지역으로 신라에 귀부하며, 북옥저는 신강성 지역으로 고구려에 멸망한다. -

3세 단군 고해사, 재위 49년

임신 원년(BC 169) 낙랑왕 최숭이 곡식 300석을 해성에 바쳤다.

- 이 낙랑국이 고구려 대무신열제의 왕자 호동이 옥저 지방을 유람하다 낙랑왕 최리를 만났는데 바로 감숙성 평량현 일대이다. 후에『고려사』「지리지」의 북원경 원주가 된다. -

이에 앞서 최숭은 낙랑으로부터 진귀한 보물을 산더미처럼 가득 싣고 바다를 건너 마한의 서울 왕검성에 이르니 이때가 단군 해모수 병오년(BC 195)의 겨울이다.

계축 42년 단제께서 몸소 보병과 기병 만 명을 이끌고 위만의 도둑떼를 남여성에서 쳐부수고 관리를 두었다.

4세 단군 고우루, 재위 34년

신유 원년(BC 120) 고진을 발탁하여 서압록 수비를 맡기니 병력을 늘리고 성책을 설치하여 우거를 대비하는 공이 많음으로 고구려후로 삼았다.

- 서압록이 황하의 상류 감숙성 유역이다. 이곳에서 부여와 우거의 공방전이 벌어졌다. -

계해 3년 우거의 도적들이 대거 침략하니 우리 군대가 크게 패해 해성 이북 50리 땅이 모조리 우거 땅이 되었다.

병인 6년 단제가 몸소 정예군 5000을 이끌고 해성을 격파하고 추격하여 살수에 이르니 구려하의 동쪽은 모두가 항복해 왔다.

- 살수는 고구려의 을지문덕 장군이 수나라 침략군 100만을 격파한 곳이다. 지금 영하회족자치구의 현재 지명이 청수하이다. 바로 갈석산이 있는 곳이다. 구려하는 이 지역을 흐르는 황하를 그때 불렀던 이름이다. 살수는 황하의 지류. -

정묘 7년 목책을 좌원에 설치하고 군대를 남여에 두어 뜻하지 않은 사태에 대비케 하였다.

　- 지도를 보면 내몽고 지역에 있는 우거의 공격을 막는 절호의 위치에 설치되어 있음을 알 수 있다. 특히 갈석산이 낙랑군 수성현에 있으며 만리장성이 시작되는 곳이라고 하는데 이곳이 갈석산이고 여기 은천시가 옛 산해관이다. 이곳이 옛 낙랑군이 있던 곳이다. 「삼한비기」에서 말한다. 옛 책에선 "요서에 창요현이 있다"고 했는데 당나라 때 요주라고 개명했다. 남쪽에 갈석산이 있고 그 밑은 곧 백암성이다. 역시 당나라 때의 소위 암주가 그것이라 했으니 요수인 황하가 흐르는 이곳에 갈석산이 있다. -

　계유 13년(BC 108) 한의 유철이 평나를 노략질하여 우거를 멸망시키더니 사방으로 병력을 침투시켰다. 이에 고두막한이 의병을 일으켜 가는 곳마다 한의 침략군을 물리쳤다.

　갑오 34년 10월 동명왕 고두막이 사람을 보내 "도읍을 옮기시오" 했다. 단제는 걱정으로 병을 얻어 붕어하였다. 동생인 해부루가 즉위하였는데 동명왕의 핍박을 견디지 못하고 가섭원으로 옮겼다.

「북부여기」 하

5세 단군 고두막, 재위 22년, 제재위 27년

　계유 원년(BC 108) 단군 고우루 13년에 스스로 졸본에서 즉위하고 동명이라고 하였다. 단군조선 47대 고열가의 후손이라고도 한다.

　을해 3년 제가 스스로 장수가 되어 격문을 전하니 천하무적이었다. 한나라 도둑떼를 쳐부수고 마침내 군대를 이끌고 구려하를 건너 요동의 서안평에 이르니 바로 옛 고리국의 땅이었다.

　- 이 해가 한무제 유철이 평나를 노략질하여 우거를 멸망시킨 해이다. 한나라와의 국경분쟁이 치열하다. 이때의 기록에 한무제와 흉노의 공방이 심

한 시기이다(BC 133~90). 한나라는 건국 초기 유방이 흉노의 묵돌선우에게 산서성 대동 부근의 백등산 전투에서 포위를 당하고 굴욕적인 화맹을 맺고는 많은 공물을 주어 흉노를 달랜다(BC 201, 흉노의 산서성 마읍 공격). 후에 한 무제 때까지 약 70년간 굴욕적인 관계를 지속한다. 이때 북부여의 고두막 단제가 차지한 지역이 요동의 서안평, 요동은 황하 유역이고 그 서안평은 감숙성일 수밖에 없다. 이곳이 고리국이고 고진이 고구려후로 봉해진 곳으로 앞으로 고구려와 한나라가 치열히 서로 차지하려고 엄청난 전투를 벌이는 곳이다. -

갑오 22년(BC 87) 단군 고우루 34년, 제가 장수를 보내어 배천의 한나라 도둑떼를 쳐부수고 그 수비 장수까지 사로잡았다.

을미 23년 북부여가 성읍을 들어 항복하여, 이를 제후로 삼아 분릉으로 옮기게 하고 도성을 점령했다. 가을 8월에 서압록의 상류에서 한구(漢寇)와 싸워 크게 이겼다.

- 서압록의 상류는 청해성과 섬서성의 접경지역이다. 지금 청해성과 감숙성 그리고 섬서성 접경지역에서 큰 전투가 벌어진 것이다. -

임인 30년(BC 79) 고주몽이 분릉에서 탄생하다.

6세 단군 고무서, 재위 2년

임술 원년(BC 59) 제가 졸본천에서 즉위하고 백악산에서 하늘에 제사를 올렸다. 한나라 오랑캐들이 요하의 왼쪽에서 널리 소란을 피웠으나 여러 차례 크게 싸워 이겼다. 요하의 왼쪽까지 쳐들어오니 이 시기에는 황하 일대를 한나라 오랑캐들에게 다 빼앗긴 것이다.

계해 2년 제가 영고탑을 순시하다가 흰 노루를 얻었다. 겨울 10월에 제가 붕어하고 고주몽이 유언에 따라 대통을 이었다.

「가섭원부여기」

시조 해부루, 재위 39년

을미 원년(BC 86) 왕은 북부여 때문에 가섭원 혹은 분릉으로 옮겨서 살 았다. 오곡이 다 잘되었는데 특히 보리가 많았고, 또 범, 곰, 이리 따위가 많 아서 사냥하기가 편했다.

임인 8년(BC 79) 고주몽이 분릉에서 태어났다.

- 여기에서 고주몽이 태어난 가섭원은 어딜까? 또는 왜 분릉이라고 할까? 일단 청해성은 아니다. 동명성제가 청해성 오란 도란에 있던 북부여를 아마 도 청해성의 변경으로 보냈을 것이다. 또한 이 시기(BC 86년경) 흉노가 한 나라와 한창 전쟁을 벌일 때니 지금의 한반도의 북쪽인 만주로 오지는 않았 을 것이다. 그럼 인도 북부로 히말라야를 넘어갔을까? 그럴 가능성이 많다. 가섭원이란 말이 인도의 석가모니 부처의 제자가 가섭존자이니 그 이름을 딴 평원을 가섭원이라고 하지 않았을까? 그런데 가섭존자는 마갈국摩竭國 사 람이라고 했다. 마갈국은 말갈靺鞨국이라고도 한다. 여기서 또 신강위구르의 준갈미분지準噶爾盆地가 나온다. 또한 동부여의 대소왕이 망한 후 그의 동생은 갈사수曷思水의 변두리를 차지하고는 갈사국曷思國을 세웠다.

고구려는 개국하자마자 맨 처음 한 일이 말갈靺鞨을 복속시키는 일이었다. 『삼국사기』 기록에 "그 지경이 말갈과 연접하여 침구의 해를 입을까 하여 드디어 이를 쳐 물리쳤다"고 했다. 이상으로 보아 가섭원 또는 분릉은 신강 의 준가르 분지와 카자흐스탄과 키르키스탄이다. 그리고 고주몽이 그곳에서 또 부여인에게 쫓겨 도망한 졸본천卒本川은 우즈베키스탄(烏兹別克斯坦, 검은 까 마귀의 땅이란 뜻이다) 일대를 말한다. 그곳이 엄리대수淹利大水가 있는 곳이 다. 그곳에 있던 나라 이름이 엄채奄蔡(아랄해 북쪽에 있던 나라)이다. 이상 이 모두 고구려의 강역이 되는 곳이다. -

2세 금와, 재위 41년

정유 24년(BC 24) 유화 부인이 돌아가셨다. 고구려는 호위병 수만으로 졸본으로 모셔와 황태후의 예로서 산 같은 능을 만들었다.

3세 대소, 재위 28년

계유 19년(BC 13) 왕은 고구려를 침략하는데 학반령 밑에 이르자 복병을 만나 크게 패하였다.

임오 28년 고구려가 전력을 다해 침범해 오자 왕이 몸소 출전하였는데 진흙탕에 빠져 있을 때 고구려 대장군 괴유가 살해하였다.

여름, 왕의 동생이 압록곡에 이르러 해두왕이 사냥 나온 것을 보고 그를 죽이고 백성을 취하였다. 그 길로 갈사수의 변두리를 취해 나라를 세워 왕이라 하였다. 갈사는 태조무열제 융무 16년 도두왕이 고구려의 강대함을 보고 나라를 들어 항복하니 대저 3세 47년 만에 망했다. 고구려는 도두를 우대라 부르고 훈춘을 식읍으로 동부여후에 봉했다.

가을 7월 왕의 친척 동생이 옛 도읍의 백성을 데리고 고구려에 투항하니 고구려는 그를 봉하여 왕으로 삼고 연나부에 안치하고 낙씨의 성을 하사했다. 차츰 자립하여 개원 서북으로부터 옮겨가 백랑곡에 이르니 바로 연나라 땅에 가까운 곳이었다.

문자열제의 명치 갑술(494년)에 나라를 들어 고구려의 연나부에 편입하니 낙씨는 마침내 제사마저 끊겼다.

 -『삼국사기』에 태조무열제 70년(122) "고구려가 요동을 침략하니 부여왕이 원병을 보내 현도를 구하였다"고 했는데 이때까지 부여는 지금 북경 유역에 존속하고 있었던 것이다. 고구려 연나부가 연나라 땅을 차지한 것을 말해 준다. 지금의 북경 지역이다. -

「북부여기」 끝

〈필자의 회답〉

　지금까지 북만주 정도로밖에 알려지지 않았던 북부여의 통치 영역에 대한 진실을 감명 깊게 읽었습니다. 수고했습니다.

　그건 그렇고, 요즘 MBC TV에서 방영되고 있는, 시청률 높은 〈계백〉이라는 사극을 보면 당나라가 함선 200척에 14만 대군을 태워 황해를 건너 한반도에 있는 백제에 쳐들어오는 것으로 되어 있습니다. 역사 기록에 전연 없는 새빨간 거짓말입니다. 모두가 일본이 날조한 반도식민사관의 틀에 맞춘 것입니다. 그렇다면 기록에 의한 역사의 진실은 무엇인지 밝힐 수 있다면 시사성이 있어서 읽은 사람들의 흥미를 돋울 수 있을 것이라고 생각합니다.

제
2
부

한일 정보보호협정의 문제점

정지현 씨가 말했다.

"선생님, 요즘 야당에서는 한일 정보보호협정을 둘러싼 정부의 실책을 문제 삼아 김황식 국무총리 해임건의안을 내야 한다고 기세를 올리고 있는가 하면 여당은 지나친 정치 공세라고 맞서다가 국회 표결에 회부되어 부결되기도 했습니다. 선생님께서는 이 문제에 대하여 어떻게 생각하십니까?"

"정부가 이 협정의 절차를 미국 쇠고기 문제 때처럼 매끄럽게 처리하지 못한 것은 인정합니다. 그러나 이 문제로 국무총리 해임건의안까지 내어야 할 정도라고는 생각지 않습니다. 독도 영유권 문제와 종군위안부 문제, 역사 왜곡 문제 등으로 일본이 우리의 신경을 건드리고 있기는 하지만 이것을 벗어나 좀 큰 틀에서 동아시아 전체의 차원에서 우리가 처한 국제 정세를 생각해 보면 우리가 지금 국무총리 해임건의안을 놓고 정쟁을 벌여야 할 처지는 아니라고 봅니다.

첫째, 중국이 성장하는 국력을 바탕으로 동북공정으로 통일 후에 있을 우리나라의 간도의 영유권 주장을 사전에 봉쇄하는 것은 말할 것도 없고 더나아가 우리 국토에 대한 영토적 야심까지 충족시키려고 부여, 고구려, 발해가 중국의 한 지방 정부였다고 폄하하는 단계를 넘어서서 지금은 고구려, 발해가 쌓은 성채까지도 만리장성에 편입시켜 과거의 고구려 영토는 말할 것도 없고 한반도 전체를 자기네 영토라고 주장할 태세에 있습니다. 중국이 이러한 영토적 야심을 노골화하고 있는 이때에 앞으로 우리나라가 중국을 상대하여 살아나갈 길은 원교근공遠交近攻법을 이용하여 초강대국 미국과의 동맹 관계를 강화하는 길밖에는 없습니다.

100년 전에 우리나라는 중국, 러시아, 일본과 같은 한반도에 대한 영토적 야심을 가진 강대국들에 둘러싸여 있으면서도, 미국과 같은 초강대국을 동맹국으로 삼는 원교근공법을 구사하지 못했습니다. 그 때문에 우리의 동맹국이 되었어야 할 미국이 도리어 일본과 야합하여 가쓰라·태프트 비밀협정으로 일본 편을 들어주었습니다. 그 결과 미국은 필리핀을 일본은 한국을 나누어 먹어 치우고 말았습니다.

물론 그전에 일본은 한반도를 둘러싸고 청국과 러시아와 각축전을 벌였습니다. 영국과 미국의 지원을 받은 일본은 청일전쟁과 노일전쟁에서 차례로 승리하여 청국과 러시아를 차례로 제치고 한반도 지배의 기초를 다졌습니다. 결국은 우리가 국력이 너무 미약하여 미국과의 원교근공책을 구사하지 못한 것이 망국의 원인이었습니다.

유럽에서 우리나라와 비슷한 처지에 있었던 나라가 바로 폴란드였습니다. 폴란드는 강대국 독일, 프러시아, 러시아에 둘러싸여 있었지만 미국과 같은 강대국과 원교근공책을 펴지 못하여 무려 200년 동안이나 독일, 프러시아, 러시아에 영토가 3분 되어 가혹한 지배를 당하여 왔습니다. 그러나 요즘 폴란드는 다시는 그런 고통을 당하지 않으려고 미국과의 동맹을 강화하고 있습니다. 그래서 미국에 의해 이라크전이 발발했을 때도 폴란드는 영국 다음으로 많은 병력인 일 개 여단을 즉각 파견했습니다.

비록 일본이 한때 35년 동안 한국을 강점했었지만 지금은 미국의 주요 동맹국입니다. 중국의 세력 팽창을 막기 위해서는 한·미·일 3국은 어차피 운명적으로 동맹 관계를 유지해야만 할 처지입니다.

미국은 100년 전에 영국과 미국이 일본을 앞세워 청국과 러시아의 남하를 막았듯이 지금 일본을 앞세워 중국의 세력 팽창을 견제하기를 원하고 있습니다. 그래서 일본이 핵무기를 가지는 것과 함께 군사대국화 하여 동맹국이 피침을 받을 경우 자국 영토를 침략당한 것으로 간주하는 집단 방어권을 묵인하고 있습니다.

일본이 비록 독도 영유권을 주장하고 있기는 하지만 우리와 함께 미국의 동맹국이고 중국처럼 한반도를 자국의 영토화하려는 노골적인 야심을 내비치지는 않고 있습니다. 그것은 동맹국 미국이 결코 용납하지 않을 것입니다. 어느 모로 보든지 한 · 미 · 일 동맹을 강화하는 것이야말로 우리가 살길입니다. 이러한 큰 틀에서 한일 정보보호협정을 다루어야 한다고 생각합니다.

대한민국이 고구려처럼 수당隋唐을 패퇴시키지는 못할망정 적어도 중국과 일대일로 맞설 만한 강대국으로 성장하기도 전에 한 · 미 · 일 동맹을 깨는 것은 100년 전의 구한국의 과오를 되풀이하는 자살행위와 같습니다.

국제 관계에서는 영원한 적도 영원한 우방도 있을 수 없고 있는 것이란 오직 국가 이익밖에는 없습니다. 야당의원들은 한 치 앞을 못 내다보고 당리당략에만 사로잡혀 있을 것이 아니라 무엇이 과연 국익에 합당하고 무엇이 국익을 저해하는 것인지 대국적인 견지에서 저울질을 할 줄 아는 지혜를 구사해야 할 것입니다.

미전략문제연구소 마이클 그린 일본 실장은 일본과 한국이 협력해야 할 이유 다섯 가지를 다음과 같이 꼽았습니다.

첫째, 한반도에서 비상사태가 벌어질 경우 한 · 일 간의 협력 부재는 양국 모두에게 위기를 초래할 수 있다. 북한의 미사일 공격을 가정해 보면 이는 분명해진다. 한국과 일본 간 정보 교류가 없을 경우 북한이 양국을 향해 발사한 미사일에 공동 대응하기 어렵다.

둘째, 한 · 일 간의 안보 협력이 강화될 경우 한국은 일본에서 한창인 안보 관련 논란에 영향을 미칠 수 있다. 최근 일본 정치는 우경화하면서 공동

방위 협력을 벗어나 독자적으로 움직이려 하고 있다. 이는 한국의 입장에서 우려할 일이다. 하지만 자세히 들여다보면 그런 논의 과정에서 대외 방위 협력을 보다 효과적으로 재편하려는 일본의 고민이 숨어 있다. 이런 상황에서 한국이 일본과의 군사 정보와 군수 협력에 적극 나설 경우 보다 큰 발언권을 가질 수 있다. 멀리 떨어져 의심의 눈초리를 보내는 것보다 뛰어들어 발언권을 행사하는 것이 훨씬 더 현실적이다.

셋째, 일본과의 협력을 강화함으로써 한국은 미국에 대한 발언권도 높일 수 있다. 부시 정부 시절 한·미·일 3국 대북정책조정감독그룹(TCOG) 회의에 참석했던 경험으로 말하자면, 한국이나 일본이 같은 목소리를 낼 경우 미국이 거부하기 힘들 정도였다. 두 나라는 아시아에서 미국의 중요 협력국이기 때문이다.

넷째, 한국의 선택지는 여러 가지가 있다. 일본과 협력을 강화한다고 해서 한·중·일 자유무역 협정을 하지 못한다거나 중국과의 양국 협력을 해서는 안 된다는 것은 아니다. 어떤 면에서 한국과 일본의 협력 강화는 중국으로 하여금 한국과의 협력 강화를 서두르게 만들 수도 있다. 협력 강화가 기정사실화될 경우 중국은 한국의 안보 협력을 방해하는 노력도 포기하게 될 것이다. 한·일 정보 군수 협력은 새로운 의무를 추가하는 내용이 아니라는 점은 분명히 인식할 필요가 있다.

다섯째, 한·일 간 협력은 북한에 대한 경고가 될 수 있다. 북한의 도발은 주변국들의 협력을 강화할 뿐이라는 것을 북한이 알게 해 주지만, 최근 한·일 간 협력 중단은 북한의 핵미사일 개발을 독촉하는 분위기만 조성할 뿐이다. 갈수록 불안해지는 동북아 지역에서 우리가 지키려고 하는 것은 평화와 번영과 민주주의라는 것을 알아야 한다."

근본적인 해결책

"그것은 그렇다 쳐도 중국이 저처럼 고구려의 자국 영토화를 주장함으로써 한반도까지 잠식하려는 의도를 점차 노골화하는 것에 대해서는 어떠한 대응책을 세워야 할까요?"

"우선 중국의 고구려의 자국 영토화 흉계에 반대하는 미국, 일본, 러시아를 비롯한 외국 사학자들과의 유대를 강화하여 그 불가함을 학문적으로 규명하는 국제적 활동을 강화하여야 할 것입니다.

그리고 두 번째로는 각급 학교에서 국사 공부를 강화하여 중국의 영토적 야심을 일깨워 주도록 하여야 할 것입니다.

세 번째로는 『환단고기』, 『삼국사기』, 『삼국유사』, 『고려사』, 『조선왕조실록』, 『세종실록지리지』, 『동국여지승람』, 중국의 이십오사 동이전 및 조선전 등 각종 기본 사료들이 입증하듯이 우리나라가 중원 대륙의 중서부와 동부 및 동남부에 걸쳐, 한반도의 10배 내지 15배의 지역을 환국, 배달국, 단군조선, 고구려, 백제, 신라, 고려, 이조 말에 이르기까지 무려 9100년 동안이나 중단 없이 지배하여 왔다는 사실을, 전 세계에 공표해야 할 것입니다.

이렇게 하자면 일제가 한국인을 식민지 노예로 길들이기로 고안한 반도 만주 식민사관에서 먼저 벗어나야 합니다. 이것이야말로 동북공정에 대한 효율적이고 막강한 대응책이 될 수 있을 것입니다. 왜냐하면 그러한 역사의 진실은 중국의 기본 사료인 이십오사도 입증하고 있기 때문입니다."

"이러한 방법들 이외에 또 다른 방법은 없을까요?"

"왜 없겠습니까? 있습니다. 사실 이상 내가 말한 대책들은 중국의 동북공정에 대한 일종의 얻어맞고 때리는 식 대응책에 지나지 않습니다. 이보다 양측에 다 같이 이익이 되는 근본적 원원 대책이 있습니다."

"그게 무엇이죠?"

"지금 한·중 무역 실무자들 사이에 진행되고 있는 FTA 협정을 가속화시켜 한국과 중국 사이에 경제와 무역 장벽을 EU처럼 완전히 없애 버리는 겁니다. 한국과 중국 사이에 FTA가 발효되면 일본과도 현재 진행 중인 FTA 실무 작업 역시 가속도가 붙어, 머지않은 장래에 한·중·일 사이에는 무역 장벽이 완전히 사라지게 될 것입니다.

그렇게 되면 한·중·일에 뒤이어 몽골, 대만, 홍콩, 베트남, 인도네시아, 캄보디아, 라오스, 태국, 미얀마, 동부 시베리아 등으로 확대되어 마침내 동아시아 연방이 형성될 토대가 구축될 것입니다. EU와 같은 것으로서 East Asia Union 즉 EAU가 미구에 등장하게 될 것입니다.

한국과 중국 사이의 간도 문제, 한국과 일본 사이의 독도 문제, 일본과 중국 사이의 센카쿠(중국명 댜오위다오) 문제처럼 두고두고 세 나라 사이에 속을 썩이던 영토 문제도, 유럽연방의 등장으로 프랑스와 독일 사이에서 수백 년 동안 골칫거리였던 알자스로렌 문제처럼, 일거에 해결될 수 있을 것입니다. 왜냐하면 유럽 25개국의 자유무역협정 발효가 정치 통합으로까지 확대되었기 때문입니다."

조선 왕궁에 대한 충격적인 그림들

안녕하세요, 김태영 선생님. 저는 고등학생 때부터 『선도체험기』를 읽어 온 독자입니다. 대략 4~50권까지 읽었다가 한참 동안 뜸했고, 최근에는 간 간이 책방에 들러서 『선도체험기』를 읽어 오고 있었습니다.

최근에 책방에서 101권을 읽던 중, 김종윤 사학자분께서 말씀하신 "경복궁, 그거 다 가짭니다"라고 된 부분을 읽고서는 기가 막혀서 책을 덮어 버리고 나왔습니다. 경복궁도 수원 화성도 기타 제가 읽어 왔고 배워 왔던 역사서가 몽땅 날조된 것이고 우리 한민족이 대륙의 지배자였다는 것을 믿을 수가 없었습니다.

그런데 며칠 지나고 나서 이상하게 자꾸 "경복궁, 가짜"라는 생각에 신경이 쓰여서 우리나라 인터넷과 해외 인터넷 사이트에서 검색을 해봤습니다. 그러던 중 어안이 벙벙하고 소름조차 돋지 않을 정도로 충격적인 그림들을 보게 되었습니다.

http://bbs.voc.com.cn/topic-170485-1-1.html

위 사이트를 보아주시겠습니까? 중국의 어느 사이트입니다. 그림은 전부 일본에 소장 중인 그림입니다. 메이지유신 27년경에 제작되었다고 하는데, 정확히는 몰라도 1800년대 말쯤일 거라고 알고 있습니다.

위의 두 그림을 보시면, 한자로 분명하게 '조선국 왕성 지도'라고 쓰여져 있습니다. (도쿄경제대학교에서 이 그림을 소장 중이라고 알고 있습니다.)

그런데 보시면 아시겠지만 이 그림은 절대로 서울에 있는 경복궁이 아닙니다. 입을 열기가 두렵지만 중국의 성과 흡사합니다. 아니, 중국의 성이라고 봐도 무방하다고 생각합니다. 그렇다면 이 그림은, 설마 현재의 자금성이 원래의 조선의 성이었다는 것일까요?

그 밑에 있는 그림들을 보시면, 더욱 놀랍습니다. 특히 '조선 왕성 대원군 침전'의 그림이나 '조선 궁중의 연회' 같은 그림을 보시면 입이 다물어지지가 않습니다. 그곳은 완벽하게 중국의 산천이며 중국의 궁궐 모습입니다. 경복궁 어느 곳에 붉은색의 칠이 되어 있는 곳이 있답니까! 하지만, '일본군대 조선궁 출진 지도' 같은 그림을 보면, 아주 희미하긴 하지만 열도 그림에 대일본, 반도 그림에 조선, 대륙 그림에 지나라고 쓰여 있는 것이 보입니다.

이 그림은 위에 나와 있던 그림과는 모순된 것으로서, 대륙조선을 부인하는 그림이 됩니다... 저는 아직도 어느 것이 진실인지 잘 모르겠고, 김종윤 사학자분의 말씀이 믿어지지가 않습니다. 어쩌면 너무 충격적이어서 믿고 싶지 않은 것일지도 모릅니다.

이 그림을 보신 선생님의 의견을 듣고 싶어서 장문의 메일을 드렸습니다. 항상 건강하십시오.

2012년 2월 6일
윤성훈 올림

〈필자의 회답〉

문제의 그림들은 진실을 있었던 그대로 말하고 있을 뿐입니다. 거의 다

청일전쟁(1894~95) 때의 그림들입니다. 그 당시 조선 왕궁이 있었던 곳은 북경의 자금성이 아니라 섬서성 서안西安입니다. 반도 그림에 조선이 표시된 것은 조선 왕궁 일부가 한반도로 이전한 후의 그림일 것입니다.

　사필귀정事必歸正이란 말이 있지 않습니까? 당시 대영제국을 위시한 서구 열강들과 일본이 자국의 이익을 위하여 지금까지 우리의 대륙 역사를 말살하려고 피나는 노력을 기울여 왔지만 결국은 진실은 드러나고 말았습니다. 앞으로 세월이 흐르면 흐를수록 이러한 사실들은 점점 더 많이 세상에 드러날 것입니다. 잘 기억하십시오. 지금 내가 한 말을.

오늘 사학자 김종윤 님을 뵙고 왔습니다

거두절미하고 말씀드리자면, 저는 지금 너무 혼란스럽고 기운이 빠집니다. 김종윤 님께서 하신 주장을 들은 대로 적어 보겠습니다.

1. 한국인에게 역사는 없다.

2. 지금의 대한민국은 실질적인 건국 역사가 백 년 정도밖에 되지 않았다. 한반도는 대륙조선의 변방이었던 곳이다. 그전에 이 반도에는 문자가 없었고 그러니 당연히 기록된 역사도 없다. 반도조선의 역사는 대륙조선에서부터 이식된 것이다.

3. 본디 요임금과 단군임금은 대륙에 병립해 있었다. (어느 사서를 보여주면서 말씀하셨습니다.) 그리고 고조선부터 삼국 시대의 최초의 나라가 생기기 전까지는 2300년 정도가 비게 된다. 그 사이에 하, 은, 주, 진, 한 등의 나라의 연대를 끼워 넣으면 꼭 맞아떨어진다.

4. 대륙조선에서는 유생들 때문에 나라 힘이 약해지자, 서구 열강들이 들어와서 조선의 관리들에게 "너희는 그렇게 살아서는 발전 못 한다, 그러니 개혁을 해라"라는 감언이설로 꼬셔서 조선의 역사를 반으로 쪼갰다. 즉, 요임금과 단군이 병립하던 역사에서 단군만을 한반도로 옮겨오고 나머지 다른 역사들도 이식해서 일제가 교육을 시작했다.

5. 조선 역사서에 쓰여진 기록은 전부 대륙에서 벌어진 사건들이며, 세종대왕도 이순신도 다 대륙 사람이다. 한글도 대륙의 문자였다. 한반도로 역

사를 이식할 때 쑨원(손문)이 한글도 반도로 같이 넘겨주고 자신들은 학자들 100여 명을 3달 동안 동원해서 간체자를 만들었다.

6. 이런 얘기가 잘못 터져 나오게 되면 나라가 없어진다. 무슨 말이냐 하면 나라는 그것의 '역사'를 존립 기반으로 하는데, 한반도 내에는 역사가 없으므로(단지 역사가 이식되었을 뿐인 나라이므로) 우리나라의 존립이 위험해진다.

7. (우리나라가 언젠가 국력을 회복하면 대륙을 회복해야 하지 않겠느냐는 질문에) 그게 아니다. 김태영 씨도 내 얘길 잘못 알아듣고서는 책에다 그렇게 썼는데, (역사가 이식된 나라이기에) 우린 그 땅과는 관련이 없다.

8. (그렇다면 완전히 다른 나라이며 우리완 상관도 없는 (대륙)조선의 역사를 이렇게 열심히 연구하시는 이유를 질문하자) 젊었을 적엔 문학을 하고 싶었는데, 어느 선생님을 만나서 따라다니다가 역사를 배우게 되었고, 그것에 호기심을 느껴서 계속하다 보니 여기까지 오게 되었다.

선생님, 김종윤 님의 주장을 한마디로 요약해 보자면 "반도에 사는 우리 민족은 대륙과는 아무 관련도 없고, 기록된 역사도 없는 정체성 불분명한 민족"이라는 생각이 듭니다. 저는 처음에는 '우리 민족이 대륙을 지배했었는데 일시적으로 힘이 약해져서 반도까지 밀려났다. 하지만 언젠가 국력이 회복되는 날, 다시 되찾을 기회가 생길 것이다'라는 생각을 가지고 그분을 만났었는데, 지금은 혼란과 무기력만이 느껴집니다.

그분 말씀대로라면, 반도에 사는 우리는 대륙에 존재했었던 조선이라는 나라와는 아무 관련도 없을뿐더러, 조상이 누구이며 어떻게 살아왔는지 기록조차 되어 있지 않은 '정신' 빠진 민족이 되는 것 아니겠습니까? 차라리 반도식민사관을 믿고 있는 게 더 나았겠다는 생각이 드는 것은 이번이 처음입니다.

역사학적 지식이 거의 전무한 저는, 지금으로선 판단을 내리기가 힘듭니다. 그래도 저보다 더 역사학적 지식을 갖추신 선생님께서 한말씀해 주시면 참고로 삼겠습니다.

항상 건강하십시오.

2012년 3월 1일
윤성훈 올림

〈필자의 회답〉

김종윤 님과 나와는 역사관이 근본적으로 다릅니다. 무엇이 어떻게 다른지 윤성훈 씨가 적어 보낸 8개 조목을 일일이 열거하면서 논평하겠습니다.

1. 한국인에게 역사는 없다.

한국인에게 왜 역사가 없습니까? 우리에게는 『한단고기』, 『단기고사』, 『삼국사기』, 『고려사』, 『조선왕조실록』을 비롯한 수많은 기록들이 엄연히 존재하고 있습니다. 이들 역사 기록들이 비록 대륙에서 기록된 것들이고 일본이 일부를 왜곡하고 날조했다고 해도, 중국인의 역사는 물론 아니고 그렇다고 일본인의 역사도 아닌, 분명 한국인의 역사입니다. 이것을 부인할 사람은 아무도 없습니다. 중국인도 일본인도 이것을 부인하지는 않습니다. 이래도 한국인에게 역사가 없다고 말할 수 있을까요? 한국인에게는 우리 민족이 지금 존재하는 것과 같이 역사도 함께 숨쉬고 있다는 것을 알아야 할 것입니다.

2. 지금의 대한민국은 실질적인 건국 역사가 백 년 정도밖에 되지 않았다. 한반도는 대륙조선의 변방이었던 곳이다. 그전에 이 반도에는 문자가 없었고 그러니 당연히 기록된 역사도 없다. 반도조선의 역사는 대륙조선에서부터 이식된 것이다.

1948년 수립된 대한민국의 역사가 백 년도 채 안 되는 것은 사실입니다. 이씨조선이 외세의 압력으로 조선 후기 멸망 직전에 대륙에서 한반도로 옮겨졌다고 해서 한국인에게 역사가 없다고 말하는 것은 어불성설입니다.

실례를 하나 들겠습니다. 한때 대륙을 지배했던 장개석 국민당 정부는 모택동 공산군에게 쫓기어 끝내 대륙을 포기하고 대만으로 피난했습니다. 그때 국민당 정부는 대륙의 각 박물관에 소장되어 있던 중요 문화재들을 모조리 다 대만으로 공수하여 지금 고궁박물관에 소장되어 있는데 그것을 다 보려면 몇 달 몇 년이 걸릴지 모른다고 합니다. 장차 힘이 강해져서 대륙을 수복할 때 자기네가 역사의 수호자임을 과시하기 위해서였습니다. 김종윤 님의 논리대로 한다면 국민당 정부는 역사가 없는 집단이 되어야 하는데 그것이 사실일까요. 그렇지 않다는 것은 삼척동자라도 다 아는 일입니다.

또 한 가지 예를 들겠습니다. 역사가 백 년이 넘는 경기고등학교가 30년쯤 전에 강남으로 이사했습니다. 그렇다고 해서 경기고등학교의 역사는 30년밖에 안 된다고 할 수 있습니까? 경기고등학교 출신들에게 물어보십시오. 그들이 뭐라고 대답할까요. 잘 생각해 보기 바랍니다.

3. 본디 요임금과 단군임금은 대륙에 병립해 있었다. (어느 사서를 보여주면서 말씀하셨습니다.) 그리고 고조선부터 삼국 시대의 최초의 나라가 생기기 전까지는 2300년 정도가 비게 된다. 그 사이에 하, 은, 주, 진, 한 등의 나라의 연대를 끼워 넣으면 꼭 맞아떨어진다.

이것은 역사적 사실일 뿐이며 한국인에게 역사가 없다는 것을 입증하는 자료는 분명 아닙니다.

4. 대륙조선에서는 유생들 때문에 나라 힘이 약해지자, 서구 열강들이 들어와서 조선의 관리들에게 "너희는 그렇게 살아서는 발전 못 한다, 그러니 개혁을 해라"는 감언이설로 꼬셔서 조선의 역사를 반으로 쪼갰다. 즉, 요임금과 단군이 병립하던 역사에서 단군만을 한반도로 옮겨오고 나머지 다른 역사들도 이식해서 일제가 교육을 시작했다.

이것은 우리 역사의 일단은 될 수 있어도 한국인에게 역사가 없다는 증거는 되지 못합니다.

5. 조선 역사서에 쓰여진 기록은 전부 대륙에서 벌어진 사건들이며, 세종대왕도 이순신도 다 대륙 사람이다. 한글도 대륙의 문자였다. 한반도로 역사를 이식할 때 쑨원(손문)이 한글도 반도로 같이 넘겨주고 자신들은 학자들 100여 명을 3달 동안 동원해서 간체자를 만들었다.

이것도 과거사의 한 단면일 뿐 한국인에게 역사가 없다는 것을 입증하는 자료는 분명 아닙니다. 한글이 대륙에서 만들어졌다고 해서 대륙의 문자라는 것은 말이 안 됩니다. 그것은 홍길동이라는 사람이 미국에 가서 살면서 돈을 벌어 한국으로 가져왔다면 그것이 미국 정부의 돈입니까 아니면 홍길동의 돈입니까? 한국의 세종 임금이 대륙에 영토를 가지고 있을 때 만든 한글은 한민족 전체의 유산이며 한국인이 비록 한반도로 이주했다고 해도 한국인의 것이지 어찌 대륙의 것일 수 있습니까?

6. 이런 얘기가 잘못 터져 나오게 되면 나라가 없어진다. 무슨 말이냐 하면 나라는 그것의 '역사'를 존립 기반으로 하는데, 한반도 내에는 역사가 없으므로(단지 역사가 이식되었을 뿐인 나라이므로) 우리나라의 존립이 위험해진다.

이런 논리는 성립될 수 없습니다. 가령 북극을 향해 23.5 기울어진 지축이 바로 서면서 남극이 살기 좋은 땅이 되어 우리나라가 한반도를 버리고 남극의 일부 땅을 국토로 삼아 나라를 옮기고 역사를 이식했다고 해서 그 나라의 존립이 위험해진다는 논리는 성립될 수 없습니다. 가족 단위의 외국 이민이 가능한 것과 같이 국가 단위의 이동도 있을 수 있는 일입니다. 한국, 일본, 대만, 터키가 그 실례입니다. 일본은 절강성에서 명치유신을 치르고 일본열도로 이동했습니다.

7. (우리나라가 언젠가 국력을 회복하면 대륙을 회복해야 하지 않겠느냐는 질문에) 그게 아니다. 김태영 씨도 내 얘길 잘못 알아듣고서는 책에다 그렇게 썼는데, (역사가 이식된 나라이기에) 우린 그 땅과는 관련이 없다.

우리가 대륙에서 한반도로 수도를 옮긴 것은 서세동점기에 영국을 비롯한 서구와 일본 제국주의 열강들의 강압에 의해서였습니다. 그때 만약 우리나라가 강대국이었다면 그런 일은 없었을 것입니다. 알기 쉽게 말해서 우리는 강도들에게 대륙의 영토를 빼앗기고 반도로 쫓겨 들어온 것입니다. 그러한 우리가 지금의 미국이나 중국처럼 강대국이 되어 여건이 하락한다면 강제로 빼앗겼던 국토를 되찾을 수도 있는 것은 당연한 일입니다.

2천 년 동안이나 전 세계 각지를 유랑하던 이스라엘인들도 잃었던 나라를 되찾았는데 하물며 우리가 강대국이 되면 왜 못 찾는다는 말입니까? 얼마든지 가능한 일입니다. 대륙은 우리의 역사 기록들에 등기된 과거의 우리 영토임이 분명합니다. 힘이 약해서 탈취당한 땅을 힘이 회복되었을 때 되찾는 것을 말릴 사람은 아무도 없습니다. 단군조선과 고구려인들의 다물 정신이 바로 이것을 뒷받침해 주고 있습니다.

8. (그렇다면 완전히 다른 나라이며 우리완 상관도 없는 (대륙)조선의 역사를 이렇게 열심히 연구하시는 이유를 질문하자) 젊었을 적엔 문학을 하고 싶었는데, 어느 선생님을 만나서 따라다니다가 역사를 배우게 되었고, 그것에 호기심을 느껴서 계속하다 보니 여기까지 오게 되었다.

지극히 애매모호한 답변입니다. 윤성훈 씨는 남의 얘기를 들을 때는 취사선택을 제대로 할 줄 알아야 합니다. 패배주의에 함몰되면 무슨 말인들 못하겠습니까?

항상 부정적인 사고방식을 갖고 있는 사람은 최상의 조건을 최하의 것으로 바꾸어 놓지만 항상 긍정적이고 적극적인 사고방식을 가진 사람은 최하의 조건을 최상의 것으로 바꾸어 놓을 수 있습니다.

우리가 단지 그분에게서 취할 수 있는 것은 대륙에서의 한국사 탐구 정신 하나뿐입니다. 그 외의 우리나라 역사에 대한 허무주의와 패배주의와 같은 부정적인 사고방식은 받아들이지 않으면 그뿐입니다. 우리는 복어 요리를 먹을 때 어떻게 합니까? 독이 있는 내장과 알만은 쏙 빼놓지 않습니까? 그분을 대할 때 복어 요리를 참고하듯 하면 될 것입니다.

진실한 역사는 무엇입니까?

답변 받아 보았습니다. 그렇다면 김태영 선생님께서는, "대륙에 있던 우리 조상들이 힘이 약해서 반도로 쫓겨 들어온 것, 즉 이민과 같은 것"이라는 역사관을 가지고 계신 것이고, 김종윤 님께서는 "대륙에 있던 조선과 조상들은 반도에서 살고 있었던 주민과는 아무 관련이 없다(국민들이 이민해 온 것이 아니라 단지 역사만 옮겨 심은 것이다)"라고 두 분의 입장을 정리할 수 있겠군요.

그렇다면 과연 진실은 무엇입니까? 진실한 역사는 하나인데, 강단 사학자의 역사관, 김종윤 님의 역사관, 김태영 선생님의 역사관 등등 그것을 바라보는 역사관은 몇 가지씩이나 됩니다. 솔직히 "김종윤 님의 얘기를 취사선택해 들으면 된다"고 하신 선생님의 말씀도, 자신이 믿고 싶은 것, 유리한 것만 받아들이고 그 외에 것들은 무시하면 된다는 식의 말씀으로 들립니다.

저도 그분의 주장에 동의하고 싶은 심정은 아니지만, 그분의 주장과 근거를 토대로 하여 진실인지 아닌지를 확인해 보는 것이 옳은 게 아니겠습니까? 물론 그런 것은 사학자가 해야 할 일이긴 하지만 말입니다.

이 분야에 대해 지식이 얕은 저로서는 아직 판단이 서지 않습니다. 진실은 그저 시간이 흘러야만 알 수 있는 것일까요?

2012년 3월 2일
윤성훈 올림

〈필자의 회답〉

윤성훈 씨는 『선도체험기』 102권 중에서 몇 권이나 읽어 보셨습니까? 내가 왜 이런 말을 하는가 하면 지금 윤성훈 씨가 말하는 것을 보면 한반도와 만주에 대하여 내가 그렇게도 강조한 것을 전연 모르고 있기 때문입니다.

특히 한반도는 『삼국유사』에도 탁라乇羅라는 이름으로 등장합니다. 고조선, 고구려, 백제, 신라, 고려, 이조가 번갈아 가면서 통치한 지역입니다. 따라서 한반도는 고대부터 대륙조선과는 밀접한 관계를 유지했던 지역입니다.

그렇기 때문에 한반도 안에서는 지금도 고조선, 고구려, 백제, 신라, 고려, 이조 시대의 문화재들과 유물들이 발굴되고 있습니다. 한민족의 주류 세력이 수도를 대륙에서 한반도로 옮긴 것이 이조 말이었습니다.

『선도체험기』를 다 읽기 어려우면 역사에 관한 부분이라도 읽어 주었으면 윤성훈 씨와 나와의 역사 문제 대화가 한층 더 부드러워질 것 같습니다.

제
3
부

베트남인과 한국인

2012년 10월 13일 토요일

베트남 여자와 결혼하여 시골에서 농사를 짓는 이준수라는 40대의 수련생이 말했다.

"선생님, 한 가지 의문이 있습니다."

"어서 말해 보세요."

"저는 베트남 여자와 결혼한 지 5년이 되었는데요. 제 아내는 처음에 한국에 왔을 때는 얼굴이 까맣게 탔었는데, 한국에 온 지 불과 몇 달 안 되어 얼굴이 뽀오예졌습니다. 외모로는 토박이 한국 여자들과 거의 구분을 못 할 정도입니다. 그런데 〈러브 인 아시아〉 같은 KBS 텔레비전 프로그램을 보면 한국인과 결혼한 흑인이나 백인은 한국 생활을 아무리 오래해도 얼굴색이 그대롭니다. 그 이유가 무엇이죠?"

"그 말을 들으니까 개성공단에서 일하는 한국인 기술자들의 얘기가 생각납니다. 개성 근처에 사는 북한 여자들이 공단에 취직하여 하루 점심 한끼씩 공단 안 식당에서 식사를 하고 간식으로 라면과 초코파이 같은 것을 상식하게 되면, 불과 석 달이 안 가서 까맣던 얼굴이 남한 여자와 똑같이 뽀오예진다는 것입니다. 베트남 여자도 마찬가지입니다."

"그런데 왜 한국인과 결혼한 흑인이나 백인은 아무리 한국에 산 지 오래되어도 피부색이 그대로죠?"

"처음부터 피부색이 다른 인종이기 때문입니다."

"아니 그렇다면 베트남인은 한국인과 인종이 같다는 뜻인가요?"

"그렇습니다. 베트남, 캄보디아, 태국, 미얀마, 티베트인들은 같은 황인종으로서 한국과는 인종적으로 사촌 사이 정도라고 할 수 있습니다."

"그렇게 말할 수 있는 무슨 근거라도 있습니까?"

"『환단고기』 속의 「단군세기」에 보면 지금부터 근 6천 년 전 거발한 한웅천황이 3천 명의 부하를 거느리고 지금의 섬서성과 감숙성 지방에 진입했을 때는 웅족熊族과 호족虎族이 선주민으로서 이미 그곳에 살고 있었습니다. 그들은 인종적으로 사촌 간쯤 되었습니다. 웅족은 한웅천황의 교화에 순응했지만 호족은 그와는 반대로 고집을 부리고 빗나가기만 했습니다.

그래서 호족은 한웅천황에 의해 멀리 서남쪽으로 추방되었다는 기록이 있습니다. 웅족이 바로 한국인의 조상이고 지금의 베트남, 캄보디아, 태국, 미얀마, 티베트 등에 살고 있는 원주민의 조상이 바로 호족입니다. 그 증거로는 「단군세기」의 기록뿐만 아니라 그들의 오래된 풍습과 민속놀이 전통들이 한국과 흡사한 것이 수없이 많은 것만 보아도 알 수 있습니다."

"선생님 말씀을 듣고 있자니까 생각나는 것이 있습니다."

"그게 뭔데요?"

"제 아내 말입니다. 제 욕심만 채우고 거칫하면 어떻게 옹고집을 부리는지 모릅니다. 그 고집이 바로 6천 년 전 호족 시대부터의 대물림인 것 같습니다."

"이이는 있습니까?"

"지금 세 살 난 딸이 하나 있습니다. 그런데 신통하게도 딸애는 그 성격이 에미를 닮지 않고 다행히도 저를 닮아서 옹고집은 부리지 않습니다."

"근묵자흑이라고 했습니다. 먹을 가까이하면 검게 된다는 뜻입니다. 베트남 부인도 미구에 고집이 점점 희석될 것입니다. 더구나 최근 보도에 따르면 종전까지는 한국에 시집온 여자들 중 중국인 출신이 1위였었는데 지금은 베트남 여성이 1위라고 합니다."

"왜 그렇게 되었을까요?"

"지금은 원시반본 시대라서 그렇다고 합니다."

"원시반본이 무엇인데요?"

"우리 조상들이 근 7천 년 동안 동아시아 대륙을 석권했던 환단 시대와 비슷한 시대로 되돌아가는 것을 말합니다. 우리나라에 전래되는 각종 예언서에도 그렇게 나와 있습니다."

"제발 좀 그렇게 되었으면 오죽 좋겠습니까?"

대륙을 9100년 동안 다스려 온 유전자

이준수 씨가 또 물었다.

"그럼 피부가 다른 이주 여성들은 어떻게 될까요?"

"세계의 각종 인종은 누구나 다 한 뿌리에서 갈라져 나왔으니까 오랫동안 한국인과 결혼하여 유전이 계속되면 결국은 한국인이 되는 겁니다. 우리나라에 지금처럼 외국에서 들어오는 이주 여성들이 늘어나고 또 한국 여성들과 결혼한 외국 남성들이 한국에 정착하는 수효가 늘어날수록 우리나라는 미국처럼 세계 각종 인종들이 융합되는 거대한 용광로의 구실을 다하게 될 것입니다.

세계 각지에서 들어온 피부가 다른 인종들이 한국 문화에 길들여지고 새로운 인종으로 자라날 때 우리나라는 지금의 미국을 능가하는, 세계를 이끌어나갈 수 있는 새로운 초강대국으로 성장할 수 있게 될 것입니다. 혼혈아들 중에는 미국의 오바마 같은 준재들이나 한국의 뮤지컬 가수 소냐 같은 뛰어난 재능을 가진 경우가 많기 때문입니다."

"그렇게 되려면 영토도 자원도 없는, 좁은 한반도의 남쪽 땅만 가지고는 아무래도 한계가 있는 것이 아닐까요?"

"우리가 창의력을 발휘하고 인구가 끊임없이 늘어나고, 국부가 계속 창출되어 축적된다면 그 능력에 합당한 변화가 반드시 일어날 것이고, 관할 영역도 확장되어 그것을 관리할 수 있는 기회가 반드시 도래할 것입니다."

"일부 국민들이 가지고 있는 외국인에 대한 기피증과 배타성이 극복되지 않고도 그런 일이 일어날 수 있을까요?"

"그런 것은 너무 걱정하지 않아도 될 것입니다. 『환단고기』에 따르면 금년이 환기 9211년입니다. 우리 민족의 먼 조상들이 중앙아시아 고원지대에서 동아시아 대륙의 지금의 섬서성과 감숙성 지역에 진입하여 환국이라는 나라를 세운 이래 배달국, 청구국, 단군조선, 부여, 고구려, 백제, 신라, 발해, 고려, 이씨조선 말까지 무려 9100년 동안 대륙의 핵심 지역인 한반도의 10 내지 15배나 넘는 중원 지역에서 문화를 창출하면서 중단 없이 그곳 주민들을 다스려 온 유전자가 우리에게 있는 이상, 포용성과 친화력에 관한 한 세계의 어느 민족에게도 뒤지지 않는 탁월한 능력이 잠재되어 있으므로 그런 것은 문제가 되지 않습니다.

박정희 시대에 한국이 한창 공업화되고 있을 때 필요한 외화 조달을 위해 한국 건설업체들이 월남과 중동에 대량으로 파견되어 상상 이상으로 현지인들과 풍토에 잘 적응하여 열심히들 일하는 것을 보고 사람들은 우리 민족은 이외로 창의성이 뛰어나다고 생각했습니다.

그러나 그것은 창의성 때문만이 아니고 환국 시대 이래 이조 시대까지 무려 9100년 동안 내내 한반도의 15배에 해당되는 아시아 대륙 핵심인 중원 지역을 우리의 영토로 삼아 운영하여 온 유전자를 우리들 각자가 보유하고 있었기 때문이었습니다. 오랫동안 단군조선과 고구려의 도읍이었던 평양이 있던 지금의 섬서성 서안 지역에 한국의 대규모 반도체 공업 단지가 들어서고 있는 것도 우연한 일이 아닙니다."

한국 사극 감상법

2012년 10월 22일 월요일

이동수라는 중년의 『선도체험기』 독자가 삼공재에 찾아와서 말했다.

"선생님, 저는 요즘 KBS1 TV에서 내보내는 주말 사극 〈대왕의 꿈〉을 보고 있는데요. 김춘추와 김유신이 삼한일통=韓一統의 꿈을 실현시켜 나가는 사극입니다. 『선도체험기』 97권 이후를 읽어 보면 우리나라는 환국 이래 배달국, 단군조선, 고구려, 백제, 발해, 신라, 고려를 거쳐 내려오다가 이씨조선이 영국의 사주를 받은 일본에 의해 멸망 직전에 그 핵심 세력이 한반도로 옮겨질 때까지 동아시아 대륙의 중원의 동남 지역을 무려 9100년 동안이나 터줏대감처럼, 중단 없이 시종일관 차지하고 있었던 것으로 되어 있습니다."

"물론입니다."

"그렇다면 김춘추와 김유신은 그들이 활약한 삼국 시대에 당연히 대륙의 중원에 있었어야 하는데 이 사극에는 그들이 한반도 남부에 있었던 것으로 되어 있습니다. 재미있게 사극을 감상하다가도 해설자의 역사적 사건 설명이 엉뚱하게도 한반도 지도와 함께 나오면 영 기분이 잡치고 사극 보는 재미도 사라져 버리고 맙니다.

제가 선생님께 말씀드리고 싶은 것은 국민들에게 표현의 자유가 있는 우리나라에서 반도식민 사학자들은 워낙 그렇게 교육을 받았으니까 어쩔 수 없다고 쳐도, 사극 대본을 쓰는 극작가들은 반도식민 사학자들과는 좀 달라야 하지 않을까 생각합니다. 선생님께서는 어떻게 생각하십니까?"

"시나리오 작가나 피디들에게 역사의 진실을 알려 주어도 당장은 따르려고 하지 않습니다."

"왜 그렇죠?"

"우리나라 역사학계를 주름잡고 있는 소위 사학 전문가라는 사람들이 모조리 다 학교에서 교육받은 대로 반도식민사관을 철저히 따르고 있고, 더구나 우리 국민 대부분이 그러한 사관을 신봉하고 있는 현재로서는, 그들이 자발적으로 한국사의 진실을 탐구하여 진실을 밝히겠다는 사명감을 갖지 않는 이상 어쩔 수 없는 일입니다.

지난 1910년 이후 지금까지 102년 동안 우리 민족에게 시행된 35년 동안의 일제와 67년 동안의 한국 정부의 가짜 역사 교육의 효과가 현실적으로 나타난 것입니다. 억울하고 원통해도 당장은 어쩔 수 없는 것이 현실입니다."

"반도식민사관이라는 것이 일본 어용 사학자들에 의해 일본의 국익을 위해 우리나라 역사를 철저히 왜곡 날조한 것이 확실한데도 어쩔 수 없다는 말씀인가요?"

"일제가 대륙의 우리 역사를, 기록된 역사가 거의 없는 원주민들만 살고 있던 한반도에 마치 백색 화판에 처음으로 물감을 칠하듯 하도 정교하고 치밀하게 짜깁기를 해 놓았으므로 그것을 당장 뒤집어엎기는 쉽지 않습니다.

실례를 들면 명성황후는 1895년 대한제국의 한양이었던 강소성 남경에 있던 경복궁 건청궁에서 일어난 을미사변으로 일본 조폭인 낭인들에 의해 시해되었건만, 마치 한반도 서울 경복궁 건청궁에서 살해된 것처럼 일제에 의해 교묘하게 날조되었던 것입니다. 이런 식으로 우리의 대륙의 역사는 모조리 다 반도에서 일어난 것처럼 짜깁기된 것입니다. 우리 국민들은 그렇게 교육받아 온 지 102년이 되었습니다. 이것을 하루아침에 바로잡기는 결코 쉬운 일이 아닙니다."

"그럼 우리 역사가 바로 세워지기 위해서는 어떻게 해야 합니까?"

"우선 선각자들의 정열과 불요불굴의 투지와 시간이 필요합니다. 그리고 우리는 사필귀정을 믿어야 합니다. 그리하여 바른 역사가 국민들 사이에 널리 퍼져나가도록 선각자들은 끈질기게 노력해야 합니다. 적어도 국민의 반수 이상이 우리의 바른 역사를 알게 되고 그리하여 우리 역사를 바로 써야 하겠다는 여론이 들끓어야 합니다. 그리하여 그 열망이 지금까지 일본의 국익을 위해 봉사하여 온 반도식민 사학자들을 압도해야 합니다. 우리 국민들에게 애국심이 있는 이상 그렇게 되는 것은 시간문제입니다.

비록 그 처음은 미미해도 그 끝은 창대하리라는 성경 말씀처럼 우리의 국사 찾기 운동은 이미 시작되었고, 알 만한 사람들은 우리 역사의 진실을 다 알고 있어서 미구에 뜻있는 사람들을 포용하는 날이 다가오게 될 것입니다.

그렇게 되기 전까지는 〈대왕의 꿈〉 같은 사극을 볼 때는 1910년 이전에 일어난, 우리 조상들이 기록한 우리나라 역사는 모조리 다 한반도가 아니라 대륙에서 일어난 것으로 알고, 그렇게 상상하면서 사극을 감상하는 수밖에 없습니다. 가령 〈대왕의 꿈〉에서 고구려, 백제, 신라가 관할권을 놓고 치열한 각축전을 벌인 장소는 한반도의 한강이 아니라 양자강 지류로서, 한중에서 한양을 통해 양자강 본류로 흐르는 한수漢水라고 생각하면 될 것입니다.

한수는 고구려, 백제, 신라의 국경선이기도 했습니다. 또 한반도의 대동강이 나오면 섬서성 위하渭河라고 생각하고, 강화江華가 나오면 강소성 양자강변의 진강시인 강도江都를 상상하고, 금강산이 나오면 안휘성에 있는 황산黃山이라고 생각하면 됩니다. 대조영이 당군을 섬멸한 천문령天門嶺은 만주 지역이 아니라 감숙성 통위현이고, 요수遼水는 섬서성 천하千河라고 생각하면 됩니다."

"좌우간 『삼국사기』, 『삼국유사』, 『고려사』, 『조선왕조실록』, 『동국여지승람』(이조 성종 때 편찬된 지리지) 같은 사록에 나온 대로만 믿으면 된다는 말씀이군요."

"사록들 중 일제가 왜곡 삭제 가필한 부분만은 제외하면 그렇습니다. 우리가 지금 믿을 것은 역사적 사건이 일어난 당시의 선조들이 써서 남겨 놓은 기록 외에는 아무것도 없기 때문입니다. 그러고도 미심쩍은 지명이 나오면 『중국고금지명대사전』을 참고하면 됩니다. 가령 한국의 호남湖南의 유래가 어떻게 된 것인지 알고 싶으면 이 책을 보면 소상하게 알 수 있게 될 것입니다."

"일본이 반도식민사관을 날조하여 그처럼 교육에 힘쓴 이유가 도대체 무엇입니까?"

"일본은 원래 왜倭라고 하여 명치유신 이전까지는 동아시아에서는 국제적으로 하나의 떳떳한 국가로 인정도 받지 못하고 겨우 복건성, 광동성, 절강성의 해안 지대에 기생하면서 해적질이나 해서 먹고사는 범죄집단 취급을 받아왔습니다. 다만 그들과 인접한 조선의 선린 정책으로 조선통신사의 내왕만이 유일한 무역 및 문화 교류의 통로였습니다.

그러던 일본이 서세동점이라는 세계사적인 대격변에 의해 지리상으로 가장 유리한 위치를 점하게 되어, 서구문명을 동아시아에서는 가장 일찍 받아들여 서구화하기 시작했습니다. 그러한 일본이 당시의 초강대국이고 서구 열강들의 동아시아 침략의 선두에 서 있던 대영제국의 지원을 받아 명치유신을 단행하고 영국과 미국의 도움으로 청일, 러일 전쟁에서 승리하여 조선을 식민지로 소유하게 되었습니다.

비록 국운이 기울어 일본의 식민지 신세로 전락했지만 1만 년의 찬란한 역사를 가진 조선에 비해 일본의 역사적 처지는 너무나도 보잘것없고 빈약했습니다. 이 상태로는 대대로 일본에 대륙의 문화를 이식시켜 준 찬란한 역사를 가진 스승의 나라 조선을 다스릴 수 없다고 판단한 일제는 그 웅장한 한국사를 보잘것없는 반도의 역사로 날조하는 데 국운을 걸고 날뛰게 되었습니다. 한국의 반도식민 사학자들의 1세대는 이때 일본인 어용 사학자

스승들에 의해 양육된 사람들입니다.

그러나 우리가 일제의 쇠사슬에서 벗어난 지도 어느덧 67년의 세월이 흘렀고 비록 분단은 되었지만 한국은 건국 64년 만에 새로 뻗어나는 신흥 중견 강국으로 자리잡게 되었습니다. 한국은 이미 조선造船, 자동차, 전자제품 등 경제 분야와 영화, 스포츠, 노래, K-Pop 등 연예 분야에서는 이미 일본을 앞지르고 있습니다.

우리가 앞으로도 계속 동아시아와 세계의 강국으로 성장하기 위해서는 일제가 씌운 멍에인 반도식민사관에서 벗어나야 합니다. 왜냐하면 역사 속에 미래가 있고 바른 역사를 알게 될수록 우리의 미래는 밝아지기 때문입니다. 무려 9100년 동안 광활한 중원 대륙을 지배했던 우리 역사야말로 우리의 정신 전력의 원천입니다.

이를 확보하기 위해서라도 우리는 일제가 102년 전에 자기네 국익을 위해 우리에게 뒤집어씌운 반도식민사관의 굴레에서는 한시바삐 벗어나야 합니다. 세계평화와 번영을 위해서라도 왜곡 날조되었던 역사는 반드시 바로잡혀야 합니다. 이 일을 성취할 사람은 우리와 같은 대한민국 국민 외에 누가 있겠습니까?"

"해방된 지 어언 67년이 지나도록 순전히 일본이 자국의 이익을 위해 우리에게 강제로 뒤집어씌웠던 식민사관의 멍에와 족쇄를 우리 스스로 벗어던지지 못한 것이 국민의 한 사람으로서 정말 부끄럽고 원통하기 짝이 없습니다."

"부끄럽고 통탄만 해 보았자 무슨 소용이 있겠습니까? 그 멍에를 벗어던지기 위해 구체적이고 현실적인 대책을 세워 하나씩 하나씩 끈질기게 실천해 나가야 할 것입니다."

『열하일기』의 허구성

우창석 씨가 말했다.

"선생님, 저는 정조 시대에 우리 지식인들을 열광케 했고, 당시 조선 최고의 베스트셀러였다는 연암 박지원 저『열하일기熱河日記』를 읽고 크게 실망했습니다."

"왜요?"

"당시에 우리 선조들이 써 남긴 모든 기록에 따르면, 지금부터 200년 전인 그때의 조선의 도읍은 분명히 중원에 있었는데, 지금 시판되고 있는 돌을새김 출판사에서 낸『열하일기』에서 박지원이 글을 쓴 시점은 지금의 한반도 북부의 압록강을 건너 책문, 봉성, 연산관, 요양, 성경, 거류하, 소흑산, 북진, 고령역, 산해관을 거쳐 연경과 열하를 여행한 것으로 되어 있습니다.

그리고 그 당시 대륙에 있었던 황해도 연암에서 태어났어야 할 연암이 지금의 한반도 황해도 연암에서 태어났고 지금의 서울에 조선의 도읍이 있었던 것처럼 기술하고 있습니다. 이거 어떻게 된 겁니까?"

"그건 그럴 수밖에 없습니다. 지금 나돌고 있는『열하일기』는 원래 정본이나 판본도 없었고, 수많은 사본들이 유행되어 이본에 따라 그 편제의 이동이 심합니다. 더구나 일제가 한반도를 강점한 후로는 조선고서발간회를 만들어 조선 역사와 관련이 있는 모든 출판물은 반드시 반도식민사관에 꿰어맞추어 왜곡 날조하여야만이 발간을 허가했기 때문에 그런 현상이 벌어진 것입니다.

따라서 일본은 한국인을 영원히 일본의 노예로 길들이기 위해서 반도식민사관에 위배되는 서적 발간을 일체 금지만 한 것이 아니라 『열하일기』와 같은 베스트셀러는 한국을 식민지화하는 데 교묘히 역이용하는 정책을 구사하였습니다.

그래서 1487년 제주에서 출발한 최부가 부친의 부음을 듣고 고향인 나주로 가다가 절강성 영파 부근에서 표류하여 온갖 고난을 겪은 것을 기록했다는 『표해록(漂海錄)』은 일제의 교묘한 왜곡 날조이고, 일제강점기에 교과서에도 실렸던 김정호의 『대동여지도』는 순전한 일제의 허구였던 것과 같은 일이 있었던 것입니다."

"그렇다면 『열하일기』도 일본이 반도식민사관에 배치되는 부분은 그들이 교묘하게 위조했다는 말이 되는가요?"

"바로 그겁니다."

"그럼 외국인이 한반도에 관해서 쓴 『하멜 표류기』 같은 것은 어떻게 된 겁니까?"

"서세동점기에 그 책을 쓴 하멜은 네덜란드인입니다. 네덜란드는 영국, 프랑스, 스페인, 독일, 미국 등과 함께 아시아를 침략한 서구 열강들 중의 한 나라였으므로 일본의 한국 침략을 승인했을 것이므로, 일본이 『하멜 표류기』를 위조하는 것이 자기네 국익에도 보탬이 되므로 묵인했을 것으로 보입니다."

지도가 왜 빠졌나?

　요즘 도서출판 명보의 총무에게 『선도체험기』와 『한국사 진실 찾기』에는 왜 역사 문제를 다루면서 지도가 없느냐고 항의하는 독자들이 있다고 한다. 나는 이들 독자들에게 다음과 같이 말하고 싶다. 첫째 그런 의문이 일 때는 직접 그 책을 쓴 저자에게 이메일을 보내 주기 바란다. 내가 쓰는 모든 저서에는 서문 끝에 이메일 주소 ch5437830@naver.com을 공개하고 있다.

　나는 나에게 보내오는 이메일에 대하여 그 문의 사항이 합당하다면 반드시 회답을 해 오고 있다. 내가 기억하는 한 나는 아직 한 번도 나에게 보내오는 이메일에 대하여, 횡설수설이 아닌 이상, 회답을 하지 않은 일이 없었다고 자부하는 바이다. 그런데도 불구하고 왜 하필이면 저자인 나를 제쳐놓고 출판사 총무에게 직접 전화로 항의를 하는지 이해를 할 수 없다.

　그러면 이제부터 내 저서에 왜 지도가 들어가지 않느냐는 전화 항의에 대답하고자 한다. 나는 원래 소설가이다. 소설가는 자기의 저서에 아무리 역사 문제를 다룬다고 해도 대체로 지도를 삽입하는 일은 없다. 나만 그런 것이 아니다.

　실례로 과거에는 말할 것도 없고 최근에 우리나라에서 많이 읽히고 있는 박경리의 『토지』, 김탁환의 『불멸의 이순신』, 김훈의 『칼의 노래』, 『남한산성』, 『현의 노래』 같은 책들은 역사물인데도 지도 같은 것은 일체 들어가 있지 않다. 나는 이러한 전통과 관례를 깨고 구태여 지도를 넣을 생각을 해 보지 못한 것이다.

따라서 『한국사 진실 찾기』를 읽는 독자 여러분들 중에 지도가 없어서 불편하다면 서점에 가서 중국에서 수입된 중국 전도를 한 장을 구입하여 주기 바란다. 중국 지도 한 장만 있으면 지금 중국의 26개 성들 중에서 어느 성들이 과거에 우리의 영토였다는 것이 자세히 표시되어 있으므로 충분히 좋은 공부가 될 수 있을 것이라고 생각한다.

『환단고기』, 『삼국사기』「지리지」, 『삼국유사』, 『고려사』「지리지」, 『조선왕조실록』 중 『세종실록지리지』, 성종 때 편찬된 『동국여지승람』에 기록되어 있는 우리 영토는 만주와 한반도에 대해서는 언급되어 있지 않고, 중원의 감숙(간쑤)성 동부, 섬서(산시)성, 산동(산둥)성, 강소(장쑤)성, 안휘(안후이)성, 하남(허난)성, 절강(저장)성, 호북(후베이)성, 강서(장시)성, 복건(푸젠)성, 강서(장시)성, 광동(광둥)성, 호남(후난)성, 귀주(구이저우)성 등이다. 이 중에서 복건성, 광동성, 절강성 등지는 일본과 공유했었다.

역사의 추이에 따라 증감은 있었지만 대체로 지금의 한반도의 10 내지 15배에 해당되는 영토이다. 중원 대륙의 중동부 전역에 해당된다. 그래서 중국 측 사서들에는 우리나라를 동쪽에 있다고 하여 동국東國, 해동성국海東盛國, 동이東夷(즉 동쪽에 사는 큰 활을 쓰는 사람들)라고 일컬어 왔다.

그럼 한, 당, 송, 원, 명, 청으로 불려온 나라들은 중원 대륙의 어디를 차지하고 있었는가? 주로 감숙성 서부, 청해(칭하이)성, 사천(쓰촨)성, 운남(윈난)성, 귀주(구이저우)성 일부, 서장(시장)성, 신강(신장)성, 내몽고(네이멍구) 등이다.

중원을 동서로 나눌 때 우리는 동쪽을, 중국은 서쪽을 차지하고 있었고 성省의 수효는 우리가 더 많지만 면적상으로는 중국 쪽이 훨씬 더 넓었다. 그래서 우리 사서에는 저들을 서토西土라고 표시하여 왔던 것이다.

반도식민 사학자들은 중국인들이 말하는 동국東國은 한반도를 말한다고 한다. 이것은 중국 측과 우리의 조상들이 써서 남겨 놓은 전적들을 전혀 읽어 보지 않고 하는 헛소리에 지나지 않는다. 1백여 년 전까지만 해도 동양사의 주무대는 중원이었으므로 한반도가 등장하는 일은 거의 없었다는 것을 알아야 한다.

어떤 사람은 중국의 성명姓名을 왜 현행대로 현지 발음대로 표시하지 않고 한국식 발음으로 쓰느냐고 문의하는 독자가 간혹 있다. 그러나 우리 조상들은 과거 9100년 이상 중원에 살면서 성명을 비롯한 땅 이름, 강 이름, 산 이름들을 분명히 한국식 발음으로 써 왔다는 것을 알아야 한다. 역사를 공부하는 우리는 우리 조상들의 전통을 그대로 이어 가는 것이 옳다고 본다.

여기서 독자 여러분들의 참고할 만한 재야 사학자 두 분의 한국사 전문 저서를 소개한다. 이병화 저, 한국방송출판 간행 『대륙에서 8600년 반도에서 600년』이다. 이 책은 2002년에 발간되어 지금은 절판되어 시중 서점에서는 구할 수 없으므로 인터넷 고서점을 이용하는 수밖에 없다. 이 책에는 고려 이전까지의 우리나라 역사는 사실대로 기술되어 있는데 그 이후 역사는 사실과 다른 아쉬움이 있다. 책 뒤에 부록으로 환국에서 고려 시대까지의 한국사를 이해하는 데 필요한 다양한 지도들이 시대별로 그려져 있다.

또 하나는 김종윤 지음, 책이 있는 마을 간행 『한국인에게 역사는 있는가』이다. 이 책은 저자가 직접 운용하는 '김종윤 역사 연구실'에 문의하면 언제든지 구할 수 있다. 이 책에는 본문 곳곳에 여러 가지 우리나라 역사 지도가 삽입되어 있다.

어떤 독자는 『선도체험기』에 M씨와 S씨의 글을 제발 싣지 말아 달라고 총무에게 전화로 불평한다. 두 분의 글이 약간 지루한 면도 있지만, 유익하다고 하여 선호하는 독자들도 분명히 있다는 것을 기억해 주기 바란다. 어느 한쪽의 편만 들 수 없는 것이 필자의 처지이다. 될수록 양쪽 사이에서 균형을 잡아 나가도록 노력할 작정이다.

고구려 도읍은 섬서성 서안

스승님 그간 안녕하신지요? 벌써 계절은 가을이 깊어 초겨울이 되었습니다. 이번 가을은 온통 역사 공부에 여념이 없습니다. 문득 공부 중에 알게 된 시가 있어 한 수 읊어 봅니다.

바위 가에 작은 그물을 물속에 던지니
가을이 오매 자린이 살찐 게 참으로 좋아라   * 자린: 붉은 물고기의 비늘
돌아올 때는 언제나 석양이 다 질 무렵이라
안개 낀 물가의 길에 옷은 비에 흠뻑 다 젖는다.

만다화 꽃비가 급고원에 내리니   * 급고원: 기수급고독원
그중에 선가의 불이문이 있어라
어이하면 일신의 일 떨쳐 버리고
산사에서 향 피우고 조석을 보낼꼬

스승님께서 보내 주신 답장에 요즘 티브이 연속극에 반도식민사관에 따라 당나라 대군이 황해 바다를 건너 백제로 침략해 오는 것을 말씀하셨는데 『삼국사기』「신라본기」태종 무열왕 때 소정방의 출전 상황을 표현한 기사

는 다음과 같습니다.

"定方發自萊州 舳艫千里 隋流東下 二十一日 王遣太子法敏 領兵船一百艘
迎定方於德物島"

정방定方은 내주萊州에서 출발하여 많은 배가 천리에 이어져 흐름을 따라
동쪽으로 내려왔다. 21일에 왕이 태자 법민法敏을 보내 병선 100척을 거느리
고 덕물도德物島에서 정방을 맞이하였다.

"축로천리舳艫千里"란 구절에서 舳艫(축로)는 배의 이물과 고물이라는 뜻입
니다. 즉, 배들이 일렬로 갔다는 것을 뜻하죠. 여기서 덕물도가 어디에 있었
는가 하는 점입니다.

황산벌 전투

신라군은 그해 5월 26일 왕경을 출발해 6월 18일 남천정南川停에 이른 뒤,
7월 10일 백제의 도성인 사비에서 당군과 합세하기로 하였다. 그리고 김유
신이 이끄는 5만 명의 신라군은 7월 9일 이미 탄현을 넘어 황산벌로 진군해
오고 있었다. 탄현에서 막지 못한 의자왕은 장군 계백階伯에게 5,000명의 결
사대를 조직하게 해 신라군을 저지하도록 하였다.

660년 7월 9일 김유신이 황산벌에 도착하니 백제 장군 계백은 먼저 와서
험한 곳을 차지하고 진영을 셋이나 만들고 신라군을 기다리고 있었다. 신라
군은 군사를 세 길로 나누어 네 번이나 싸웠으나 불리하여 힘이 다하게 되
었을 때 좌장군 품일의 16세 아들 관창이 나섰다. 그의 용맹한 죽음을 보고
비분강개하여 죽기를 결심하고 진격하니 백제군이 대패하여 계백은 전사하
고 좌평 충상, 상영 등 20여 명은 사로잡혔다.

이날 7월 9일 소정방은 김인문 등과 기벌포에서 백제군을 만나 이를 대파하였다. 유신 등이 당군 진영에 이르니 소정방은 기약한 날을 어긴 것을 이유로 장차 신라독군 김문영을 군문에서 목을 베려하였다. 유신이 신라군에게 말하기를 "대장군 소정방이 황산의 전투를 보지도 않고 단지 기일에 늦은 것을 이유로 죄를 삼으려 하니 참을 수 없다. 반드시 먼저 당나라 군사와 싸움을 결정한 후에 백제를 부수겠다"고 크게 화를 한 번 내니, 소정방이 신라가 변하려 한다고 하며 곧 문영의 죄를 풀어 주었다. 7월 12일에 나당의 연합군은 의자왕의 도성을 에워싸려 소부리의 들에 진군하였다.

이상의 기사를 보면 신라 태종 무열왕과 김유신은 왕경에서 남천정까지 행군하는 데 23일이 걸렸다. 21일 법민은 소정방이 도착한 소식을 듣고 김유신과 5만 병사를 출발시켜 7월 9일 황산벌에 도착, 백제군과 전투를 벌인다. 19일 소요. 소정방은 7월 9일 기벌포에서 백제군과 또 다른 전투를 하였다. 두 군은 7월 10일 백제 남쪽에서 함께 만나기로 하였다. 유신 때문에 2일이 늦어졌다.

기벌포는 황산에서 아주 가까운 곳에 있음을 알 수 있다. 수백 척의 배를 몰고 온 소정방은 덕물포에서 신라의 법민의 영접을 받은 후 기벌포까지는 배를 타고 왔을 것이다. 김유신은 소정방을 만나기로 한 하루 전에 황산벌 전투를 하였다. 즉 황산벌 근방에 바다를 통해 들어올 수 있는 큰 강이 있다. 대륙에는 양자강 가에 황산이 있다. 이곳을 통해 양자강 상류인 웅진강을 향하여 김유신과 소정방은 공격을 하고 있는 것이다.

지금도 양자강은 그 지역마다 불리는 이름이 다르다. 양자강의 최상류인 청해성 지역을 흐를 때의 이름은 통천하, 사천성 지역을 흐를 때의 이름은 금사강, 운남성 지역을 지날 때는 여강, 중경시를 지날 때는 금강, 황산을 지날 때는 황산강, 당연히 그 주위의 벌판을 황산벌이라고 불렀다. 소정방의 배는 일렬로 해안가를 따라 내주(등주)에서 양자강 하구로 들어온 것이다. 이 양자강의 상류의 이름이 금사강이다. 금강이라고도 한다. 당나라가 금강으로 쳐들어왔다는 것은 이것이다.

따라서 지금의 한반도와는 아무 관련도 없는 순전히 대륙 중원에서 벌어진 일입니다. 『삼국사기』의 기록에 한반도는 전연 등장하지 않는 것을 일본이 날조한 반도식민사관만의 허구요 창작에 지나지 않습니다. 이상입니다.

다음은 제가 지금 연구하고 있는 「고구려국본기」입니다. 현재 작업 중인데요 고구려사가 끝나면 「신라국본기」가 또 흥미로울 것 같습니다.

고구려의 강역은 북부여의 강역에서부터 나온다. 고구려의 선조는 해모수로부터 나오고 해모수의 어머니 고향 역시 그곳이다. 『환단고기』에 등장하는 「조대기朝代記」에서 말한다. 해모수가 하늘에서 내려와 웅심산에서 살다가 부여의 옛 서울에서 군대를 일으켜 나라를 세우고 왕이 되니 부여의 시조라 한다. 임술 원년(BC 239) 4월 초8일 천왕랑 해모수 단제께서는 웅심산에 의지하여 궁실을 난빈에 쌓았다. 오우烏羽의 관冠을 쓰시고, 용광의 칼을 차시며 오룡의 수레를 타셨다. (난빈蘭濱은 대륙의 청해호 남산에 있는 오란烏蘭, 도란都蘭이다. 또 청해호에 해심산海心山이 있다.)

고리군의 왕 고진은 해모수의 둘째 아들이며 옥저후 불리지는 고진의 손자이다. 〈주, 고구려국본기〉

「대진국본기」에 의하면, 서경인 압록부는 본래 고리국이요 지금의 임황이다. 지금의 서요하는 곧 옛날의 서압록하이다. 고로 옛 책에서의 안민현은 동쪽에 있으며, 그 서는 임황현이다.

대진국 남경인 남해부는 본래 남옥저의 옛 땅이다. 지금의 해성현이다.

여기서 남경은 청해성 서녕인 것을 알 수 있다. 「대진국본기」에 "해주 암연 岩淵현은 동쪽으로 신라와 접했는데 암연은 지금의 옹진釜津이다"라고 하였는데 『고려사』 「지리지」 안서 대도호부 해주의 옹진에 속한 장연長淵현은 장담 長潭이라고도 하는데 이곳은 청해성의 호수이다.

그러면 남경이 대륙의 청해성이면 서경은 거란과 서쪽 경계를 이루니 "오주목烏珠牧의 동쪽 10리에서 황수를 굽어본다"라고 「대진국본기」에서 말하였으니, 우즈베키스탄의 타슈켄트, 사마르칸트가 있는 트란스옥시아나(서압록)가 거란과의 경계라고 한 것이다.

고구려에는 서압록과 동압록이 있는데 서압록은 트란스옥시아나이고 동압록은 황하의 상류이다. 고구려 영역의 광대함을 말해 주고 있다. 대진국 수도 상경 용천부는 오르콘강 상류인 카라발가순으로 동서의 학자들은 위구르제국(744~840)의 수도라고 했으나 실은 대진국 발해의 수도였다. 대진국 4대 세종 광성문황제 원년(737) 도읍을 동경의 용원부로부터 상경의 용천부로 옮기다. 중경中京 현덕부까지 5경을 두었다.

해동성국(698~926) 대진국 발해는 15세 228년을 누리면서 서쪽 경계는 모란의 동쪽을 철리(지금의 카자흐스탄)라고 하고, 동쪽으로는 흑수의 강변을 회원, 난하의 동쪽을 장령(대흥안령), 장령의 동쪽을 동평(동북평원), 남쪽으로는 서남쪽은 청해성 아랍달택산이 된 구월산 아사달에서 서녕시가 된 암연현까지, 산서성에서는 강릉의 북이하(태원)까지, 동남은 등주와 내주까지(산동성)였고, 북으로는 염해, 나산, 갈사, 조나, 석혁, 남, 북 우르(연해주에서 흑룡강 북쪽 알란고원까지)를 공략하여 제부를 두었다. 땅의 넓이 9000리로 5경 60주 1군 38현이었다.

불리지는 일찍이 서쪽 압록강변을 지나다가 하백녀 유화를 만나 즐겨 고주몽을 낳았다. 때는 곧 임인(BC 199년) 5월 5일 한나라 불능 원봉 2년(79

년)이다. 불리지가 죽으니 유화는 아들 주몽을 데리고 웅심산으로 돌아왔으니 지금의 서란이다.

「북부여기」에 2세 단군 모수리, 기유 3년(BC 192) 해성을 평양도에 속하게 하고 황제의 동생 고진을 시켜 이를 수비케 하니, 중부여 일대가 모두 복종해 왔다.

  - 지금도 서녕시는 청해성의 중심인 성도이다. 해성을 장악해 군사를 주둔시키니 청해성 일대가 중부여였음을 알 수 있다. 『왕오천축국전』에 중천축국이 청해성 일대에 있었다고 했다. 나머지 동서남북에 사천축국이 있었듯이 북부여의 오가들이 다스리던 남부여, 동부여, 서부여, 북부여가 있었을 것이다. -

  4세 단군 고우루 신유 원년(BC 120) 우거를 토벌하다. 고진을 발탁하여 서압록을 수비하도록 하니 많은 공이 있었으므로 승진시켜 고구려후로 삼았다.

시조 동명성왕, 재위 18년

「고구려국본기」 - 고리군의 왕 고진은 해모수의 둘째 아들이며 옥저후 불리지는 고진의 손자이다. 모수리 단군 재위 시 동생 고진은 수비 장군으로 활약하니 그때(BC 192년)에 20세였더라도 4세 단군 신유 원년(BC 120)에는 벌써 92세이다. 고주몽이 고진의 증손이니 임인년(BC 79) 탄생이 더 맞는 것 같다. 해모수도 웅심산에서 내려와 북부여를 건국하고 난빈蘭濱에 도읍하고, 유화도 주몽을 데리고 웅심산熊心山으로 돌아오니 지금의 시란舒蘭이다.

유화 부인의 고향이 웅심산이고 이곳이 서란이니 지금의 청해성 오란 도란이다. 주몽이 성장하여 사방을 주유하다가 가섭원을 택하여 관가의 말지기가 되었다. 얼마 후 관가의 미움을 받고 도망하여 졸본으로 왔다. 때마침 북부여의 고무서 단제는 후사가 없었다. 주몽이 마침내 사위가 되어 대통을

120

이으니 이를 고구려의 시조라고 한다.

일찍이 주몽이 오이, 마리, 협보와 함께 엄사수를 건너갔다. 주몽은 드디어 모둔곡에 이르러 세 사람을 만났는데 한 사람은 마의를 입고, 한 사람은 납의를 입고, 한 사람은 수조의를 입었다. 마의를 입은 사람은 극재사, 납의를 입은 사람은 중실무골, 수조의는 소실묵거라고 하였다. 이들과 함께 졸본천에 이르러 도읍을 정하다.

다물 원년(BC 37) 이때 주몽의 나이 22세였다. 사방에서 주몽의 건국을 듣고 내부하는 자가 많았다. 우선 말갈부족과 인접하여 그를 쳐 물리쳤다. (말갈국은 마갈국으로 가섭존자의 고향인 가섭원이다. 이곳이 가섭원 또는 분릉이라고 한 신강위구르 지역 준가르 분지이다.) 왕은 비류수변에서 사냥을 하면서 비류국을 찾아가 그 국왕 송양과 자웅을 겨루었다.

다물 2년 송양이 나라를 바치고 항복하니 다물도라 하고 송양을 그곳의 주로 삼았다.

- 다물은 구토를 회복함을 뜻하는 고구려 말이다. -

다물 6년 왕이 오이와 부분노를 명하여 태백산 동남쪽 행인국을 쳐서 그 땅을 빼앗아 성읍으로 삼았다.

다물 10년 10월 왕이 부위염을 시켜 북옥저를 쳐 멸하고 그 땅에 성읍을 두었다.

신라 시조 박혁거세 53년(BC 5) 동옥저의 사자가 와서 좋은 말 20필을 바치며 말하기를 남한에 성인이 나심을 경축했다.

백제 시조 온조왕 43년(24) 10월에 남옥저의 구파해 등 20여 호가 부양에 이르러 귀의하니, 왕이 이를 받아들여 한산의 서쪽에 안치하였다.

고구려 태조 융무 4년(56) 동옥저를 벌하여 그 땅을 빼앗고 성읍으로 삼고 지경을 개척하여 동으로는 창해에 이르고 남으로는 살수에 다다랐다.

위의『삼국사기』기사를 보면 고구려는 건국 초기에 북옥저를 멸하고 태조무열제 융무 3년 요서에 10성을 쌓는다. 태조무열제(53~146)로부터 중원 대륙은 고구려와 백제와 신라가 제대로 정복 활동을 통해 대륙의 지배권을 확립하는 단계이다. 이때의 북옥저는 카자흐스탄 일대이며, 동옥저는 감숙성에서 내몽고를 지나 한반도 북부까지, 남옥저는 섬서성과 청해성 동부 지역이었다.

대륙의 황하 유역은 유방이 세운 전한(BC 202~AD 8)이 멸망한 후 후한(25~220)이 건국한 지 얼마 되지 않아 혼란기인데, 후한 광무제 30년간 정도가 조정의 위신이 섰을 뿐 내내 어린 황제와 외척의 횡포와 내시의 위세로 220년 조비가 한나라를 멸망시킬 때까지 혼돈 속에 빠져 있었다.

이 시대에 위대한 제국이 있었으니 바로 혜초 스님의『왕오천축국전』에 나오는 오천축국이다. 이 나라는 신독국이라는 나라이다. 신독국은 전한 무렵에 있던 나라로 무서운 힘을 가진 부족이란 뜻이다. 몸이 날쌔고 재빠르며 기마술에 능하고 활과 창, 칼을 잘 사용하는 용맹스런 부족이란 뜻이다. 한나라 때 신독국은 광대한 지역을 지배하고 있었다. 중원 대륙 전체와 서역 지방까지 방대한 나라를 이루고 있었다. 그 지역 전체의 넓이는 약 3만 리였다. 워낙 강역이 넓은 탓으로 후한(25~220) 때에 와서 다섯 제후국으로 갈라지기 시작하였다.

이 나라들은 불교의 발상지라고 불가 사서에 천축국이라고 기록되기 시작했는데, 다섯 천축국 중에서 가장 강성했던 나라가 중천축국이었다. 중천축국은 대월지국이라고도 했는데 그 강역은 곤륜산 남쪽과 서장성 서북에서부터 청해성을 중심으로 지금의 감숙성 돈황까지로, 불교의 발상지라고 할 수 있는 돈황 지방과 곤륜산을 지나 티베트 지방까지 총령이라고 부르는 지역의 남쪽이었고, 서천축국은 계빈과 파사국과 인접해 있었다고 하는데 대하국이 그것으로 대하국은 신독국과 같은 나라라고 하였다. 동천축국은 사천성과 운남으로부터 광동을 지나 복건성까지이며 부남과 임읍에 인접해 있다고 했다. 부남은 베트남이요 임읍은 태국 북부이다. 특히 남천축국은 서장성과 인도 북부 지방으로 남쪽으로 큰 바다가 연이어져 있다.

북천축국에는 설산이 있으며 사방으로 산이 벽이 되어 있다. 그러나 북천축국은 남쪽으로 계곡이 있어 나라 사이에 통하는 문으로 이용했다. 북쪽으로 오손과 접하고 있었다. (오손은 카자흐스탄 지방과 알타이 산록 주변으로 신독국과 같은 의복을 입었다고 했다.) 제왕은 스스로 수행을 하면서 맑아 계율을 지키면서 도리에 어긋나는 일을 하지 아니했다.

감숙성 북쪽에서부터 남쪽으로 뻗어 있는 기련산이 바로 석가가 득도한 설산이다. 참으로 이 시기는 바로 천왕랑 해모수가 북부여를 건국해서 단군조선을 재건한 시기와 같은 때(BC 239~)이다. 북부여에는 오가 제도가 있었는데 북부여의 번조선이 망한 후 오가의 무리들이 대장군 탁을 받들어 산을 넘어 월지에 이르러 나라를 세웠으니 월지는 탁이 태어난 고향이니 이를 가리켜 중마한이라고 한다는 것이 「북부여기」의 기록이다. 이 월지국은 부처의 나라 쿠샨 왕국을 세우는데 지금 우즈베크에서 파키스탄을 지나, 인도 북부까지의 제국으로 불교를 장려하여 간다라 미술로 서방세계에 잘 알려진 나라이다. 『후한서』에 의하면 이들의 나라는 5명의 수령들 또는 흡후들로 나누어졌다고 기록하고 있다.

북부여의 중심이 청해성이다. 단군조선의 마지막 고열가 단제께서는 마침내 제위를 버리고 입산수도하시어 신선이 되셨다고 하니 불가의 입장에서는 당연히 부처의 나라로 기록하지 아니할 수가 없었을 것이다. 북부여도 마찬가지다.

4세 단군 고우루(혹은 해우루)는 동명왕 고두막한이 "나는 천제의 아들인데 장차 이곳에 도읍을 정하고자 하니 왕은 이 땅에서 옮겨가시오" 하니 병을 얻어 붕어하시고 아우인 해부루가 즉위하였는데, 동명왕이 여전히 위협을 하매 국상 아란불이 "통하의 물가 가섭의 벌판에 땅이 있는데 땅은 기름지고 오곡은 썩 잘됩니다. 서울을 옮길 만합니다" 하고는 나라를 옮기는데, 이런 모습은 부처의 나라가 아니고서는 전쟁도 하지 않고 나라를 넘겨주는 경우는 동서고금을 막론하고 있을 수 없는 일이다. 과연 부처의 나라로 기록될 만한 것이다.

게다가 해모수, 해부루, 아란불, 가섭원 등 부처의 나라가 아니고서는 이러한 명칭이 어디에 있겠는가? 오천축국이 있었다고 한 곳에 그 시기에 그곳에 부여국이 있었다. 우리는 스스로 대부여국이라고 불렀으며, 사실은 그곳에 수천 년 동안 단군조선으로 존속해 있었던 것이다. 그곳이 청해성이다. 다른 것도 아닌 부처의 나라가 전통도 연륜도 없이 전한(BC 202~AD 8) 시기에 생겨났다고 하는 기록은 말도 되지 않는 것이다.

이 시기의 천축국의 임금들은 백성과 함께 화합하며 아래위가 없을 정도로 평화로운 태평성대를 구가하였다니 드디어 전설의 제국 신화의 나라 단군조선의 모습이 세상에 드러나는 순간이다.

당나라 때 중천축국이 멸망했다고 기록되어 있다. 고구려의 멸망을 말하는 것이다. 나머지는 신라로, 고려로 계속되는 것이다. 『고려사』의 기록에 보면 왕은 황궁에 있는 시간보다는 사찰에서 보내는 시간이 더 많으며, 도성 안에 수십 개의 거대한 사찰을 지어 놓고 황궁과 사찰 사이에 비단 장막으로 통로를 만들고 그리로 임금이 왕래를 했다고 하는 불교국가로 임금이 되지 못한 왕자들은 전부 스님이 되었으며, 수백 개의 절을 지어 놓고도 모자라서 야외에 불단을 설치해 놓고 밤낮없이 야단법석野壇法席을 떨었다는 나라가 고려이다. 야단법석은 야외에 설치된 불단을 말하는 것이다.

이 천축국이 부여이며 고구려, 백제와 신라가 되는 것이다. 그러면 고구려의 강역이 북천축국과 서천축국 그리고 중천축국으로 확대되는 과정을 「고구려본기」를 통해서 관찰해 보자.

다물 14년(BC 24) 왕모 유화가 동부여에서 돌아가니, 부여왕 금와가 태후의 예로 장사를 하고 신묘를 세웠다.

다물 19년(BC 19) 왕이 승하하시니 나이 40세이다.

- 『환단고기』「고구려국본기」에는 다물 32년 북옥저 정벌의 기사가, 『삼국사기』에는 재위 10년으로 기록되어 있으니 고주몽의 생몰 연대가 20여 년 차이가 난다. -

제2대 유리명제, 재위 37년

2년(BC 18) 왕이 다물 후 송양의 딸을 들이어 비로 삼았다.

3년 7월에 홀천에 이궁을 지었다.

- 이곳 홀천이 회홀이다, 즉 신강위구르 지역으로 송골매가 나는 곳이다. 송골이 숑홀, 회홀로 변하여 회회족으로 불리게 된다. -

10월에 왕비 송씨가 돌아가다. 왕이 다시 두 여자를 취하니 하나는 화희로 홀천인이요, 하나는 치희로 한인의 딸이었다. 왕이 기산에서 전렵을 행하는 동안 두 여인이 다투어, 화희는 치희를 꾸짖어 말하기를 "너는 한가漢家의 비첩으로 무례함이 어찌 그리 심하냐?"고 하니 치희는 부끄럽고 분하여 도망하였다. 왕이 쫓아갔으나 치희는 노하여 돌아오지 않았다. 왕이 어느 날 나무 밑에서 쉬다가 꾀꼬리가 모여드는 것을 보고 황조가를 불렀다.

"꾀꼬리는 오락가락, 암놈 수놈 놀건만은,
외로운 이내 마음 누구와 더불어 돌아갈거나."

- 이 기사에서 회홀족 홀천인 화희가 오랑캐 출신이라고 한인임을 비하해 부르는 것으로 보아 고구려가 위구르 지역의 터줏대감임을 알 수 있다. 『환단고기』「북부여기」에는 한나라 침략자들을 한구漢寇(오랑캐)라 표현하고 있다. 또한 여기 왕이 전렵田獵한 기산은 감숙성 기련산을 말한다. -

11년 4월에 왕이 군신에게 이르기를 "선비가 험준함을 믿고 우리와 화친하지 않으니 걱정이로다" 하였다. 부분노가 나와 계책을 말하니 왕이 그 말을 따랐다. 선비가 항복을 하고 속국이 되었다.

- 선비는 지금 몽골 대륙의 시라무렌강 유역이고 그 지역을 고구려가 점령하였으니 고구려의 영역은 신강성에서 대흥안령까지 미치게 되었다. 선비족鮮卑族의 선조는 은대殷代 동호족東胡族의 한 갈래였다. 진·한 시대에 대흥안령산맥大興安嶺山脈 일대에서 남쪽의 시라무룬강西剌木倫河 유역으로 옮겨왔다.

흉노족이 서쪽으로 옮겨간 후 그 지역을 모두 차지했고, 고비사막 북쪽(몽골 지역)에 남아 있던 흉노족 10만여 호가 선비족 지배하로 편입되면서 세력이 점차 강성해졌다. 2세기 중엽 선비족의 우두머리 단석괴檀石槐가 선비족 각 부락에 의해 '대인大人'으로 추대되어, 우문宇文, 모용慕容, 탁발拓跋, 단段, 걸복乞伏 등의 부락 군사연맹을 세웠다.

그리고 부락을 동·중·서의 3부로 나누고 각 부마다 대인통령大人統領을 두었다. 후한은 사신을 보내 단석괴에게 인수印綬(황제가 신하에게 내리는 신표용 도장과 그 끈)를 주고 왕으로 봉했다. 선비족은 유목을 생업으로 삼으며 말타기와 활쏘기를 잘했다.

선비족이 만든 '각단궁角端弓'은 고대에 유명한 무기였다. 단석괴가 죽은 후 선비족의 부락연맹이 해체되었다. 16국 시대에 선비족의 모용, 걸복, 우문, 탁발 등의 부락이 모두 나라를 세운 적이 있었다.

특히 탁발부는 5세기에 북위北魏 왕조를 세워 중국 북부를 140여 년 동안이나 통치했고 또한 선비족의 한족화를 열심히 추진했다. 중국 내륙으로 옮겨온 선비족은 점차 농업을 생업으로 삼고 한족과 융합되었다. -

14년 정월 부여왕 대소가 사신을 보내 볼모를 교환하기를 청하니 왕은 부여의 강대함을 꺼려 태자 도절을 인질로 삼으려 했으나 도절이 가기를 꺼려 대소가 노하였다. 11월에 대소가 군사 5만을 이끌고 침습하다가 마침 대설이 내려 동사자가 많아 물러가 버렸다. 가섭원부여가 대소의 나라이니 이곳은 지금의 카자흐스탄 지역이다.

19년 8월 교시가 놓여 달아나니 왕이 탁리託利와 사비斯卑란 자로 뒤를 쫓게 하였는데 장옥택長屋澤 중에 이르러 발견하고 칼로 그 돼지의 각근을 끊었다.

- 사비란 자의 이름에서 천산 주위의 나라 이름이 드러난다. 신강성에 탈리托里란 도시가 있다. 哈薩克斯坦(카자흐스탄), 吉爾吉斯斯坦(키르키스스탄), 烏玆別克斯坦(우즈베키스탄), 塔吉克斯坦(타지키스탄), 巴基斯坦(파키스탄) 등의 나라들이 천산산맥 주위의 나라들이다. -

21년 3월 또 교시가 달아나니 왕이 설지薛支로 쫓아가게 하여 국내 위나암尉那巖에 이르러 잡았다.

4월 왕이 위중림尉中林에서 전렵을 행하였다.

9월 왕이 국내 위나암에 가서 지세를 돌아보고 오는 길에 사물택이란 곳에 이르러 한 신하를 얻었는데 사물이란 이름과 위씨 성을 내렸다.

- 이상으로 보면 지역의 명칭이 사람의 이름이 되는 경우가 있음을 알 수 있는데 위尉라는 지역이 신강과 관련이 있다. 『환단고기』 「북부여기」에 북부여가 결국 망하여 고구려의 속국이 되는데 고구려는 그 왕을 봉하여 연나부에 안치하는데, 그 연나椽那부는 연燕나라 땅에 가까웠다 했으니, 이 위나尉那란 지명도 위尉라는 지역을 말하는 것인데 그 지역이 신강을 말한다. 신강에 위리尉犁가 있다. -

22년 10월 왕이 국도를 국내로 옮기고 위나암성을 쌓았다.

24년 9월 왕이 기산원야에서 전렵을 하다가 한 이인을 만났는데 그의 두 겨드랑이에는 깃翅이 달려 있었다. 그에게 우羽씨란 성을 주고 왕녀를 취하게 하였다.

31년(12) 한의 왕망(8~25)이 고구려군을 징발하여 호(흉노)를 치려 하였으나 고구려는 색외로 돌아가서 도리어 한의 군, 현을 공략하였다. 요서의 대윤 전담이 고구려군을 막다가 죽었다. 왕망의 부장 엄우가 "고구려를 공격할 경우 부여와 예, 맥 등이 일어난다면 큰 걱정입니다" 했으나 왕망은 듣지 않았다. 엄우는 고구려 장수 연비를 꾀어 살해하였다. 이에 고구려의 한에 대한 공격이 매우 심해졌다.

- 이 기사는 고구려의 무력에 어쩔 줄 모르는 한의 불안한 모습이다. 고구려의 영역이 몽골을 집어삼키고 지금의 한반도 북부까지 확대되면서 전한은 멸망하고 말았다(AD 8년). 이 직후 태조무열제 융무 3년(55년) 고구려는 요서(황하)에 10성을 쌓고 한의 10성에 대비하였다. -

32년 11월 부여인이 내침하니 왕자 무휼이 학반령에서 매복으로 전멸시켰다.

33년 8월 왕이 오이, 마리를 명하여 군사 2만을 거느리고 서쪽으로 양맥을 치게 하여 그 나라를 멸하고, 또 군사를 내어 한의 고구려 현을 습취하였다.

- 고구려의 광대한 영역의 확대를 보는 듯하다. 천산과 신강을 시작으로 한 고구려는 동쪽으로 선비를 쳐 멸하고 대흥안령산맥까지 영역을 넓히고, 서쪽으로는 우즈베크를 지나 카스피해까지 영역을 확대한다. 이 무렵 흉노는 전한이 멸망하고 난 후 동서 흉노로 갈라져 서흉노는 고구려에 흡수되어 버리고 동흉노는 선비족에 흡수되어 사라진다.

이때 예맥은 소수맥으로 서개마인데 개마는 알타이산맥이며, 서압록은 천산에서 발원하여 서쪽 아랄해로 들어가는 옥서스(아무다리아)강이고, 동압록은 시르다리아(약사르테스)강으로 고구려사에 등장하는 동, 서압록이 이것이다. 이 두 강 사이를 트란스옥시아나라고 한다.

또 동남으로 감숙성 난주 유역에 있던 고구려현을 되찾는다. 이 고구려현은 고주몽의 고조 고진이 봉해졌던 고리군의 땅이다. 구려하의 옛 땅 서안평이며 임황이라고 불리운 곳으로 감숙성 돈황 일대를 말한다. -

37년 4월 왕자 여진이 물에 빠져 죽었다. 비류인 제수가 발견하여 왕골령에 제사지내다. 10월에 왕이 두곡의 이궁에서 돌아가시다.

제3대 대무신열제, 재위 27년

대무신왕 혹은 대해주류왕이라 함. 휘는 무휼 또는 여속, 모는 다물국왕 송양의 딸이다.

2년(19) 백제의 백성 1000여 호가 항복하여 왔다.

3년 왕이 골구천骨句川에서 전렵을 하다 신마를 얻었다. 그 이름을 거루駏驉라고 하였다.

4년 12월 왕이 군사를 내어 부여를 칠 때 비류수沸流水 위에 이르러 물가를 보니 어떤 여인이 솥을 들고 유희를 하는 것 같았다. 가까이 가서 보니 솥만 있었다. 이 솥으로 인해 장부를 얻고는 부정씨負鼎氏라 하였다. 왕이 이물림利勿林에 이르러 밤에 쇠소리가 들렸다. 밝을 때 찾아보니 금으로 된 국새와 병기 등을 주워 왔다. 왕이 진군 중에 키가 9척이 되는 광채가 나는 인물이 "신은 북명인北溟人 괴유이온데 대왕이 부여를 치신다는 소식에 종군하기를 원하옵니다" 하여 왕이 기뻐 허락하였다. 또 사람이 나타나 말하기를 "신은 적곡인赤谷人 마로란 자인데 긴 창을 가지고 길을 인도하고 싶습니다" 하여 왕이 또 허락하였다.

- 고구려왕의 진군 노정을 말해 주는 것이다. 처음 비류수를 지나 이물림에 도착하고 다음 북명을 지나 적곡에 도착한 것을 말한다. 비류수는 졸본에서 가장 가까운 곳이고 다음이 이물림이다. 다음이 북명이고 그다음이 적곡이다. 이 중에 적곡성은 오손烏孫 왕국의 수도로 이식쿨호 동쪽 천산산맥 자락에 있다.

이식쿨호의 전설에 "임금님 귀는 당나귀 귀"라는 『삼국유사』의 내용과 같은 전설이 있다. 오손烏孫의 오烏는 까마귀 오인데 고구려의 상징이다. 고주몽이 가섭원부여를 탈출, 드디어 모둔곡에 이르러 세 사람을 만났는데 한 사람은 마의를 입고 한 사람은 납의를 입고 한 사람은 수조의를 입었다. 마의를 입은 사람은 극재사, 납의를 입은 사람은 중실무골, 수조의는 소실묵거라고 하였다. 이들과 함께 졸본천에 이르러 도읍을 정하다. 신강위구르 지역에 준가르 분지가 있는데 그곳에 극랍마의克拉瑪依란 도시가 있다. 마의瑪依를 입은 극克재사. 이천 년 전 고주몽이 극재사를 만난 곳이 이곳이라고 말하고 있지 않는가? 또 납마소拉瑪蘇도 있으며, 신강위구르의 많은 지명이 오간烏干, 오소리烏蘇里, 오자烏玆(검은 까마귀라는 뜻으로 우즈베키스탄), 오로烏魯, 오납烏拉 등이 있다. 연개소문의 송덕비가 있는 곳이 오소리강인데 그곳이 신강위구르 지역이었던 것이다. -

5년 2월에 왕이 부여국 남쪽으로 종군하였다. 그곳에 진흙 수렁이 많으므로 싸우다가 괴유가 진흙에 빠진 부여왕 대소를 살해했다.

- 대소의 아우는 사냥을 하다가 압록곡에 이르렀는데 황룡국왕이 나와 사냥을 하는 것을 죽이고 그 나라를 빼앗아 갈사국을 세웠다. 갈사는 태조무열제 융무 16년 도두왕이 고구려의 강대함을 보고 나라를 들어 항복하니 대저 3세 47년 만에 망했다. 고구려는 도두를 우대라 부르고 혼춘을 식읍으로 동부여후에 봉했다. -

가을 7월 왕의 친척 동생이 옛 도읍의 백성을 데리고 고구려에 투항하니 고구려는 그를 봉하여 왕으로 삼고 연나부에 안치하였는데 등에 낙絡 문자가 있다 하여 낙씨의 성을 하사했다. 10월 북명인 괴유가 죽었다. 왕은 그가 큰 공을 세웠으므로 북명산 남쪽에 장사 지냈다.

- 하도 낙서는 우리 민족의 역사 기록이다. 차츰 자립하여 개원 서북으로부터 옮겨가 백랑곡에 이르니 바로 연나라 땅에 가까운 곳이었다. 문자열제의 명치 갑술(494년)에 나라를 들어 고구려의 연나부에 편입하니 낙씨는 마침내 제사마저 끊겼다.

『삼국사기』에 태조무열제 70년(122) "고구려가 요동을 침략하니 부여왕이 원병을 보내 현도를 구하였다"고 했는데 이때(494)까지 부여는 지금 북경 유역에 존속하고 있었던 것이다. 고구려 연나부가 연나라 땅인 것을 말해 준다. 지금의 북경 지역이다. -

9년 10월에 왕이 개마국에 친정하여 그 왕을 죽이고 그 땅을 군, 현으로 삼았다. 12월 구다국왕이 개마의 멸망을 듣고 나라를 들어 항복해 왔다. 이로 말미암아 땅을 점점 널리 개척하게 되었다.

- 이때(26년)는 전한이 멸망한 후 후한 건국 초기로 중원 대륙과 몽골 대륙과 서역 일대를 크게 개척한 고구려가 절대 강자의 위치를 차지하고 그 적수를 찾기 어려울 때였다. -

11년 7월에 한의 요동 태수가 군사를 거느리고 와서 치므로 왕이 신하에게 방책을 물었다. 우보 송옥구가 말하기를 "지금 한나라는 몇 해째 흉작이 계속되고 도적이 봉기함에도 까닭 없는 군사를 일으키니 이는 중앙 정부의 정책이 아니요 필시 변경의 장수가 무단 침입한 것이므로 험한 곳에 의지하여 기습을 하면 성공할 것입니다"라고 했다. 좌보 을두지는 "대왕은 성문을 닫고 적의 피로함을 기다려 나가 치는 것이 좋겠습니다" 했으므로 왕이 따랐다. 이때의 성은 위나암성으로 그 험고하기가 성안에 환도산이 있는데 그 산 위에 또 성을 쌓고 그곳에 머물렀다. 한나라 장수는 기다리다 지쳐서 돌아갔다.

13년 7월 매구곡인買溝谷人 상수가 그의 아우 위수와 친척 아우 우도 등과 더불어 투항해 왔다.

- 『삼성밀기三聖密記』에서 전한다. 개마국은 일명 웅심국이라 하니 북개마 대령의 북쪽에 있으며 구다국으로부터의 거리가 2백 리이다. 구다국은 옛날에는 독로국이라 칭했고 북개마 대령의 서쪽에 있는 나라이다. 월지국月漬國은 그 북쪽 500리에 있고 직구다국 혹은 매구여국은 옛 오난하에 있었으며, 뒤에 독로국에 패하여 마침내 금산으로 옮겨 그곳에 살았다. 구다국은 본래

쑥과 마늘을 산출하던 곳이었다. 쑥은 달여서 복용함으로써 냉을 치료하고 마늘은 불에 구워 먹음으로서 재앙을 다스린다.

고구려 3대 대무신大武神열제 때 얼마나 그 무력이 막강했는지 그 이름에서 나타난다. 이때 우리 민족을 신독국이라 불렀다. 무서운 힘을 가진 나라라는 뜻이다. 얼마나 무서우면 개마국을 멸망시키니 구다국이 항복해 오고 매구여국이 투항해 오겠는가? 매구여국이 있던 곳이 금산이라고 분명히 밝혀 놓았다. 금산은 우랄알타이산맥이다. 이때 독로국이 신독국이고 신독국이 오천축국이 된다고 하였다. 그중 중천축국이 고구려인 것이다. 자 그럼 지금부터 대무신열제의 정복 활동을 더 확인해 보자. -

15년 3월 대신 구도, 일구, 분구 등은 비류부의 장이었는데 그 바탕이 탐욕스럽고 비천하여 남의 처첩과 우마와 재화를 마음대로 빼앗고, 혹 주지 않으면 마구 매질을 하여 원한이 많았다. 왕이 듣고 세 사람을 죽이려 하다가 동명의 구신인 까닭에 극형을 가하지 못하고 퇴출시키고, 남부의 사자 추발소를 비류의 장으로 삼았는데 추발소는 덕으로써 구신들이 감화시켜 개과천선하게 되었다. 이에 제는 추발소에게 대실이라는 성을 하사하였다.

- 대무신열제는 무서운 정복 활동만 하는 것이 아니라 내치로도 신하들을 감복시키는 큰 덕이 있었음을 보여 준다. 바로 고구려가 신독국이면서도 천축국으로 불린 평화의 시대였음을 말해 준다. -

4월 왕자 호동이 옥저 지방을 유람하였는데 마침 낙랑왕 최리가 호동을 보고 "군은 보통사람이 아닌데 혹시 북국 신왕의 아들이 아닌가" 하고 그를 데리고 돌아와 사위로 삼았다. 그 후 호동은 귀국하여 비밀히 최씨의 딸에게 "무기고의 고각을 부수어야만 너를 내가 맞아들이겠다고 하니 최씨의 딸이 그리하였다. 최리는 고구려의 공격에도 고각이 울리지 않자 방비가 없다가 성 아래에 군사가 닥친 후에야 알았다. 그래서 드디어 그 딸을 죽이고 나와 항복하였다.

11월 호동이 자살하니 그는 제의 차비, 즉 갈사왕의 손녀의 소생이었다.

- 갈사는 태조무열제 융무 16년(58) 갈사왕의 손자 도두가 나라를 들어 항복하는데 이때 벌써 손녀는 열제의 차비가 되어 있었다. -

12월 왕자 해우를 태자로 삼았다. 사신을 후한 광무제에게 보냈다. 이때 가 후한 건무 8년이었다.

- 기원후 32년으로 새로 건국한 후한의 내정을 살핀 것이다. -

20년 왕이 낙랑국을 습격하여 멸망시켰으니, 동압록 이남이 우리에 속했 는데 애오라지 해성의 남쪽, 바다 근처의 여러 성들만은 아직 항복하지 않 았다. 이때의 동압록은 황하의 상류로 대륙의 감숙성 지역을 말한다. 낙랑 국이 있던 곳이 지금 영하회족자치구와 감숙성 평량현이었다.

27년 9월 후한의 광무제가 군사를 보내 고구려가 점령한 낙랑을 쳐 그 땅 을 낙랑군으로 삼으니 살수 이남이 한에 속하다.

- 낙랑을 두고 고구려와 한나라가 서로 쟁탈전을 벌이고 있다. 이 낙랑의 위치를 고증해 줄 지명 중의 하나가 갈석산이다. 갈석산은 낙랑군 수성현에 갈석산이 있는데 여기서 진나라 장성이 시작된다는, 진 『태강지리지』의 기 록에 "만리장성이 요수를 끊고 산해관 서쪽에서 일어났다"는 곳이 바로 이 곳이다. 지도를 보면 후한의 북쪽 경계에 있는 푸른색 장성이 만리장성이 다. 이 중에서 황하 만곡 내에 있는 부분이 진나라 때 쌓은 장성으로 갈석 산에 장성이 시작되는 것을 알 수 있다. 이때의 요수는 황하를 가리킨다. 요 수를 끊고 (황하를 끊고) 만리장성이 지나간다고 한 것이고 이곳에 지금은 하란산이라고 부르는 석산이 있다. (하란산 암석지대- 인터넷 참조)

황하를 요수라 한 것은 고구려 태조대왕 융무 3년(55년) 요서에 10성을 쌓았다는 기록에서 유래하는데 다음과 같이 설명했다.

지도를 보면 요택과 갈석산의 위치를 알 수 있다. 내몽고 지역을 보라색 으로 표현하였다. 북경 바로 위로 만리장성이 지나간다. 이 중에서 검은색

장성이 진나라 때 쌓은 장성이다. 갈석산에서 장성이 시작된다. 붉은색이 조나라 장성이다. 노란색이 연나라 장성이다. 춘추전국 시대 이들이 쌓았다고 한다.

『환단고기』의 「고구려국본기」에 고구려 "태조대왕 융무 3년 요서에 10성을 쌓아 한의 10성에 대비하였다"는 기록이 있는데 그 10개의 성은 첫째 안시는 개평의 동북 70리에, 둘째 석성은 건안의 서쪽 50리에, 셋째 건안은 안시의 남쪽 70리에, 넷째 건흥은 난하의 서쪽에, 다섯째 요동은 창려의 남쪽에, 여섯째 풍성은 안시의 서북 100리에, 일곱째 한성은 풍성의 남쪽 200리에, 여덟째 옥전보는 한성의 서남쪽 60리에(옛 요동국이라 함), 아홉째 택성은 요택의 서남쪽 50리에, 열째 요택은 황하의 북안 왼쪽에 있었다. 또 5년 봄 정월엔 백암성과 용도성을 쌓았다고 했다. 드디어 고대 지명의 핵심 비밀이 밝혀졌다.

고구려 때 수나라 양광과 당나라 이세민이 고구려를 공격할 때면 항상 요택을 지나는데 그 요택이 바로 황하의 만곡 부분이었던 것이다. 고구려사를 보면 수隋의 양광(양제)이나 당나라 이세민은 탁군涿郡에서 군사를 모아 고구려로 출발하는데, 일군은 육로로 항상 요택을 지나 요동성을 공략한다. 또한 한편의 군사는 동래(등주)에서 해로로 패수로 들어온다. 그 탁군은 지금의 북경으로 그들의 본거지인 하북성에서 산서성에 가로막힌 태행산맥을 우회하여 내몽고 요택이 가장 가까운 거리이며, 또 한 길은 동래로부터 황하를 거슬러 올라 패수로 들어오는 것이었다.

게다가 『환단고기』는 또 하나의 중요한 지명을 설명하였다. 바로 갈석산의 위치이다. 갈석산은 요택의 서남에 있다 했으니 바로 지금 영하회족자치구의 하란산을 말한다. 하란산 옆에 석각산시가 있다. 이곳이 바로 석성이었던 백암성이 있던 곳이다. 바로 지금 황하가 휘감아 돌아가는 영하회족자치구와 감숙성 남부와 섬서성이 요동이고 낙랑군이었던 것이다. 그런데 묘한 것은 이곳이 요서도 된다는 것이다. 그 이유는 황하가 요철을 이루어서이다. 즉 황하의 만곡 부분 안은 요서도 되고 요동도 된다. 지도를 보면서 생각해 보라.

분명 고구려 초기 6대 태조대왕 시 이곳에 요서 10성이 위치했는데, 고구려 말 수, 당이 침입하면서 공격한 요동성과 안시성도 이곳 요하를 건넌 곳, 즉 황하의 만곡 내에 위치하고 있는 것이다. -

제4대 민중제, 재위 5년

휘는 해색주니 대무신왕의 아우이다. 태자가 어려 나라 사람이 추대하여 이에 즉위하였다.

4년 제는 민중원에서 전렵을 하였다. 한 석굴이 있음을 보고 좌우에게 부탁하기를 "내가 죽거든 이 석굴에 장사해 주고 달리 능묘를 만들지 말라"고 하였다.

- 이곳 민중원이 돈황석굴이 아닐까? 그곳에서 찾을 수 있을 것이다. -

9월 동해인 고주리가 고래를 잡아 바쳤는데 그 눈에 밤에 광채가 있었다.

- 이 동해는 지금 러시아 연해주의 동쪽으로 고래가 지금까지 많은 곳이다. 이곳에서 고래를 잡아 신강위구르의 고구려 수도까지 그 큰 고래를 어떻게 싣고 갔을까? -

10월에 잠우부락의 대가 대승 등 1만여 호가 낙랑으로 가서 귀부하였다.

- 이때 낙랑은 다시 고구려의 소속이므로 낙랑에 귀부한 이들은 결국 고구려에 귀속된 것을 말한다. 이것은 다음 모본왕 때의 기록을 보면 알 수 있다. 고구려는 더욱 동쪽으로 한을 공략하여 북평, 어양, 상곡, 태원을 차지한다.

유방이 세운 전한 무렵 일시적으로 한무제는 장안(고구려의 평양으로 지금의 서안이다)을 도읍지로 삼는다. 이때를 서한이라고 하는데 고구려에게 서한(전한)은 멸망당한다. 후한의 광무제는 동쪽으로 쫓겨가서 지금의 낙양에 도읍을 하고 동한이라고 한다. 전한이 200년, 후한이 200년으로 고구려 900년의 제국에 비해 보잘것없지만 그들의 역사 중에는 가장 길었던 왕조이다.

고구려, 백제, 신라의 삼국이 대륙의 중원 땅 한수 유역을 두고 서로 공방전을 벌일 때 그 천 년의 기간 동안에 신라 왕조는 단 하나의 왕조였다. 그러나 저들의 역사는 워낙 잡다한 나라로서 25개 왕조가 바뀌어 통칭 25사라고 하는데 춘추전국이 끝난 후 진, 한 이후 위, 촉, 오 삼국이 겨우 40년, 사마씨의 서진 약 50년, 이 진나라는 나라도 아니다. 황제가 둘씩이나 북쪽의 흉노의 궁실에 잡혀가 시종으로 생을 마감한다. 그것도 모자라 8왕의 난이라고 하여 같은 사마씨끼리 싸우다가 결국은 북쪽의 선비족을 용병으로 불러들이는데 이들이 5호 16국이다.

5족속의 오랑캐가 16개의 나라를 세운다는 것인데 316년 유연이 전조를 건국하여 479년 북위가 이들을 통일할 때까지 고작 150년이다. 이 기간에 성한, 대, 전조, 후조, 전진, 후진, 남연, 북연, 전량, 후량, 서연, 서진, 남량, 북량, 서량, 전구지, 후구지, 하 등으로 이들은 북위로 통일되는 듯하다가 다시 동위, 서위, 북제, 북주로 전전한다.

이들은 전적으로 고구려, 백제, 신라의 제후국이며 위성국가로 지금의 대륙의 산서성 하북성 일대에서 한 치도 벗어나지 못했다. 이때 남쪽으로 도망간 서진의 사마씨 하나가 양자강 하구에서 동진을 건국한다. 이것도 200여 년 동안 송, 제, 양, 진으로 5개 왕조가 바뀌는데 이들은 양자강 하구 강소성 일대에서 한 치도 벗어나지 못하고 백제의 속국이 된다. 아래위로 고구려, 백제, 신라의 울타리 안에서 존속했던 나라들이다. -

5년 제가 돌아가니 유명에 의하여 석굴에 장사하고 묘호를 민중제라 하였다.

제5대 모본제, 재위 6년

2년 봄에 모본제는 장수를 보내 한의 북평, 어양, 상곡, 태원을 공략하여 요동태수 채동이 은혜와 신의로 대하므로 다시 화친하였다.

- 요동태수 채동은 이때 그들의 기록에 요하 상류의 오환과 대흥안령의 선비를 선동하여 몽골 오르콘강의 북흉노를 무마시켰다고 역사를 왜곡하고 있는데, 이들 오환이야말로 고구려를 칭하는 말이며 선비와 흉노는 고구려의 속국이 되어 있었다.

이들 북평과 어양, 상곡, 태원의 위치를 알아보자. 그야말로 황하의 하류에 쬐끄맣게 쭈그리고 있는 후한 말기의 나라 모습이다. 대륙의 중원 땅 황하와 양자강 사이를 삼천리가 넘게 흐르는 강이 있었다. 그 이름은 한수... 이때 대륙을 지배한 고구려의 위상을 보라.

역사에 기록된 후한은 한마디로 환관이 정권을 휘두른 나라이다. 환관이란 내시가 어마어마하게 벼슬을 하고는 임금을 가지고 노는 경지를 말한다. 이때의 한나라 황제들은(실제로 황제라고 했을지 의심스럽다. 후대의 장난이다) 겨우 열 살 전후에 황제가 되는 경우가 비일비재하다. 심지어는 2살 먹은 황제도 탄생하는데 외척의 횡포에다가 모후의 수렴청정으로 겨우 청년이 된 황제들은 자신들을 키워 준 내시가 가장 가까운 심복이 된다.

이들의 권력투쟁 속에 백성들은 견디다 못해 결국은 황건적의 난이 일어나고 동탁과 조조 같은 간웅들이 나라를 들어먹는데, 이때 생긴 위촉오의『삼국지』는 온통 혼란의 역사이다. 결국 조조는 신하였던 사마씨에 의해 나라를 빼앗기고, 새로 생긴 진나라는 유총이라는 흉노에게 낙양을 2번씩이나 점령당해 그 황제는 잡혀가 연회에서 술잔을 씻는 시종으로 생을 마감한다.

이런 것들이 중원을 지배하고 힘이 남아서 고구려를 공격하고 한사군을 두었다고 역사는 기록하고 있고 그것을 재미있다고 웃으면서『삼국지』를 읽고 있는 대한민국 사람들은 정말 얼빠진 민족이 아닌가.

이 시기에 대륙에는 무서운 나라가 있었다. 바로 신독국이라는 나라이다. 몸이 재빠르고 날쌔며 활과 창을 잘 사용하는 민족을 말한다. 그 나라는 넓이가 3만 리였다. 바로 전한 시기였는데 너무 그 강역이 넓어서 후한 시기에 와서는 다섯 제후국으로 갈라지기 시작하였다. 이 다섯 제후국들을 불가 사서에서 오천축국이라고 기록하기 시작하였다. 사실 이 시대 이후로 주변의 모든 국가는 불교를 절대적으로 숭상하기 시작했으며 사서에 기록된 오천축국은 다음과 같다.

다섯 천축국 중에서 가장 불교가 성했던 나라는 중천축국이다. 중천축국의 강역은 곤륜산 남쪽이며 서장성 서북과 청해성 지역이며 감숙성 돈황을 중심으로 석가가 득도한 기련산이 그 중심이었다. 그런데 같은 천축국이라도 서쪽에 있는 천축국은 바라문婆羅門교의 성지였다. 특히 바라문교가 성행하던 유럽 일부와 신강성 서부에는 광범위하게 미신적인 종교가 성행하던 지역이다.

『통전通典』의 천축국전天竺國傳을 보면 후한 때부터 천축국으로 불리었다는 기록이 보인다. 전한前漢 시대 때는 신독국身毒國이며 장건張騫이 서역에 갔을 때 대하大夏라는 제후국이 있었다고 적고 있다. 또 공邛이라는 곳에서는 죽장竹杖을 보았고, 촉蜀 땅에서는 포목을 보았다고 되어 있다.

대하 사람들 말에 의하면 대하국도 신독국 사람들과 함께 오고가며 왕래하고 있었으며 이들은 모두 다 천축국이라 했다는 기록이다. 혹은 어떤 사람들은 마가타摩伽陀라 하고 또는 바라문婆羅門이라 했다고 되어 있다. 이들은 총령蔥嶺 남쪽이라 했다. 총령 남쪽이라면 곤륜산崑崙山 바로 아래이며 서장성 서쪽을 말한다.

월씨국月氏國 동남으로 1천 리이며 지방으로 3만여 리라 되어 있다. 이들이 나뉘어져 오천축五天竺이 되었으니 중천축中天竺, 동천축東天竺, 남천축南天竺, 서천축西天竺, 북천축北天竺이다. 각 지방마다 수천 리이며 성과 읍은 수백 개라고 적고 있다.

특히 남천축국은 남쪽으로 큰 바다가 연이어져 있다. 그리고 북천축국은 설산雪山이 있으며 사방으로 산이 벽으로 되어 있다. 그러나 북천축국 남쪽으로는 계곡이 있어 나라 간에 통하는 문으로 이용했다. 그리고 동천축국은 동해東海와 연결되어 있고, 남쪽으로는 월남인 부남扶南 임읍林邑 등이 인접해 있다. 지금의 대만해협과 해남도海南島를 말한다.

서천축국은 계빈罽賓과 접해 있었다. 계빈은 중국 서부와 유럽으로 이어져 있는 접경지대이다. 그리고 파사婆斯도 함께 인접해 있었다. 파사는 지금의 파키스탄 접경지대이다. 중천축국을 거점으로 하여 사대四大 천축국 간의 사이에 나라들이 서로 병립하여 국왕들이 다스리고 있었다.

한漢나라 때는 연독국涓毒國이라 했으며 서안西安으로부터 9,800리 떨어져 있었다. 중천축국은 도읍지를 중심하여 2,800리의 강역이었으며 남쪽으로 뻗어 있는 곤륜산崑崙山인 총령을 서로 연결하고 있었다.

이들의 시기에 청해성 오란 도란을 중심으로 부여가 건국하였고, 천산 파미르고원에 영고탑을 세웠으며, 이 부여의 족속에서 고구려, 백제, 신라 그리고 동부여, 청해성엔 원래의 부여가 이렇게 오천축국이 갈라지기 시작한 것이 후한 시대였으니 그들의 기록과 동일하다.

부여는 그 시조 해모수부터가 부처님이다. 해모수가 부여를 건국한 사월 초팔일이 부처님 오신 날이다. 가섭원부여의 시조 해부루는 국상 아란불의 권유로 가섭원으로 나라를 옮긴다. 부처님의 1대 제자 가섭의 고향 가섭원으로 2대 제자 아란존자가 등장하는 가섭원부여가 천축국이 아니라면 어디서 천축국을 찾을 수 있겠는가?

또한 그 부여는 나라를 빼앗기고 도읍을 옮기는 이유부터가 남다르다. 고두막한인 동명성제가 "나는 천제의 아들인데 장차 이곳에 도읍을 정하고자 하니, 왕은 이 땅에서 옮겨가시오"라고 하니 해부루 단제는 하는 수 없이 가섭원으로 옮겨간다. 도대체가 나라를 빼앗는 자도 그렇고 나라를 내어주는 자도 부처의 경지가 아닐 수 없다. 이러한 나라를 부처의 나라 천축국이라고 역사는 기록한 것이다.

그리고 그 나라를 그대로 물려받은 고주몽의 고구려, 고주몽의 아들 온조의 백제 그리고 불국을 이루겠다는 신라의 불국사. 이러한 터전에서 후고구려를 건국한 궁예는 아예 처음부터 스님이었다. 이들은 오천축국이 성립되고 사라져간 시기와 정확히 일치한다. -

6년 11월에 두로가 왕을 시해하였다.

제6대 태조무열제, 재위 94년

제는 휘는 궁이요 아명은 어수니 유리왕자인 고추가 재사의 아들이며, 어머니 태후는 부여인이다. 모본왕의 태자가 불초하여 나라 사람이 궁을 맞아 세웠다.

- 이 사람 극재사克再思는 마의麻衣를 입고 주몽을 만난 인물로 기록되어 있는데 타클라마칸 사막의 한자어가 塔克拉瑪干이고 커라마이克拉瑪依(마의를 입은 사람이 극재사라는 뜻)라는 도시도 있다. 극克이란 지명이 이 지역의 특성이다. -

융무 3년 2월 요서에 10성을 쌓아 한병漢兵을 방비하였다. 이 요하가 황하임이 증명되었다.

융무 4년 7월에 동옥저를 정벌하여 그 땅을 성읍으로 삼고 지경을 개척하여 동으로 창해에 이르고 남으로 살수에 다다랐다.

- 이곳 창해는 한반도와 연해주 동쪽으로 우리 민족의 영원한 동해이다. (지금도 동해니 일본해니 싸우고 있다.) 남쪽 경계인 살수는 한나라와 국경 분쟁을 치르고 있는 곳인데, 황하의 상류인 오르도스 지역으로 영하회족자치구인데 영주寧州라고 역사서에 기록되어 있다.

이곳에서 황하에 합류하는 황하의 지류가 살수이다. 현재 지명이 청수하이며 낙랑군 수성현에 있다는 갈석산 바로 곁에 있는 강이다. (역사 지명 -『고려사』「지리지」참조) -

융무 7년 4월에 제가 고안연孤岸淵에 가서 어조魚鳥를 구경하다가 붉은 날개 달린 백어를 얻었다.

융무 10년 8월 나라 남쪽에 비황이 생겨 곡식을 해쳤다.

- 이 기사는 고구려가 대륙에 존재하였다는 증거 중의 하나인데 한반도는 황충의 피해가 있을 수 없는 지형이다. 고안연孤岸淵은 어느 곳의 호수일까? 석가가 설하셨던 고독원孤獨園에 있던 호수일까?

다음은 조선 중기 선비인 권필의 시집『석주집』7권에 나오는 구절이다.

바위 가에 작은 그물을 물속에 던지니
가을이 오매 자린이 살찐 게 참으로 좋아라   * 자린: 붉은 물고기의 비늘
돌아올 때는 언제나 석양이 다 질 무렵이라
안개 낀 물가의 길에 옷은 비에 흠뻑 다 젖는다.
만다화 꽃비가 급고원에 내리니   * 급고원: 기수급고독원
그중에 선가의 불이문이 있어라
어이하면 일신의 일 떨쳐버리고
산사에서 향 피우고 조석을 보낼꼬 -

16년 8월 갈사왕의 손자 도두가 나라를 들어 항복해 왔다.

20년 관나부 패자 달가를 보내 조나를 쳐 그 왕을 사로잡았다.

22년 환나부 패자 설유를 보내 주나를 쳐 그 왕자 을음을 사로잡아 고추가로 삼았다.

- 조나는 조藻나라, 주나는 주朱나라이다. 연나는 연나라이다. 이 기록은

한나라 이전의 춘추전국 시대의 조나라 땅, 주나라 땅을 점령했다는 기록이다. 한나라의 땅이 점차 좁아지고 있는 것을 잘 말해 주고 있다.

춘추전국 시대는 고조선의 세력이 약해졌을 때 열국들이 생겨나와 혼란한 상태를 유지하다가 그들을 통일했다는 진시황 정은 한의 장량의 공격을 받는 등 쫓기다가 2대 만에 멸망하고, 초나라 항우에게 승리한 유방이 한나라를 세우지만 그 영역이 고구려의 막강한 무력에 밀려 춘추전국 시대보다 형편없이 줄어드는 것을 볼 수 있다. -

46년 제가 동쪽으로 책성을 순수할 때 책성의 서쪽 계산에 이르러 백록을 잡고, 책성에서는 여러 신하들과 연회를 하고 책성을 지키는 관리를 포상했다. 드디어 산석에 공을 새기고 돌아왔다.

50년 8월에 사람을 보내어 책성柵城을 안무하다.

- 산상제 21년 기록에 "한의 평주 사람 하요가 백성 1000여 호를 이끌고 의탁해 오니, 제는 이를 책성에 안치하였다"는 기록을 보아 평주平州는 진晉나라 때 유주幽州였다 하니, 유주는 지금의 북경 부근으로 옛 우북평이 그곳이다. -

53년 제께서 장수를 보내 한의 요동에 들어가 6현을 탈취하였다. 한의 요동태수 경기가 맥인을 격파하였다. 이 시기는 후한 4대 화제(88~105) 때로 그는 10세에 황제가 된 인물인데 이때부터 후한은 쇠퇴의 길에 접어들었다.

55년 9월 제가 질산質山 남쪽에서 사냥을 하여 자색 노루를 잡았다.

57년 정월 한나라 안제(105~106)의 원복 대착식에 사신을 보내다. (그는 후한 5대왕 유융으로 2년도 채 왕위에 앉지 못한 위인이다.)

59년 3월 제는 예맥과 더불어 현도를 쳐 이를 군현으로 삼았다.

62년 8월 제께서는 남해를 순수하시고 10월에 남해에서 환도하셨다.

- 이때 고구려는 동쪽으로 한반도 북부 지역을 완전히 확보하고, 지금의 혼춘 지역인 책성에 기공비를 세웠으며 남으로는 청해성 일대를 장악하고

고구려의 남해라 불렀으며, 백제와는 한수를 경계로 하였고, 동남으로 후한을 압박하여 하북성 일대인 현도를 장악하고 후한을 황하 이남으로 꼼짝도 못 하도록 눌러놓은 것을 알 수 있다.

『한원』에 의하면 "현도는 무제 원봉 4년(BC 107)에 열렸다. 유주에 속한다"고 하였으니 지금의 북경 유역을 말한다. 사실 이 시기에 한나라는 고구려의 후원 아래 연명하던 한낱 제후국에 지나지 않았다. 이 시기부터 수나라, 당나라가 등장할 때까지 대륙은 온통 고구려와 백제와 신라의 판도였던 것이다.

66년 6월에 왕이 예맥과 더불어 한의 현도를 습격하여 화려성華麗城을 공격하였다. 이곳 화려성의 위치는 지금 북경 일대를 화북華北 지방이라고 하니 북경인 현도군을 지나 더욱 남쪽으로 한나라를 밀어붙인 것을 알 수 있다. -

8월에 소사에게 명하여 현량(올바른 선비)과 효순(효자)을 천거하고. 환(홀아비), 과(홀어미), 고(고아), 독(무자식)과 연로자로 무능한 이들을 탐방하여 의식衣食을 베풀었다.

69년 봄에 한의 유주자사 풍환, 현도태수 요광, 요동태수 채풍 등이 군사를 거느리고 침략하여 예맥의 거수를 격살하고 병마와 재물을 빼앗았다. 왕이 아우 수성을 시켜 군사 2천을 이끌고 풍환과 요광을 영격할 때, 수성은 거짓 항복으로 한군의 진영을 속인 후 험한 곳에 의지하여 대군을 막는 한편, 군사 3천을 보내 그들의 본거지 현도, 요동 2군을 우회 공격하여 그 성곽을 불태우고 2천여 명을 살획하였다.

4월에 열제께서 선비 8천 명을 데리고 요대현을 공격하니, 요동태수 채풍이 군사를 거느리고 신창에서 싸우다 죽었다. 이때 그의 수하 공조연 용단과 병마연 공손포는 스스로 풍을 위하여 막다가 함께 돌진하고 죽은 자가 100여 명이었다.

- 이상의 기사에서 이때의 고구려의 무력의 막강함이 드러난다. 고구려의

계속된 압박에 한나라는 전력을 다해 반격을 해 보았지만 도리어 그들의 성이 불타고 그 성주까지 돌진하고 말았다, 또한 고구려는 선비를 수족같이 부리고 있음을 알 수 있다. 또한 이 기사에는 중요한 정보가 들어 있다.

예맥濊貊의 거수渠帥는 『유라시아 유목제국사』의 기사에 의하면, 이때의 거수를 신강위구르의 고성과 투루판의 왕이었다고 고증해 주고 있다(『유라시아 유목제국사』 92쪽, 96쪽, 사계절 출판).

『유라시아 유목제국사』의 기사를 옮겨 보면,

"서기 74년 후한의 경병과 두고가 투루판을 공격할 때 그곳은 두 개의 왕국으로 나뉘어져 있었지만 동일한 왕가가 지배하고 있었는데, 그것은 투루판 인근의 남거사와 천산 건너편 기슭의 고성 방면에 있던 북거사였다."

"북방의 몽골리아에서 두헌과 경병이 북흉노에 대하여 큰 승리를 거두자 북과 남의 거사(고성과 투루판)의 두 왕은 즉시 중국과 관계를 재개했다 (89년~90)." -

10월에 열제께서 부여에 행행하시어 태후묘에 제사하고 곤궁한 백성을 위무하였다.

- 열제의 모후가 부여인이었다. 『삼국사기』 「고구려본기」 보장제 26년(667년) 고구려가 마지막 전투를 벌일 때 당장唐將 이적이 고구려의 서변 요새인 신성을 공격할 때, 또 다른 당의 장수 고간은 금산金山에서 고구려군에게 대패하였다.

그 다음해(668년) 또 당이 고구려를 침략하였는데 당의 장수 이적이 고구려의 부여성을 공격할 때 설인귀도 고구려군을 금산에서 격파하고 그 기세로 부여성을 함락시키니 부여강 주위의 40여 성이 항복하였다고 기록되어 있는데, 이곳 금산金山이 바로 우랄알타이산맥을 말한다. 지금 지도에 우랄알타이산맥을 아미태산阿爾泰山, 기련산 서쪽에 있는 산을 아미금산阿爾金山이라 표기하고 있다. 고구려의 서쪽 강역이 신강위구르임을 증명하는 지명이다.

이곳이 고구려 때 부여성이 있던 곳이다. -

숙신의 사신이 와서 저호의 구(자색 여우털 의복)와 백응, 백마를 바치니 잔치를 하여 보냈다. 12월에 열제는 마한, 예맥 등과 함께 1만여 기를 거느리고 가서 현도성을 에워싸니 북부여 왕이 아들 위구대를 시켜 군사 2만을 데리고 한을 도왔다.

- 북부여는 대무신열제 5년(기원후 22) 대소왕이 괴유의 칼에 죽은 후 고구려에 항복, 도읍의 백성을 데리고 고구려에 투항하니 고구려는 그를 봉하여 왕으로 삼고 연나부에 안치하였는데 등에 문자가 있다 하여 낙樂씨의 성을 하사했다. 하도낙서河圖洛書는 우리 민족의 역사 기록이다.

차츰 자립하여 개원 서북으로부터 옮겨가 백랑곡에 이르니 바로 연나라 땅에 가까운 곳이었다. 문자열제의 명치 갑술(494년)에 나라를 들어 고구려의 연나부에 편입하니 낙씨는 마침내 제사마저 끊겼다고 했으니 이 시기에 한나라를 도와 고구려를 견제하려 했음을 알 수 있다. -

70년 열제는 마한 예맥 등과 더불어 요동을 공략하니 부여왕이 원병을 보내 현도군을 구하였다."

- 여기에 나오는 마한은 다음 기사에 나오는 중마한이다.

"정미 원년(BC 194) 번조선 왕은 오랫동안 수유에 있으면서 항상 많은 복을 심어 백성들이 매우 부유하였다. 뒤에 떠돌이 도적 떼 위만에게 패하여 바다로 들어가더니 돌아오지 않았다. 오가의 무리들이 대장군 탁을 받들어 모두 함께 산을 넘어 월지에 이르러 나라를 세웠다." 월지는 탁의 태어난 고향이니 이를 가리켜 중마한이라고 한다.

"이에 이르러 변, 진한의 두 한도 각각 자기들의 영토를 가지고 수도를 정하고 나름대로 나라 이름을 정했는데 모두 오래도록 마한의 다스림을 따르며 세세도록 배반하는 일이 없었다. 번조선왕 기준과 탁의 무리들은 서로 다른 곳을 향해 가는데, 기준은 양자강 이남 동정호 부근의 익주(『고려사』

「지리지」의 금마군 익주, 지금의 장가계)에서 마한국을 건국하는데 백제의 시조 온조왕에게 망한다."

또한 한 무리의 오가들은 대장군 탁의 고향인 월지로 가는데 이곳이 대륙의 감숙성 돈황 지역이다. 이 월지는 마한이란 이름으로 고구려에 복속되는데 일부는 다시 아프카니스탄과 우즈베크 지역으로 가서 대월지국을 세우는데 후에는 쿠샨 왕조가 된다고 많은 학자들이 주장하고 있다. 인터넷 검색을 하면 "쿠샨 왕조는 서기 105~250년경 카스피해에서 아프카니스탄, 타지키스탄을 지나 인도 갠지스강 상류까지 대제국을 이루는데 월지 민족이 건국하였다"라고 나와 있다.

또 다른 마한과 변한의 무리들은 천산 유역과 청해성, 내몽고 등에 여러 군소 국가를 이루는데 옥저, 낙랑, 말갈, 숙신, 여진, 읍루, 물길, 오손, 쿠차, 고창, 거사, 훈, 강거, 색, 사카 등으로 동서양의 학자들이 부르고 있다. -

90년 9월에 환도에 지진이 있었다.

- 그리스의 유적지를 발굴한 것을 보면 지진에 의하여 묻혀 있는 것을 우리는 종종 발견한다. 우리 고구려의 유적도 이곳 신강위구르 지역의 땅속에 파묻혀 있을 것이다. -

94년 8월 열제는 장수를 보내 한의 요동부 서안평현을 습격하여 대방현령을 죽이고 낙랑태수의 처자를 탈취하였다."

- 이 시기의 기사를 보면 한은 부여와의 도움으로 서안평현의 대방군, 낙랑군 등을 회복하여 국력이 신장된 것을 보여준다. -

제7대 차대제, 재위 20년

20년(165) 3월 태조무열제가 119세로 돌아가시다. 10월에 연나부 조의 명림답부가 백성이 견디지 못함을 이유로 차대왕을 시해하였다.

제8대 신대제, 재위 15년

휘는 백고이다.

2년(166) 명림답부를 국상으로 삼고 벼슬을 더하여 패자로 삼아 중외의 병마사를 맡게 하고 겸하여 양맥 부락을 거느리게 하였다.

- 이때 명림답부는 연나부의 조의皂衣로서 양맥을 거느리게 되어 막강한 군사를 보유한 최대의 군벌이었음을 알 수 있다. -

4년(168) 한의 현도군 태수 경림이 침략해 와 군사 수백을 죽였다.

5년(169) 왕은 대가 우거와 주부 연인 등을 시켜 군사를 거느리고 현도 태수 공손도를 도와 부산의 적을 토벌하였다.

8년 11월 한이 대병을 이끌고 공격해 왔다. 이에 명림답부가 말하기를 '지금 한은 강병을 이끌고 멀리 와서 싸우므로 그 예봉이 만만치 않으므로, 그들이 천리원정으로 양식을 운반하기가 쉽지 않으니 우리가 만일 깊은 못을 파고 성루를 높게 하고 들을 비워 기다리면 그들이 순旬, 월月을 기다리지 못하고 양식이 떨어져 철군할 터이니 그때 날랜 군사로 육박하면 가히 뜻을 이룰 것입니다' 했다.

왕이 그 말에 따라 성문을 굳게 닫고 지키니 한병이 공격해 왔으나 이기지 못하고 군사들이 굶주려 돌아가므로 답부가 수천 명의 기병으로 뒤쫓아가 좌원에서 싸워 한군이 대패하여 한 필의 말도 돌아가지 못했다. 왕은 크게 기뻐하여 답부에게 좌원, 질산의 땅을 식읍으로 주었다.

- 이곳 좌원은 과거에도 소서노의 부친 연타발에게 봉하였던 곳이다. 고구려와 한나라의 공방전이 벌어진 감숙성 돈황 일대에서 일어났던 일이다. 그곳이 월지국 중마한이 있던 곳이다.

다음은 칠언시 한 구절을 읊어 본다.

천리 밖 옥관에서 불빛을 전해 오니   * 옥관: 감숙성 돈황에 있는 옥문관

저물녘 구름 저편에서 작은 별이 깜박인다.
뉘라서 알랴 시골 노인 고개 돌리는 곳
바로 봉래에서 말 세우고 바라보리란 것을
두보의 시 '석봉夕烽'에
저녁에 봉화가 멀리서 와, 매일 편안함을 알리었지
변방에 작은 불빛이 전해오니, 구름가에 쇠잔하게 가물대었네
진秦 땅에 비추어 위급함을 통고하니   * 진(秦): 진시황이 세운 나라
적병이 이미 농서를 지났다네   * 농서: 감숙성의 실크로드 요충지
듣건대 봉래전에서는, 천문에 말을 세워 바라본다지   * 봉래전: 왕궁의 전각

고구려가 공격해 올까 전전긍긍하는 한족의 모습이다. -

제9대 고국천제, 재위 19년

휘는 남무 혹은 이이모이니 신대제 백고의 둘째 아들이다. 왕은 신장이 9척이요 자표가 웅위하고, 힘이 큰 솥을 능히 들어 올리며, 관용으로 청취하시고 용단이 위맹하였다.

2년 비妃 우를 황후로 세우다. (우는 제나부 우소의 딸이다.)

6년 한의 요동태수가 군사를 일으키니 장수를 보냈으나 이기지 못하여, 황제가 친히 정기를 이끌고 좌원에서 한병을 대파하였다.

12년 중외대부 패자 어비류와 평자 좌가려 등은 황후의 친척으로 권세를 믿고 교만히여 그 행패에 나라 사람의 원한이 많았다. 황제가 노히어 그들을 주살하려 하니 좌가려 등은 4연나와 함께 모반하였다.

13년 4월 좌가려 무리들이 왕도를 치므로, 드디어 이들을 토평하고 제부에 고하여 현자를 구하였다. 이에 서압록곡 좌물촌의 을파소를 천거하여 국상을 맡기고 전권을 위임했다.

19년(197) 후한 말기에 대란이 발생하여 피난 오는 자가 수없이 많았다.

- 이때는 동탁과 조조가 후한의 환관들의 혼란을 틈타 난세의 간웅으로 등장하였다. 황건적의 난이 있었다. -

제10대 산상제, 재위 31년

휘는 연우 혹은 위궁이다. 고국천제의 아우이다. 고국천제는 후손이 없으므로 제의 후가 연우와 공모하여 발기를 내쳐두고 황위에 올렸다. 발기가 처자를 데리고 요동으로 달아나 태수 공손탁에게 의탁했다. 발기가 한병을 얻어 난을 일으키자, 제는 동생 계수를 시켜 막게 하니 한병이 대패하였다. 발기는 부끄러워 자살하였다.

산상제 원년(197년) 동생 계수를 파견하여 공손탁을 공격하여 격파하고, 현도와 낙랑을 정벌하여 이를 멸망시켰다. 이때는 후한 말기로 고구려는 다시 황하 일대를 완전히 장악하여 한나라는 멸망의 길을 재촉하였다. (220년 한나라 멸망) 결국 한나라는 고구려가 멸망시킨 것이다.

2년 2월 환도성을 쌓았다.

3년 9월에 왕이 질양에서 전렵을 하였다.

- 앞에 명림답부는 좌원과 질산을 얻었다. 좌원이 감숙성 남부 지방의 남여, 농서 부근의 낙랑군이 있는 평량시일 경우 이 근처 양陽의 도시는 경양慶陽현밖에 없다. 그곳 영하회족자치구와의 경계에 징기스칸이 고려군에 살해 당했다는 육반산이 있다. 이곳에서 한나라의 국경을 염탐하며 전렵을 행한 것이다. -

13년 3월 황제는 교시를 통해 소후를 얻어 아들을 얻었다.

10월 도읍을 환도성으로 옮겼다.

- 이제 이곳 환도성은 평양(지금 대륙 섬서성 서안)에 가까운 곳이다. 평양성으로 도읍하는 것이 고구려의 다물이다. 막조선의 수도, 번한의 도읍지

였던 평양을 탈환하기 위한 작전이다. -

21년(217) 8월 한의 평주 사람 하요가 백성 1,000여 호를 이끌고 의탁해 오니, 책성에 안치하였다.

28년 왕손 연불이 탄생하다.

31년 제께서 돌아가시니 산상릉山上陵에서 장사하고 산상제山上帝라 호하였다. (어느 곳의 산일까? 아마도 감숙성이나 천산산맥에서 찾아야 할 것이다.)

제11대 동천제, 재위 22년

휘는 우위거 또는 위궁이요, 어릴 때 이름은 교체이니 산상제의 아들이다.
8년(234) 위(조위)가 사신을 보내왔다.

- 이것은 명백한 조공이다. 건국한 지 300년 된 제국의 황제에게 한나라가 망하고 생긴 신생국이 신고를 한 것이다. -

10년 오왕 손권이 사자를 보냈다.

- 위와 오나라가 서로 경쟁하듯 사신을 보내고 있다. -

16년 제는 장수를 보내 요동의 서안평西安平현을 공격하였다.

- 이곳이 지금의 서안西安이다, 또한 평양平陽이다. 『환단고기』에 서안평현, 서안평현을 수없이 강조한 까닭이 드디어 밝혀진 것이다. 이제 곧 평양성을 쌓고 평양 천도를 단행한다. -

19년 군사를 내어 신라의 북변을 침략하였다.

- 드디어 신라와의 전쟁이 시작되었다. 신라는 대륙의 하남성에 있었다. -

20년 8월에 유주자사 관구검이 군사 민 명을 거느리고 현도를 나와 침범하니 왕은 보, 기병 2만을 거느리고 비류수 위에서 맞아 싸워 이를 깨뜨리고 3천의 목을 베었다. 또 군사를 이끌고 양맥의 입구인 골짜기에서 다시 싸워 또 3천을 베었다. 이에 황제는 관구검을 몰살시키려 철기병 5천을 거느리고 공격하니, 관구검이 방진을 벌이며 결사적으로 싸워 우리 군사가 대패하였다. 황제는 겨우 1천의 기병과 함께 압록원으로 달아났다.

10월 관구검이 환도성을 쳐 무찌르고 장군 왕기를 보내어 황제를 추격하게 하였다. 제는 남옥저로 달아나 죽령에 이르니 군사가 다 흩어졌다. 오직 동부의 밀우가 곁에 있다가 "신이 죽기로서 싸울 터이니 그 틈에 달아나소서" 하여 제는 사잇길로 달아나 흩어진 군사를 모아 자위하며, 능히 밀우를 데려오는 자에게 후한 상을 주리라 하였다.

하부의 유옥구가 가서 밀우가 땅에 쓰러져 있는 것을 업고 돌아왔다. 제는 사잇길로 전전하여 남옥저에 이르렀으나 위군의 추격이 오히려 그치지 않았다. 이에 동부 사람 유유가 계책으로 항복을 청하여 위장과 함께 죽었다. 제의 군사가 세 군데 길로 돌진하니 위군이 흩어져 드디어 낙랑 방면으로 퇴거하였다. 이에 제는 해빈에서 돌아왔다.

이 싸움에서 위장 관구검은 숙신의 남계에 이르러 공을 돌에 새기고, 환도산에 이르러 불내성이라고 새기고 돌아갔다. 『괄지지』에 이르기를 불내성은 국내성이니 그 성은 돌로 쌓아 만들었다. 이는 국내성과 환도산이 상접한 까닭이다.

- 처음 관구검이 공격한 환도성은 신강위구르의 투루판에 있는 고구려 수도이다. 이곳 해빈海濱이 부여의 해모수가 건국한 난빈蘭濱이다. 양맥梁貊의 골짜기가 양구梁口이다. 감숙성 기련산의 냉용령冷龍嶺이 죽령竹嶺이다. 동천제는 감숙성 냉용령(죽령)을 넘어 청해성인 남옥저로 도피한 것이다. 이곳까지 쫓아온 위군이 감숙성 난주를 지나 평량(낙랑)으로 철군한 것이다. -

21년 2월에 제는 평양성을 쌓고 백성과 종묘사직을 거기로 옮겼다. 평양은 본시 선인仙人 왕검王儉의 택지였다.

- 드디어 고구려 평양 시대가 시작되었다. -

제12대 중천제, 재위 23년

12년 12월 제는 두눌곡에서 전렵하였다. 위장 위지해가 군사를 거느리고 와서 치므로 제는 정기 5천 명을 택하여 양맥의 곡에서 이를 맞아 싸워서 8천의 목을 베었다.

제13대 서천제, 재위 23년

7년(276) 제가 신성에 순행하여 사냥을 하였다.

11년(280) 숙신이 침범하여 변민을 살해했다. 제는 왕제 달가를 보내 불의에 적을 쳐 단로성檀盧城을 빼앗고 숙신의 추장을 죽이고 적 6백여 호를 부여 남쪽 오천烏川으로 옮기고 적 부락 6, 7개 소를 항복받아 부용으로 삼았다. 이에 달가를 안국군으로 삼아 양맥과 숙신 여러 부락을 통치하게 하였다.

- 이곳 부여가 있는 곳이 우랄알타이산맥이고 남쪽 오천이 신강위구르와 우즈베키스탄이다. 이 시기 아프가니스탄과 간다라, 편잡을 지배하던 쿠샨 왕조는 스스로 월지인이라고 하면서 223년부터 253년까지 불경을 번역하여 고구려에 전파한 인물이 지겸이란 자이다. 바로 오천축국의 서천축국인 쿠샨 왕조에서 중천축국인 고구려와 동천축국인 백제에 불교를 전파한 것이다. 다음 대에선 구마라즙(344~413)이 불경 번역 활동을 했다. -

19년 4월 신성에 순행하였다. 해곡태수가 경어鯨魚의 눈을 헌상하다. 눈이 밤에 광채가 있었다. 황제가 신성에서 돌아오다.

- 민중제 4년(47) 동해인 고주리가 고래를 잡아 바쳤는데 그 눈에 광채가 있었다고 했는데 이때 또 고래의 기록이 있는 것을 보아 이때 위촉오 삼국이 멸망하고 사마씨의 진나라가 서면서 몽골과 만주 일대의 통치력이 강화되어 동해의 고래 진상이 이루어진 것으로 보인다. 그리고 신성에 자주 가는 것으로 보아 지금 감숙성 남여, 농서 지역인 신성이 고구려의 국경으로 중요성이 부각되고 있다. -

제14대 봉상제, 재위 9년

원년 3월 안국군 달가를 죽였다.

2년(293) 8월에 선비족 모용외가 내침하였다. 제는 신성에 가려다가 곡림에 이르렀다. 신성재 북부소형 고노자가 기병 5백을 거느리고 왕을 맞으러 가다가 모용외의 군사를 격퇴하였다.

5년 선비 모용외가 내침, 고국원에 이르러 서천제의 능묘를 파헤쳤다. 제가 북부대형 고노자를 신성태수로 임명하니 모용외는 다시는 오지 않았다.

제15대 미천제美川帝, 재위 32년

3년 제는 군사 3만을 이끌고 현도군을 공략하여 8천 명을 사로잡아 평양으로 옮겼다.

12년 장수를 보내 요동 서안평현을 습격하여 빼앗았다.

14년(313) 10월에 낙랑군을 공략하여 2천 명을 사로잡았다.

15년(314) 9월 남쪽의 대방군을 공략하였다.

- 이곳 대방 땅은 대륙의 양자강을 넘어 지금의 남창시가 있는 남원 땅이다. 남창은 남원과 창녕을 합친 도시이다. -

16년 현도성을 공략하여 차지했다.

20년 진의 평주자사 최비가 고구려로 도망 왔다.

- 최비는 고구려와 단씨와 우문씨를 연합시켜 극성의 모용외를 공격하였으나 실패하여 모용외는 극성을 근거지로 삼게 되었다. 황하 이북 산서성, 섬서성, 하북성과 양자강 이남까지 전 대륙의 중심부를 다 장악하였다. 이때 대륙은 진나라(265~316)가 멸망하고 하남성 일대는 신라가 차지했다. 이때부터 5호 16국 시대가 시작되는데 이들은 고구려, 백제, 신라의 제후국이었다. -

21년 12월 요동을 공격했으나 모용인이 막아내었다.

31년 후조왕 석륵에게 사신을 보내 호시를 주었다.

 - 이 시대의 대륙의 하남성 북부와 산서성은 하루건너 새로운 왕조가 들어서는 시대인데 북쪽은 고구려가 건국 4백 년의 연륜으로 황하의 중류 섬서성 일대를 장악하고 있었고, 백제는 한수 이남과 양자강 남부 지방을 온통 차지하고 동으로는 복건성까지 동진을 제후국으로 삼았고, 서쪽으로는 청해성 남부와 서장성 티벳을 넘어 아프가니스탄을 차지했고, 남으로는 월남과 인도네시아를 넘어 필리핀과 보르네오섬까지 진출하는 등 최고의 전성기를 누리고 있었다. 이제 5호 16국 시대의 고구려의 제후국의 모습을 자세히 살펴보자.

우선 위촉오를 통일했다는 사마씨의 진나라는 지방 제후들을 전부 사마씨로만 임명하는데 이들이 서로 황제가 되려고 난을 일으키는데 이것이 팔왕의 난이다. 이들은 북쪽 선비족을 이 난에 끌어들이는데 도리어 이들이 나라를 차지한다.

먼저 흉노의 일족으로 유연이라는 한나라식 이름을 가진 자가 전조를 세우고 태원에 수도를 정한다. 그의 후계자인 유충은 서기 311년 진의 수도인 낙양을 공격한다. 왕궁을 불태우고 황제인 희제는 포로로 잡혀 산서성 평양에 끌려가 313년 처형될 때까지 시종으로 살았다.

그다음의 민제는 또 한 번 쳐들어온 흉노의 포로가 되어 연회에서 술잔을 씻는 시종으로 살다가 처형되었다. 유충이 죽은 후 그의 부하인 석륵이 하북성 연을 수도로 후조를 건국한다(319년). 이 석륵의 후계자 석호는 냉혈한이었는데 자신의 가장 사랑하는 계집을 불에 구워 식탁에 내오도록 한 방탕한 자였다.

석호가 죽자 혼돈에 빠진 채 어지러워졌는데, 북쪽에서 기회를 노리던 몽골 선비족의 모용준이 북경인 연(이곳이 원래 연나라가 있던 곳이다)을 업으로 고치고 수도로 삼았는데 전연이라고 부른다.

이들은 한때 잠시 낙양까지 점령하지만, 흉노족인 석호의 부하인 부흥이 세운 전진의 부견에게 쫓겨 낙양과 태원과 업을 차례로 빼앗기고 결국 포로가 된다(370). 부견은 한때 불교를 숭상하며 번영을 누리는 듯했지만 383년 회수를 따라 동진을 공격하다 치명적 타격을 받고 또다시 선비족의 모용수가 반란에 성공하여 후연을 세운다(384~407). 후연의 수도는 중산으로 하북성 보정시 남쪽의 지금의 정주이다.

이들의 수도를 보면 하나같이 현 대륙의 하북성 북경 지역에서 한 치도 벗어나지 못하고 있다. 이때 대륙의 중심부 섬서성 서안과 호북성 한수 유역은 고구려와 백제, 그리고 신라가 장악하고 있었다. -

제16대 고국원제, 재위 41년

휘는 사유, 미천제 15년 태자로 책립되었다가 이어 즉위하였다.

2년(332) 2월 제가 졸본에 가서 시조묘에 제사하다.

4년 평양성을 증축하였다.

- 이제 대륙의 서안인 평양을 점령하고 황하의 주인이 되었다. -

5년 정월에 나라 북쪽에 신성을 쌓았다.

- 이곳 신성은 감숙성 농서에 있었다. -

6년 사신을 진에 보냈다.

9년 전연왕 모용황(모용외의 아들)이 신성을 침범해 왔다. 제가 화맹을 청하니 이내 돌아갔다.

12년 환도성을 수리하고 또 국내성을 쌓았다. 제가 환도성으로 이거하였다.

10월에 연왕 황이 국도를 극성에서 용성(조양)으로 옮겼는데, 입위장군 모용한(모용황의 형)이 권하기를 "먼저 고구려를 취하고 다음에 우문씨를 없애야만 중원을 도모할 수 있다. 고구려로 가는 길은 남북으로 두 길이 있는데 그 북쪽 길은 평활하고 남쪽 길은 험하고 좁으므로 고구려는 대군이 북쪽으로 오리라고 북쪽의 방비를 중히 여기고 남쪽의 방비를 가볍게 여길 것이므로 왕은 그때 정병을 거느리고 남쪽 길로 진군하여 불의에 일격을 가하면 북도(환도성)는 애써 취할 것도 못 된다. 따로 한 소대를 북쪽으로 보내면 설령 실수가 있더라도 그의 중심부는 무너지게 되므로 사지는 힘을 쓰지 못할 것이다" 하니 황은 그 말에 따랐다.

11월에 황이 친히 정병 4만을 거느리고 남쪽 길로 나아갈 때 따로 장사 왕우 등은 군사 1만 5천을 거느리고 북쪽 길로 고구려를 침범해 왔다. 고구려 황제는 아우 무로 하여금 정병 5만을 거느리고 북쪽 길을 막게 하고 황제 자신은 약졸을 거느리고 남쪽 길을 방어했다. 모용한이 먼저 싸움을 하고 모용황이 대군으로 뒤따르니 우리 군사가 대패하였다.

- 이 말의 내용은 고구려가 황하의 만곡부 안에 위치하고 있음을 말해 준다. 이번뿐이 아니고 항상 고구려를 공격해 오는 수, 당나라는 북쪽 길을 고집한다. 왜냐하면 대군의 치중차량은 북쪽 길밖에는 다닐 수 없기 때문이다.

수, 당과 마찬가지로 연나라의 모용황의 도읍지도 지금 북경인 탁군의 동북쪽인 용성인데 지금의 조양이다. 이 조양에서 황하를 울타리 삼고 있는 고구려를 공격하는 가장 좋은 길은 내몽고를 지나는 평활한 길이다. 하지만 남쪽 길은 태행산맥을 넘어야 하는 좁고 험한 길이다. -

이상으로 후반부는 추후 작업이 되는 대로 보내도록 하겠습니다. 그럼 안녕히 계십시오.

2011년 12월 3일
부산에서 마윤일

〈필자의 회답〉

고구려 강역에 관한 기사 감명 깊게 잘 읽었습니다. 수고가 많았습니다. 마운일 씨가 이미 보낸 기사도 많이 밀려 있습니다. 서둘러 쓸 필요가 없으니 기사를 완성한 뒤에 꼼꼼하게 여러 번 추고하여 완전한 것을 보내 주셨으면 합니다.

그리고 희망 사항을 말하겠습니다. 이병화 저 『대륙에서 8600년 반도에서 600년』과 김종윤 저 『한국인에게 역사는 있는가』를 꼭 읽었으면 합니다. 두 분은 다 재야 사학자로서 근래에 크게 두각을 나타내고 있으니 마운일 씨도 그들의 수준을 능가하려면 꼭 읽어야 한다고 생각됩니다. 그리고 가능하면 『동국여지승람』도 꼭 구입하여 참고하셨으면 합니다.

제
4
부

역사와 이력서

2013년 3월 31일 일요일

"고구려 이전에도 우리나라가 강대국이었던 때가 있었습니까?"

"그렇고말구요. 『환단고기』에는 고구려를 포함하여 7대 3301년 지속된 환국, 14대 1565년간 대물림된 배달국 그리고 47대 2096년 동안 이어져 온 단군조선이 있습니다. 환국, 배달국, 단군조선 세 나라를 합치면 총 72대 6690년이 됩니다. 여기에 고구려 역년 721년을 합하면 7411년 동안 우리나라는 동아시아 대륙에서 자타가 공인하는 초강대국의 지위를 유지하면서 사실상 이 지역을 지배하여 왔습니다.

다만 아쉬운 것은 환국 시대 3301년 동안의 기록은 7대의 임금과 역년만 기재되어 있을 뿐 구체적인 통치 기록이 생략되어 있지만, 배달국과 단군조선 기록에는 수많은 제후국과 번국들에 대한 통치 및 공물 상납 기록이 자세히 나와 있습니다.

환단 시대에는 환국, 배달국, 단군조선과 맞설 만한 나라가 주변에는 아무도 없었습니다. 중원 대륙에서 단군조선과 맞설 만한 최초의 통치자는 한고조였고 그때가 서기전 202년이었습니다."

"그럼 그 이전 중국사에 등장하는 황제헌원, 요순, 우, 하, 은, 주, 춘추전국 시대를 다스린 아시아 대륙의 주인은 어느 나라입니까?"

"그것이 바로 배달국과 단군조선입니다. 『환단고기』에는 배달국과 단군조선의 통치 기록이 소상하게 나와 있습니다. 그리고 『환단고기』 이후에 나온 『삼국사기』, 『고려사』, 『조선왕조실록』, 중국의 이십오사 같은 권위 있는 문헌 기록에 따르면 우리나라는 그 후 한반도의 10 내지 15배에 달하는 대륙의 핵심 부위인 중원의 황하와 양자강 유역의 중부와 동부 및 남부 지역을 1910년까지 무려 9100년 동안 다스려 왔습니다."

"그러나 서세동점기를 거쳐 조선 왕조가 망하기 시작하면서 그 실세들이 대영제국을 위시한 외세에 의해 한반도로 옮겨진 이제 와서 그러한 역사를 되새겨보았자 무슨 의미가 있겠습니까?"

"있고말고요. 분명히 의미가 있습니다."

"도대체 무슨 의미가 있습니까?"

"세상에서는 무슨 직업을 가진 사람이든지 실제로 얼마나 그 직종에 대한 체험을 했는가를 중요시합니다. 그와 마찬가지로 국가도 과거를 지배한 나라가 현재와 미래도 지배하게 되어 있으니까요. 그러나 외세에 의해 과거사를 약탈당한 채 다시 찾지 못한 나라는 현재도 미래도 없습니다.

우리는 대학을 졸업하고 취직을 위해서 희망하는 회사에 이력서를 제출합니다. 그 회사의 인사 담당자는 그 이력서를 보고 시험을 보고 면접을 거친 뒤에 취직 여부를 결정합니다. 그러나 초·중·고·대학을 다닌 일이 없거나 다니고도 그 기록을 완전히 망각한 사람은 이력서를 쓸 내용이 없습니다. 남들이 다닌 초·중·고·대학 16년이 통째로 빠져 버린 그 사람은 회사에 취직을 하려고 해도 이력이 없으므로 이력서를 쓸 수 없습니다.

한 나라의 국민에게 있어서 역사는 한 직업인의 이력서와도 같습니다. 초·중·고·대학을 나오지 못했으면 하다못해 배운 기술이나 타고난 능력이라도 있어야 합니다. 그것조차 없으면 그에게 무슨 장래의 희망이 있겠습니까? 한 사람의 이력서를 보면 그의 장래가 내다보이는 것과 같이 한 나라의 역사를 보면 그 나라의 현재의 추이와 장래가 떠오르게 되어 있습니다.

이처럼 소중한 역사를 우리는 과거 130여 년 이상 외세에 의해 약탈당해 온 것입니다. 이 역사를 과거에 있었던 그대로 복구할 때 우리의 정신 전력도 회복되어 엄청난 창의력과 함께 잠재되어 있던 무한한 에너지를 구사할 수 있게 되어 있습니다."

토지건물등기부등본

"그럼 우리는 외세에 의해 어떻게 역사를 약탈당해 왔습니까?"

"우리가 일본에 의해 우리 역사를 강탈당하기 시작한 것은 1876년 강화도 조약이 체결된 이후부터입니다. 그때부터 우리는 일본 제국주의자들에 의해 조직적으로 우리 역사를 약탈당하기 시작한 것입니다."

"우리 역사를 약탈당한다는 것은 구체적으로 무엇을 말하는 것입니까?"

"우리 역사를 과거에 있었던 기록을 토대로 가르치는 것이 아니라 일본이 한국인을 영원히 자기네 노예로 길들이기 위한 반도식민사관에 따라 교육시키는 것을 말합니다. 일본의 반도식민사관을 바탕으로 한 역사 교육은 1910년에 한국이 일본에 의해 강점됨으로써 본격화되었습니다.

그런데 정말 기가 막히는 것은 우리가 1945년 일제로부터 해방이 되고 나서도 68년이 지난 지금까지 일본인 스승들에 의해 역사 교육을 받은 한국인 학자들이 그대로 이 나라의 사권을 장악하고 일본이 이 땅에 심어 놓은 반도식민사관에 의한 한국 역사를 지금까지도 변함없이 각급 학교에서 그대로 가르치고 있다는 엄연한 사실입니다. 이것을 바로잡아 우리 역사를 과거에 있었던 그대로 복원시키자는 것이 우리 세대에게 맡겨진 역사적 의무요 사명입니다."

"과거에 있었던 그대로 역사를 복원하자면 어떻게 해야 합니까?"

"우리 역사를 일본 제국주의자들의 한국 침략 의도로 고안된 반도식민사관이 아니라 우리 조상들이 중원을 경영할 때 쓰인 기록을 바탕으로 진실한 역사를 가르치는 것입니다. 왜냐하면 일본인들이 날조한 반도식민사관은 일본의 이익을 위하여 한국인들을 자기네 노예로 길들이려는 의도로 아무 근거도 없이 쓰인 일종의 악의적인 역사 왜곡이요 날조요 자기네 나름의 환상에 지나지 않기 때문입니다."

"우리 역사를 과거에 있었던 그대로 쓸 수 있는 기록에는 어떠한 것들이 있습니까?"

"일본 사학자들과 한국의 식민 사학자들은 물론이고 전 세계의 사학자들이 공동으로 인정하는 일차 사료인 『삼국사기』, 『삼국유사』, 『고려사』, 『조선왕조실록』, 『동국여지승람』, 중국의 이십오사 등이 있습니다. 이들 문헌 기록들이야말로 한국사의 진실을 캐낼 수 있는 무한한 보고입니다.

나는 앞으로 한국의 뜻있는 젊은 사학도들이 우리 역사 복원을 위해 한국사를 전공할 것을 적극 권장합니다. 이 분야야말로 무한히 뻗어나갈 수 있는 황무지요, 한생을 걸어도 조금도 아깝지 않은 가장 보람 있는 분야이기 때문입니다."

"그 문헌 기록들은 일제가 반도식민사관에 꿰어맞추기 위해서 제멋대로 첨삭 및 날조를 했다는 말이 있는데 사실입니까?"

"사실입니다. 그러나 역사를 전공하는 사학자라면 일제가 조작한 부분은 금방 알아볼 수 있게 되어 있습니다. 더구나 『삼국사기』, 『고려사』, 『조선왕조실록』 중 지리지는 일제가 거의 손을 대지 못했습니다.

왜냐하면 일반 역사 기록은 어느 특정 지명이나 방향을 날조해도 되지만 지리지는 그 전체가 지명이요 지리와 관련되어 있으므로 지리지 전체를 새로 쓰기 전에는 손을 쓸 수 없게 되어 있습니다.

그래서 그 악착같은 일제의 어용 사학자들도 지리지만은 거의 손을 대지 못했습니다. 일제가 각 사록의 지리지 전체를 불태워 버리지 않은 것은 우리 민족을 위해서는 그야말로 천우신조가 아닐 수 없습니다."

"그럼 우리나라가 중원 대륙을 경영했었다는 가장 최근의 확실한 기록은 무엇입니까?"

"『조선왕조실록』 중 『세종실록지리지』와 성종 때 편찬된 『동국여지승람』 등이 있습니다. 이 문헌 사록이야말로 우리나라가 한반도의 10 내지 15배나 되는 대륙의 중원 지역을 영토로 경영했다는 그 누구도 부정할 수 없는 확실한 문헌 기록이요, 개인으로 말하면 토지건물등기부등본과 같은 것이 아닐 수 없습니다."

"그렇게 문헌 기록들이 엄연히 있는데 한국에서 역사 교과서를 집필하는 식민 사학자들은 무엇 때문에 우리 조상들이 써서 남겨 놓은 기록은 보지 않고 도대체 무엇을 근거로 교과서를 집필합니까?"

"그들은 기록을 연구함으로써 역사 공부를 하는 것이 아니라 단지 학교에서 그들의 스승들에게서 반도식민사관으로 쓰인 가짜 역사를 배운 대로 앵무새처럼 제자들에게도 복창하여 가르칠 뿐입니다."

"그렇다면 그것이야말로 국가의 장래를 위해서도 개인의 지식과 교양을 위해서라도 심각한 문제가 아닙니까?"

"그럼요. 그것이야말로 시급히 해결되어야 할 가장 심각한 문제가 아닐 수 없습니다."

"그럼 어떻게 해야 합니까?"

"제정신을 가진 사람이라면 누구를 막론하고 이 나라의 장래와 후손들을 위해서라도 지혜를 짜내어 연구하여 적절한 대책을 세워야 할 일입니다."

한국 유적 말살하기

"중국인들은 배달족 국가들의 흔적들을 말소하고 중국 것으로 바꿔치기만 하면 9100년 동안의 배달족의 중원 경영의 역사가 모조리 말소될 것이라고 생각했을까요?"

"물론입니다. 동북아 대륙에서는 배달족이 선주先住 민족으로 역사 시대를 연 이래 수없이 많은 국가들이 부침을 거듭해 왔습니다만 하나의 민족 국가들이 9100년 동안이나 계속된 실례는 배달민족을 빼놓고는 없습니다. 한족 최초의 군왕이라는 황제헌원이 나타난 것도 환국이 세워진 지 4천 년 후의 일이었습니다."

"한족 국가들은 여러 번 부침을 거듭하면서도 계속 이어지지 않았습니까?"

"그렇지 않습니다. 한족 국가는 하, 은, 주, 진, 한, 당, 송 이후에는 몽골족의 원에 의해 근 백 년 동안 완전히 국맥이 완전히 끊겼었고, 그 후 한족이 세운 명 이후에도 만주족이 세운 청에 의해 3백 년 동안 두 번째로 나라의 명맥이 깡그리 끊어졌습니다. 그러니까 원, 청에 의해 도합 4백 년 동안 나라의 맥이 완전히 끊겨서 몽골족과 만주족의 지배를 받으면서 한족은 심하게 이질화되었습니다. 그러나 중원의 배달족 국가들은 이러한 외침으로 국맥이 끊어진 일이 단 한 번도 없었습니다."

"그것을 무엇으로 입증할 수 있습니까?"

"우리 조상들이 대륙에서 국가를 경영하면서 써 남긴 기록들과 중국의 이십오사가 그것을 증명하고 있지 않습니까? 한족 국가들은 요, 금, 돌궐, 원, 청 등에 의해 부분적으로 또는 완전히 수없이 국맥이 끊어졌었지만, 배달족 국가들은 그런 일이 단 한 번도 없었습니다. 유라시아에 대제국을 건설했던 징기스칸의 원 제국도 고려를 부마국으로 만들 수는 있었을망정 독립 국가로서의 숨통을 아예 끊어 버리지는 못했습니다.

그런데 무려 9100년 동안 대륙에서는 외침에 의해 나라의 명맥이 단 한 번도 끊어진 일이 없었던 배달족 국가의 대륙에서의 마지막 나라인 조선 왕조가 망하여 1910년 대륙에서 완전히 추방되어 한반도로 이동되면서 우리 역사상 처음으로 35년 동안 일본에 의해 국맥이 끊어졌다가 1945년에 해방을 맞았고 남한에서는 1948년에 대한민국이 세워진 것입니다.

이것은 중국인들이 보기에는 기적과 같은 일이었습니다. 왜냐하면 중국인들은 원에 의해 국맥이 끊어진 지 정확히 97년 만에, 그리고 청에 의해 나라의 숨통이 끊어진 지 296년 만에 한족 나라가 회복된 것에 비하여 너무나도 그 기간이 짧았기 때문입니다.

한때 그렇게도 막강했던 금, 요, 거란, 돌궐, 원, 청 등을 세웠던 민족들은 지금은 한족문화에 흡수 동화되어 흔적도 없이 사라져 버렸습니다."

"그 이유가 무엇입니까?"

"그 민족의 혼에 해당되는 역사와 문화가 다른 나라 역사와 문화에 흡수 동화될 정도로 취약했기 때문입니다. 이스라엘 민족이 2천 년 동안 세계에 흩어져 살면서 언어마저 잊어버렸지만 끝내 살아남아 다시 나라를 세울 수 있었던 것은 바로 그 민족의 역사를 보존할 수 있었기 때문입니다.

중국의 언어학자들은 중국이 어려운 표의문자인 한자를 쓰기 때문에 문맹 퇴치가 어려운 것을 감안하여 1920년경 중국어의 표현 수단으로 표음문자를 채택할 것을 논의한 일이 있었습니다. 두 가지 표음문자 즉 한글과 서양 알파벳이 토의 대상에 올랐습니다.

한글은 그때에도 세계 언어학자들 사이에 가장 과학적이고 쓰기에 편리한 우수한 표음문자로 인정받고 있었습니다. 일부 실용성을 중시하는 언어학자들이 한글을 중국어의 표현 수단으로 쓸 것을 주장했습니다만 다수의 학자들이 그 타당성은 인정하면서도 한글은 이미 망해 버린 나라의 글자인데 체면상 어떻게 우리가 그것을 쓸 수 있겠느냐는 다수 의견에 따라 한글 대신 알파벳을 채택했다고 합니다.

이처럼 중국인들은 한국이 35년 만에 부활하리라고는 생각지 못했습니다. 거란족, 돌궐족, 만주족처럼 다시는 나라를 가질 수 있으리라고는 생각지 못했던 것입니다. 그러나 그런 발상 자체가 잘못이라는 것이 드러났습니다.

그런데도 불구하고 그들은 대륙의 중원에 배달족의 나라가 있었다는 흔적조차 말끔하게 지워 버리려고 지금도 동북공정을 추진하느라고 혈안이 되어 있습니다. 바로 이런 이유로 요즘 그들은 자국인의 교육용으로 압록강 대안에 지안박물관을 짓고는 수, 당을 패퇴시킨 역사는 일언반구도 없이 고구려가 한당고국漢唐古國이라고 쓴 간판만을 걸어 놓았을 뿐입니다. 마치 고구려가 한, 당의 속국이나 되는 듯이 말입니다."

"비록 소설 형식을 빌리는 『삼국지』, 『수호지』, 『열국지』 같은 것을 읽어 보면 이들 소설 주인공들의 활동 무대는 우리 민족이 9100년 동안이나 국가를 경영했던 중원으로 되어 있습니다. 그건 어떻게 된 겁니까?"

"그 작품들은 명대부터 유행했다고 합니다. 그렇다면 그때부터 한족들은 그들 나름으로 지금의 동북공정과 같은 역사 날조 작업을 소설을 통하여 시작했다고 보아야 할 것입니다. 다만 우리가 조심해야 할 것은 우리 자신들이 바른 역사를 모르니까 그 소설에 나오는 대로 그 활동 무대가 원래부터 한족들의 땅이라고 보는 것은 역사에 대한 무지 때문입니다.

그런 무지가 계속되는 한 우리의 혼은 한족에게 침해를 당하는 것입니다. 그런 침해를 당하지 않으려면 그러한 소설을 읽되 무엇이 틀렸다는 것을 바르게 아는 것입니다. 다시 말해서 역사를 바르게 알아야 한다는 겁니다."

「고구려본기」 후기

　다음은 『삼국사기』 중 「고구려본기」의 후반부를 재야 사학자 마윤일 씨가 해설한 것으로, 고구려 16대 고국원제부터 26대 영양제에 이르는 시기의 이야기가 주류다. 그때 고구려는 동북아시아 초대강국으로서 중원 대륙을 어떻게 석권했는가를 잘 보여 준다.

- 편집자 주 -

마윤일 역주

제16대 고국원제

　13년(342) 7월 제는 평양의 동황성으로 옮겼다. 성은 지금의 서경(서안) 동쪽의 목멱산 속에 있다. 동진에 사신을 보냈다.

　15년(344) 연왕 모용황이 모용각을 시켜 우리의 남소성을 쳤다.

　19년(348) 제는 전 동이호군 송황을 연에 돌려보내니 연왕 모용준은 그를 사면하여 이름을 송활로 고쳐 중위 벼슬에 임명하였다.

　25년 왕자 구부를 책립하여 왕태자로 삼았다.

39년(368) 9월에 제는 군사 2만을 이끌고 백제를 정벌하여 치양에서 싸우다 패하였다.

40년 진秦(전진: 351~394)의 왕맹이 연을 쳐부수니 연의 태부 모용평이 우리에게 도망쳐 왔다. 그를 잡아 진에 보냈다.

41년 10월 백제 근초고왕이 군사 3만을 이끌고 평양성을 치니 제는 군사를 내어 막다가 유시에 맞아 이달 23일에 돌아갔다. 고국원에 장사하였다.

제17대 소수림제, 재위 14년

원년 휘는 구부니 고국원제의 아들이다.

2년 6월 전진왕 부견이 사절과 부도(승) 순도를 보내어 불상과 경문을 전하였다. 태학을 세우고 자제를 교육하였다.

3년 율령을 반포하다.

4년 승려 아도가 왔다.

5년 2월 처음으로 초문사를 창설하여 순도를 머물게 하고, 또 이불란사를 개창하여 아도를 두니 이것이 해동 불법의 시초였다. 7월 백제의 수곡성을 침공하였다.

6년 백제의 북경을 침범하였다.

- 이때 고구려와 백제의 국경선은 대륙의 한수와 양자강이었다. 대륙의 중심 중원 땅을 적시며 흘러가는 한수는 무한시에서 양자강으로 합쳐진다. 이 합쳐지는 부근이 홍수가 많이 나는 지역으로 홍주라 불리우는데, 고려시대에는 운주도 단련사를 두었고 백제 시대의 혜군이었던 혜성군과 백제의 임존성이었던 대흥군이 여기에 있다. -

7년 10월에 눈이 오지 않고 때아닌 우뢰가 있었으며 역질이 성하였다. 백제가 군사 3만을 이끌고 평양성을 침범하였다. 11월에 남으로 백제를 치고 사신을 부진(부견의 전진)에게 보내었다.

8년 가뭄이 있어 백성이 굶주려 서로 잡아먹을 지경이었다. 9월에 거란이 북변을 침범하여 8개 부락이 함락되었다.

14년 제가 돌아가니 소수림에 장사하다.

제18대 고국양제

휘는 이련으로 소수림제의 아우이다.

2년 6월 제는 군사 4만 명을 내어 요동을 습격하였다. 후연왕 모용수는 대방왕 모용좌로 하여금 용성(조양)으로 진군하여 수비를 맡겼는데, 모용좌는 우리 군사가 요동을 습격하자 사마 학경을 시켜 요동을 구원하게 하였다. 고구려군은 이를 격파하고 드디어 요동과 현도를 함락하고 남녀 1만을 사로잡아 돌아왔다.

11월에 후연황 모용수의 아들 모용농이 군사를 이끌고 침범하여 요동, 현도 2군을 회복해 갔다. 처음에 유주, 기주의 유민이 고구려에 많이 항복하므로 농은 범양의 방연으로 하여금 요동 태수를 삼아 유민을 위무하였다.

3년 정월에 왕자 담덕을 태자로 삼았다. 8월에 군사를 일으켜 남으로 백제를 침범하였다.

7년 9월 백제가 달솔 진가모를 보내어 도압성을 쳐부수고 200명을 사로잡아 갔다.

9년 봄에 사신을 신라에 보내어 수호하니 신라왕이 조카 실성을 보내어 볼모를 삼았다. 5월 왕이 돌아가니 고국양에 장사하다.

제19대 광개토경호태황, 재위 23년(연호는 영락)

영락永樂 원년(391) 휘는 담덕으로 나이 18세에 광명전에서 등극하였다.

2년 7월에 태황제는 남으로 백제를 쳐서 10성을 빼앗았다. 9월에 북으로 거란을 쳐서 남녀 500명을 사로잡고, 또 본국의 함몰민구 1만 명을 불러서

권유하여 이끌고 돌아왔다. 10월에 백제의 관미성을 쳐서 함락시켰다. 그 성은 사면이 초절하고 바다로 둘려싸여 있으므로 제는 일곱 길로 나누어 공격하여 20일 만에 함락하였다.

3년 8월에 백제가 남변을 침입하였다.

4년 7월에 백제가 침범해와 제가 친히 정병 5천을 거느리고 맞서 무너뜨리니 남은 적은 밤중에 달아났다. 8월에 남쪽에 일곱 성을 쌓았다.

5년 8월 패수에서 백제와 싸워 크게 대패시키고 8천 명을 사로잡았다.

영락 10년(400) 3가라가 모두 고구려에 속하게 되었다. 정월에 제가 후연에 사신을 보냈다.

- 후연은 북경 지방의 연, 기 땅을 차지하고 있던 전연이 전진(351~394)을 세운 부견에게 수도인 업을 빼앗기고 북만주로 쫓겨갔던 모용수 일당이 부견이 동진을 공격하다 치명적 패배를 당한 후 반란을 일으키고 세운 것으로, 수도는 하북성 중산이다. 후에 용성으로 천도했다가 탁발규가 세운 북위에 멸망한다(384~407). 하루살이 왕조이다. 북위는 396년 건국하여 528년 동위, 서위, 북제, 남제로 쪼개지기까지 고구려의 제후국으로 연명하는 왕조로 산서성 태원을 본거지로 고구려 고씨가 왕으로 등극하기도 한다.(북연왕 고운) -

2월에 연왕 모용성이 군사 3만을 이끌고 침범하였는데 표기대장군 모용희로 선봉을 삼아 신성, 남소의 두성을 함락하여 700여 리를 개척하고 5천호를 옮겨 놓고 돌아갔다.

12년 대제는 군사를 보내어 후연의 숙군성(현 북경 부근 용성 동북)을 치니 후연의 평주자사 모용귀는 성을 버리고 달아났다.

14년 11월 군사를 내어 후연을 공략하였다.

15년 정월 후연왕 모용희가 요동을 공격하였는데, 희가 거만하게 구는 것을 보고 방비를 엄하게 하자 마침내 이기지 못하고 돌아갔다.

16년 12월 연왕 희가 거란을 습격하여 형북에 이르렀는데, 거란의 무리가 많음을 꺼리어 돌아가려 하다가 갑자기 치중병을 버리고 경병으로 고구려를 습격하였다. 연군은 3천 리를 행군하여 병사와 말이 피로하고 추위에 얼어 죽은 자가 길에 즐비하였고, 우리의 목저성을 치다가 이기지 못하고 돌아갔다. (후연의 멸망.)

17년 2월 궁궐을 증수하였다.

18년 3월 북연에 사신을 보내어 종족의 예를 베푸니 북연왕 고운도 시어사 이발을 보내어 답례하였다. 고운의 조부는 고화로 고양씨의 후예라 하여 고씨를 자처하였는데 모용보가 태자로 있을 때 운은 무예로 동궁을 시측하였는데 보가 운을 아들로 삼아 모용씨를 사성하였다.

19년 4월 태자 거련을 책립하여 태자를 삼았다. 7월에 나라의 동쪽에 독산성 등 여섯 성을 쌓고 평양의 민호를 옮겼다. 8월에 열제는 남순을 하였다.

- 여기서 남순은 남쪽 지방의 여러 제후들을 둘러보는 것을 의미한다. 이때 백제, 신라, 가락의 여러 나라가 모두 조공을 끊임없이 바쳤고 거란, 평량도 모두 평정 굴복시켰다. 임나, 이외의 무리들은 신하로서 따르지 않은 자가 없었다.

여기서 평량은 지금도 감숙성 평량으로 지도에 표기되어 있는 곳으로 현재 중국군 서북부 군단 사령부가 있는 곳인데『고려사』「지리지」에 의하면 고구려의 평원군으로 통일신라 때는 문무왕이 이곳에 북원소경을 설치하였고, 고려 태조는 원주로 이름을 고쳤으며 정원도호부, 익흥도호부 또는 성안부로 되었고, 이 주 내에 치악산이 있으며 평량경 또는 평량이라고 부른다라고 기록되어 있다.

이 주에 속한 군, 현에 영월, 제주, 평창, 단산, 영춘, 주천, 황려현 등이 있는데 이중 주천은 지금 서북부 돈황 지방의 현재 지명으로 역시 대륙의 지도에 기록되어 있는데 우주로켓 발사기지가 있는 곳이다.

위의 지도 갈색 부분이 감숙성인데 의주라고 동그라미 친 도시 난주 동남쪽에 평량平凉이란 도시가 보이고, 북서쪽 끝에 돈황이 있는 곳의 지명이 주천酒泉이라고 나와 있다. 또한 이곳 감숙성 난주 위에 정원이라는 지명이 뚜렷하다. 바로 『고려사』 「지리지」의 정원도호부가 있던 자리임을 입증하여 주고 있다. 또 이곳의 지명에는 회령, 정령, 중령 등의 지명이 이곳을 『고려사』 「지리지」의 안북 대도호부 영주이며 현 대륙의 영하회족자치구가 되어 있는 곳이다.

이곳에는 또한 고랑皐浪이라는 도시가 있다. 옛 낙랑이였던 곳이다. 이곳이 원주이고 평량이다. -

영락 23년 10월 열제께서 돌아가셨다.

제20대 장수홍제호태열제

연호를 건흥이라고 바꿨다. 제의 휘는 거련으로 광개토대제의 원자이니 모습이 괴걸하고 지기가 호매하였다.

건흥 원년 제는 장사 고익을 동진에 보내어 국서를 보내고 자백마를 선물하였다.

- 인의로써 나라를 다스려서 강역을 널리 넓혔다. 이에 웅진강 이북이 모두 고구려에 속하게 되어 북연, 실위의 여러 나라들이 족속의 서열에 들어오게 되었다. 또 신라 매금, 백제 어하라와 남쪽 평양에서 만나 납공과 수비 군사의 수를 정했다. 여기에서 웅진강이란 지금의 양자강을 말한다. -

건흥 15년(428) 평양으로 천도하였다.

- 고구려가 평양으로 도읍을 옮긴 것은 서기 250년 동천제 때로 위의 유주자사 관구검의 공격으로 환도성이 폐허가 되어 다시 도읍할 수 없었으므로 평양성을 쌓고 백성과 종묘사직을 옮겼다. 고국원제 4년(343) 평양성을 증축하였고, 12년 환도성의 수즙이 끝나고 또 국내성을 쌓았다. 8월에 환도

성으로 옮겼다. 10월에 연왕 황이 정병 4만을 이끌고 쳐들어와 미천왕릉을 발굴하고, 궁실을 불지르고 환도성을 헐어 버리고 돌아갔다. 고국원왕은 다시 평양의 동황성으로 이거하니 성은 지금 서경의 동쪽 목멱산 속에 있다는 등의 기록이 『삼국사기』에 나와 있다. -

건흥 23년 후위가 자주 북연을 공격하니 북연의 국세가 날로 위급하였다. 북연왕 풍홍은 일이 급해지면 고구려에 의지하여 후일을 도모하리라 하였다.

건흥 24년 4월 후위가 북연의 백랑성을 공격하여 이기니 열제는 장수 갈로, 맹광으로 하여금 군중 수만을 이끌고 화룡(조양)에 이르러 연왕을 맞게 하였다. 5월에 연왕이 용성의 호구를 이끌고 고구려로 옮기면서 궁전에 불을 지르니 10일 동안 꺼지지 않았다.

- 위왕은 고구려에 연왕을 압송하라 하였으나 고구려는 듣지 않았다. 위주는 고구려를 칠 것을 의논하고, 장차 농우(지금의 감숙성)의 기병을 일으키려다가 후환이 두려워 그만두었다. -

건흥 26년 3월 처음 북연왕 풍홍이 요동에 왔을 때 그를 위로해 다정히 하였으나 풍홍은 자격지심에 거드름을 떨었다. 열제는 홍의 시인을 빼앗고 태자 왕인을 인질로 삼으니 홍은 원망하여 송나라에 망명을 원하였다.

- 송태조 유유는 사자 왕백구를 보내어 군사 7천을 이끌고 왔으나 고구려는 연왕 홍을 괘씸히 여겨 북풍에서 그를 죽이고 자손들까지 없앴다. 이때 송과 고구려의 관계를 보면 동진이 멸망하고 이름도 가문도 없던 하급 무사였다는 유유가 송태조가 된다(420). 또 이 송나라가 멸망하고 하급 관리 출신인 소도성이 제나라를 건국하고 479~502년까지 7명의 소씨 황제가 등장한다. 그다음은 양나라(502~557)와 마지막 진나라(557~589)였다. 이들 하루살이 왕조들이 다 황제국이라고 할 수 있는지 의심스럽다. -

건흥 63년(474) 9월 열제께서 군사 3만을 이끌고 백제를 침입, 백제왕의 수도인 한성을 함락하고 제왕 부여경을 죽이고 남녀 3천을 사로잡아 돌아왔다.

- 이 시기 대륙의 5호 16국 시대에 대륙의 지배자는 고구려와 백제였다. -

제21대 문자호태열제

명치라고 개원하였다. 열제의 휘는 나운이며 장수홍제호태열제의 손자다. 아버지는 고추대가 조다이니, 조다가 일찍 죽으니 장수제가 그를 길러 대손을 삼았다.

명치 3년 2월 부여왕과 그 처자가 나라를 들어 항복하였다.

- 위에 장수제 건흥 24년의 기록에 북연의 백랑성이 나오는데 『한단고기』 「가섭원부여기」의 기록에는 가섭원부여의 마지막 왕 대소가 학반령에서 고구려 장수 괴유에게 살해당하고 왕의 친척 동생이 옛 도읍의 백성을 이끌고 고구려에 투항하니 고구려는 그를 왕으로 봉하여 연나부에 안치하였다. 그의 등에 띠와 같은 무늬가 있어 낙씨 성을 하사하였는데 뒤에 차츰 자립하여 개원 서북으로부터 옮겨가 백랑곡에 이르니 바로 연나라 땅에 가까운 곳이었다. 문자열제 명치 갑술(494)에 이르러 나라를 들어 연나부에 편입하니 낙씨는 마침내 제사조차 끊겼다.

위의 기록을 볼 때 연나라가 있던 지금의 북경 지방이 고구려의 연나부인 것을 알 수 있다. 그리고 북연은 고구려 연나부였던 연나라 땅에 있었던, 즉 지금의 북경 유역에 있던 나라였다. -

명치 4년 7월 열제께서 남으로 순수하여 바다를 망제하고 돌아왔다.

명치 21년 백제를 쳐 가불加弗, 원산圓山 두 곳의 성을 함락하고 남녀 천여 명을 노획했다.

- 제, 노, 오, 월의 땅은 고구려에 속했다. 이에 이르러 나라의 강토는 더욱더 커졌다. 이제 강남의 양자강 하구 쪽의 동진, 송, 제, 양, 진이 있었던 곳이 고구려의 판도가 되었다. -

제22대 안장제 (재위 13년)

휘는 흥안이요, 문자제의 장남이다.

양 고조가 사자 강주성을 보냈는데 위병이 바다 가운데에서 그를 잡아 낙양으로 보냈다.

11년 백제와 오곡성에서 싸워 이기고 적 2천을 죽였다.

제23대 안원제 (재위 15년)

휘는 보연이며 안장제의 제이다.

4년 동위에 조공하였다.

5년 양나라에 조공하였다.

10년 백제가 우산성을 에워싸므로 제는 정기 5천을 보내어 쳐 쫓았다.

제24대 양강상호태열제 (재위 15년)

휘는 평성이니 안원제의 장자이다.

3년(545) 7월에 백암성을 개축하고, 신성을 수리하였다.

- 고구려 "태조대왕 융무 3년 요서에 10성을 쌓아 한의 10성에 대비하였다"고 하였고 또 5년 봄 정월엔 백암성과 용도성을 쌓았다고 했는데, 이제 500년 만에 백암성을 개축하였다는 기사이다. 이곳 백암성은 지금 황하의 상류 영하회족자치구에 있는 석각산시가 되었다. 이곳에 만리장성이 시작되었다는 갈석산이 있는데 지금은 하란산으로 이름이 바뀌었다. -

4년 정월에 동예의 병사 6천을 이끌고 백제 독산성을 쳤으나 신라 장군 주진이 백제를 구원하므로 이기지 못하고 물러났다.

6년 정월에 백제가 침범하여 도살성이 함락하였다. 3월에 백제의 금현성을 공격하니 신라가 그 틈을 타 두 성을 취하였다. 6월에 북제에 조공을 하였다.

- 북제는 고양이 왕위에 올랐으니 고구려의 속국임을 자처했다. 북위 (386~534)가 멸망하고 동위(534~550), 서위(535~556), 북제(550~577), 북주 (557~581) 등으로 고구려의 제후국들의 열병식이 한창이다. -

7년 9월 돌궐병이 와서 신성을 에워쌌다가 이기지 못하고 백암성으로 옮겨 공격하므로 열제는 장군 고흘을 시켜 군사 1만을 이끌고 대항하게 하여 적을 이기고 천여 명을 포획하였다.

- 이때 돌궐은 정령의 부류로 금산 알타이산맥에 있던 것으로 그 추장 토문 때의 일이다. 이때 토문이 독립하여 이리가한이라고 칭하고 있었다. 신강 위구르의 우랄알타이산맥에 있던 돌궐이 지금 감숙성에 있던 신성을 공략한 것이다. 지도상의 감숙성이 돌궐이 주천 단산을 지나 평량으로 쳐들어온 것이다. 이 평량이란 지명 아래에 농서란 지명이 있다. 이곳에 신성이 있었다.

(감숙성 실크로드의 길을 따라서) 신라군이 내침하여 10성을 공취하였다.

- 신라 명장 「거칠부전」에 의하면 죽령 이외 고현 이내의 10성이라고 했다. 이 두 기사에 의하면 신라가 공취한 죽령의 땅은 감숙성을 말하는데 돌궐의 공격 루트와 같다. 신라=돌궐의 공식이 성립되는 것이다. -

8년 장안성을 시축하였다.

- 이 장안성이 평양성인데 지금도 대륙의 지도에 서안 옆에 장안이란 도시가 있다. 저 위의 섬서성 지도를 들여다보라! 서안이라고 표기된 곳 바로 아래에 장안長安이라고 표기되어 있는 것이 현재의 중국 지도이다. -

10년 겨울 백제의 웅천성을 치다가 이기지 못하였다.

- 백제의 웅천은 공주로 백제 문주왕 때 한성으로부터 이곳으로 수도를 옮기었고 성왕에 이르러 다시 남부여로 수도를 옮겼다. 신라 신문왕이 웅천 주로 고쳐 도독을 두었고, 고려 태조 23년 공주로 고치고 성종 2년 처음으로 전국에 12개의 목을 설치할 때 그중 하나로 14년 12개 주에 절도사를 두면서 본 공주는 안절군이라 하여 하남도에 소속시켰다. 계룡산과 웅진연소

(상류는 금강이다)가 있고 회도라고도 부른다. (『고려사』「지리지」) -

제25대 평강상호태열제 (재위 32년)

대덕으로 개원하였다. 제의 휘호는 양성이요 양강상호태열제의 장자이다. 담력이 있고 말을 타고 활 쏘는 것을 잘하였으니, 곧 주몽의 풍이 있었다.

18년 병신(577) 제는 대장 온달을 보내 갈석산과 배찰산을 토벌하고 추격하여 유림관에 이르러 북주를 크게 격파하니 유림진 동쪽이 모두 평정되었다. 유림은 지금 산서성의 경계이다.

19년 사신을 북주에 보냈다.

23년 12월 사신을 수에 보냈다.

27년 12월 진에 조공하였다.

28년에 장안성으로 도읍을 옮겼다.

- 고구려의 장안성과 유림진이 있는 곳을 지도에서 참조하기 바란다. 대륙의 중심 황하와 양자강 사이에 고구려의 도읍지 장안성이 있다. 유림관이야말로 고구려의 수도 장안을 지키는 북방의 중요한 관문이다. -

32년 진이 수나라에게 멸망하였다.

제26대 영양무원호태열제 (재위 29년)

홍무라고 개원하였다. 휘는 원(또는 대원)이요, 평강상호태열제의 장자이다. 풍신이 준수하고 제세안민을 자임하였다.

- 천하가 크게 다스려지고 나라는 부하고 백성은 은성했다. 이보다 앞서 백제는 병력을 파견하여 제나라, 노나라, 오나라, 월나라 등지를 평정한 후 관서를 설치하고 호적을 정리하고, 왕위와 작위를 분봉하여 험난한 요새에 군대를 주둔시키고, 정벌한 곳에 세금을 고르게 부과하여 모든 것을 내지에 준하게 하였다.

그 후 문자호태열제 명치 연간에 백제의 군정이 쇠퇴하고 진흥치 못함에 권익의 집행이 고구려의 관리하에 놓이게 되었다. 성읍을 구획 짓고 문무의 관리를 두었는데 수나라가 또 군대를 일으켜 난리가 났다.

남북이 소요하여 사방이 온통 시끄러워지니 해독은 백성에 미치게 된지라, 열제는 몹시 화를 내어 삼가 하늘의 뜻을 행하여 이들을 토벌하니, 사해에 그 명령을 따르지 않는 자가 없게 되었다. 그런데 수나라왕 양견이 은밀하게 모반의 뜻을 품고 감히 복수의 군대를 내어 몰래 위충 총관을 파견하여 공명을 위해 관가를 부수고 읍락에 불을 지르고 노략질을 하였다. 이에 제는 곧장 장병을 보내 적의 괴수 위충을 사로잡아 죽이니, 산동 지방은 이에 다시 평정되고 해역은 조용해졌다.

이 기사에서 대륙의 고구려와 백제의 영토가 어디였는가가 명백히 드러난다. 즉 수나라는 내몽고와 한반도 북부 지방에 있었던 선비족으로 지금의 북경인 요동을 차지하려 하였으며 호시탐탐 산동 지방으로 영향력을 확대하려 하였으나 그 지방 즉 제, 노, 오, 월나라가 있던 지역은 원래 백제가 차지하고 있다가 백제의 군정이 쇠퇴하자 고구려의 영역이 되었고, 수나라와 고구려의 전쟁 중 백제는 한때 수나라의 향도가 되려 한 이유가 이 지역이 원래 백제의 영토이었던 까닭이다. -

홍무 9년(598) 이 해에 양견은 또 양량, 왕세적 등 30만을 파견하여 싸우도록 했으나 겨우 정주를 출발하여 아직 요택에 이르지도 못하였을 때 물난리를 만나서 식량은 떨어져 배고픔은 심하고 전염병마저 크게 돌았다. 주라후는 병력을 모아 등주에서 웅거하여 전함 수백 척을 징집하여 동래로부터 배를 띄워 평양으로 향하게 하였는데 고구려가 이를 알아차리고는 후군으로 이를 방어하도록 내보냈는데, 갑자기 큰바람이 일어나서 전군이 물에 떠다니는 판에 백제가 수나라에 청하여 군의 향도가 되려 하다가 고구려의 타이름을 받아 실행에 옮기지 않았다.

- 수나라 양광은 본래 선비의 유종족인바 중원을 향한 욕심에 상국(고구려)을 업신여기고 자주 대병을 일으켰으나, 고구려는 이미 대비가 있어 한 번도 패한 적이 없었다. -

홍무 23년 수군 130여만 명은 바다와 산으로 나란히 공격해 왔다.

- 을지문덕은 고구려국 석다산 사람이다. 일찍이 입산수도하여 꿈에 천신을 보고 크게 깨닫다. 3월 16일이면 마리산으로 달려가 공물하며 경배하고 돌아오고, 10월 3일이면 백두산에 올라가 제천했다. 제천은 곧 신시의 옛 풍속이다. 을지문덕은 능히 기이한 계책으로 군대를 이끌고 나아가서 이를 초격하고 추격하여 살수에 이르러 마침내 이를 대파하였다.

수나라 군사는 수륙 양군이 무너져 살아서 요동성까지 돌아간 자가 겨우 2천7백 인이었다. 양광은 사신을 보내 화해를 구걸했으나 문덕은 듣지 않고 영양제도 또한 엄명하여 이를 추격케 하였다. 문덕은 제장과 더불어 승승장구하여 똑바로 몰아붙여 한쪽은 현토도로부터 태원까지 추격하고 한쪽은 낙랑도로부터 유주에 이르렀다. 그 주군에 쳐들어가 이를 다스리고 그 백성들을 불러다가 이를 안무하였다. 여기에 건안, 건창, 백암, 창려의 제진은 안시에 속하고, 창평(북경 북쪽 옛 양평), 탁성, 신창, 통도의 제진은 여기에 속하고, 고노, 평곡, 조양, 누성, 사구을은 상곡에 속하고, 화룡, 분주, 환주, 풍성, 압록은 임황에 속했다. 모두 옛처럼 관리를 두고 다스렸다. 이에 이르러 강병 백만으로 강토는 더욱더 커졌다.

양광은 임신(612년)의 오랑캐라고 한다. 출사가 성대하기로는 예전에는 그 예가 없었다. 그런데 조의 20만 인을 가지고 모조리 그 군을 멸망시켰는데 이는 을지문덕 장군 한 사람의 힘이 아니겠는가? 을지공과 같은 분은 곧 만고에 세상의 흐름을 만드는 한 성걸이다. -

홍무 25년(614) 양광은 또다시 동쪽으로 침략해 와서 먼저 장병을 보내 비사성을 여러 겹 포위케 하였다.

여기에서 비사성은 어디인가? 고구려 장안성 남서쪽의 상락군이다. 즉 황하를 거슬러 오다가 낙양성에서는 낙수를 거슬러 오르게 되는데 이 상류를 상락이라고 부른다. 하남이란 지명이 황하의 남쪽 지방이란 뜻이고, 상락上洛이란 지명은 낙수의 상류라는 지명이며 이 상락이 상주가 되며 원래는 사벌국沙伐國이란 나라가 있었고, 고구려의 비사성이 된다. 후에 신라의 상주商州가 된다. 지도에 상주라는 지명이 뚜렷하다.

고구려 관병은 싸웠으나 승리하지 못하니 바야흐로 평양성을 습격하려 했다. 제께서는 이를 듣고 완병술을 쓰려 했다. 계략을 꾸며 곡사정을 보냈다. 때마침 조의 가운데 일인이라는 자가 있어 자원하여 따라가기를 청한 끝에 함께 표를 양광에게 바쳤다. 양광이 배에서 표를 손에 들고 읽는데 절반도 채 읽기도 전에 갑자기 소매 속에서 작은 활을 꺼내 쏘아 그의 뇌를 맞혔다. 양광은 놀라 자빠지고 실신했다. 우상 양명은 서둘러 양광을 업게 하여 작은 배로 갈아타고 후퇴하여 회원진에 명을 내려 병력을 철수시키도록 하였다.

보장제 개화 4년(645)의 일이다. 고려 중기의 명신 유공권의 소설에서. "육군大軍은 고구려의 조롱거리가 되고 거의 떨쳐 일어날 기미도 보이질 않았다. 척후병이 영공의 군기는 흑색 깃발로 에워싸였다고 보고하니 세민은 크게 놀랐다. 종내 저 혼자 탈출했다 해도 위험은 이와 같았다"라고 하였으니, 『신·구당서』와 사마공의 『통감』은 부끄러워 이를 감추고 역사에 기록하지 않았으니 나라의 치욕을 감추려는 졸렬한 처사였다.

이세적은 세민에게 말한다. "건안은 남쪽에 있고 안시는 북에 있습니다. 우리 군대의 양곡은 벌써 요동으로 수송할 길을 잃었습니다. 지금 안시성을 넘어 건안을 습격하는데 만일 고구려가 수송로를 끊으면 군세는 궁하게 될 것입니다. 먼저 안시를 공격함만 같지 않을 것이니 안시가 함락되면 곧 북치고 행군하여 건안을 취할 뿐이옵니다."

안시성의 사람들은 세민의 깃발이 덮어오는 것을 멀리 바라보며 성 위에 올라 북 치고 떠들며 침을 뱉으며 세민을 조롱했다. 그의 죄목을 열거하면서 무리에게 떠들어 댔다. "그대 세민은 아비를 폐하고 형을 죽이고 동생의 아내를 음란하게 받아 들였으니, 그 죄가 크도다."

세민은 몹시 화를 내면서 성을 함락시키는 날에는 성중의 남녀를 가릴 것 없이 모조리 흙구덩이에 생매장하겠다고 했다. 안시성 사람들이 이 말을 듣고 더욱더 굳게 성을 지키니 성을 공격해도 함락되지 않았다.

이때에 장량은 사비성에 있었는데 그를 불러오게 하였으나 채 이르지 못하였고, 이리저리 망설이는 사이 기회를 잃고 말았다. 장량은 막 병력을 이동시켜 오골성을 습격하려 하였으나 도리어 고구려 관병 때문에 패하고 말았다. 이도종도 역시 험악한 곳에 떨어져 떨치지 못하니 당군의 여러 장수들은 의논한 끝에 갈라졌다. 세적만이 홀로 생각하기를, "고구려는 나라를 기울여 안시를 구하려 하니 안시를 버리고 곧바로 평양을 치는 것만 못하다"고 했다.

장손무기는 생각하기를 "천자의 친정은 제장의 정벌과는 달라 요행을 바라고 행동한다는 건 안 될 말이다. 지금 건안 신성의 적의 무리가 수십만이요, 고연수가 이끄는 말갈의 군대도 역시 수십만이다. 국내성의 병력도 오골성을 돌아 낙랑의 여러 길을 차단할 것 같다. 그리된다면 세력은 날로 성해지고 포위당하는 것이 될 것이다. 그러니 우리가 적을 우롱하다가는 후회막급이 될 것이니, 먼저 안시성을 공격하고 다음에 건안을 취하고 그런 후에 천천히 진격하느니만 못하다. 이것이 만전책이다"라고 했다.

이 문제가 채 결론이 나기도 전에 안시 성주 양만춘은 이를 듣고 밤 깊음을 틈타 수백의 정예를 데리고 밧줄을 타고 성을 내려오니 적진은 스스로 서로 밟고 찔러 살상된 수가 수없이 많았다. 세민은 이도종을 시켜 흙산을 안시성의 동남쪽에 쌓게 하였다. 관병은 성의 틈 사이로 출격하여 마침내 토산을 뺏고 참호를 파고 이를 지키니 군세는 더욱더 떨치더라.

　당군의 여러 진은 거의 싸울 힘을 잃으니, 부복애는 패전으로 목 잘려 죽고 도종 이하 모두가 맨발로 나와 죄를 청하였다. 막리지는 수백 기를 이끌고 난파(황하의 상류 난주 유역)를 순시하며 상세하게 정세를 듣더니 사람을 보내 총공격하여 사방을 칠 것을 명하였다.

　연수 등도 말갈병과 합쳐 협공하고 양만춘은 성 위에 올라 싸움을 격려하니, 사기는 더욱 더 떨쳐져서 일당백의 용맹이 없는 자가 없었다. 세민은 이기지 못함을 분하게 여기어 감연히 나서서 싸우려 했다. 양만춘은 이에 한마디 소리지르며 화살을 당겨 반공에 날렸다. 세민은 진에서 나섰다가 왼쪽 눈에 화살을 맞아 말에서 떨어져 버렸다. 세민은 어쩔 줄을 모르고 군사들 틈에 끼어서 도망쳤다. 세적과 도종에게 명하여 보병, 기병 수만을 이끌고 후군이 되도록 하였으나 요택의 진흙길은 군마의 행군을 어렵게 했다. 무기에게 명하여 모든 병사들에게 풀을 베게 하여 길에 깔고 메우게 하고, 물이 깊은 곳은 수레로 다리를 만들게 하니, 세민도 몸소 장작을 말고삐에 연결하여 매고 역사를 도왔다.

　겨울 10월 포오거에 이르러 말을 쉬게 하고 길이 메워지기를 기다렸다가 모든 군사가 발착수를 건너는데 심한 바람과 눈이 몰아쳐 사졸들을 적시니 죽는 자가 많이 나왔다. 이에 불을 길에 지피고 기다렸다. 때에 막리지 연개소문은 승승장구 이들을 심히 급하게 추격했다. 추정국은 적봉에서 하간현에 이르고 양만춘은 곧바로 신성으로 나아가니, 군세는 크게 떨쳐졌다. 당나라 군사는 갑옷과 병기를 마구 버리면서 도망가, 드디어 역수를 건넜다.

　때의 막리지는 연수에게 명하여 통도성을 개축하니 지금의 고려진이다. 또 제군을 나누어서 일군은 요동성을 지키게 하니 지금의 창려이다. 일군은 세민의 뒤를 바짝 쫓게 하고 또 일군은 상곡을 지키게 하니 지금의 대동부이다. 이에 세민은 궁지에 몰려 어찌할 바를 모르고 마침내 사람을 보내 항복을 구걸하게 되니 막리지는 정국, 만춘 등의 수만 기를 이끌고 성대하게 의용을 갖추어 진열한 뒤 선도하게 하여 장안에 입성하여 세민과 약속하였으니 산서성, 하북성, 산동성, 강좌(곧 양자강 북쪽)가 모조리 고구려에 속하게 되었다.

이에 고구려는 백제와 더불어 밖에서 경쟁하는 사이가 되어 함께 요서의 땅에 있게 되었으니, 백제가 영유하던 곳은 요서의 진평이라 했다. 강남에는 월주가 있었다. 그 속현은 산음, 산월, 좌월이 있었다. 문자제 명치 11년 11월에 이르러 월주를 공격하여 취하고 서군현을 고쳐 송강, 회계, 오월, 좌월, 산월, 천주라 했다. 12년 신라의 백성을 천주로 옮기고 이로써 알맹이를 삼았다. 이 해에 백제가 조공을 바치지 않음으로 병력을 파견하여 공격하여 요서의 진평 등의 군을 취하고 백제군을 폐했다.

고려진은 북경의 안정문 밖 60리 되는 곳에 있고, 안시성은 개평부의 동쪽 70리 되는 곳에 있다. 지금의 탕지보이다. 고려성은 하간현의 서북 12리에 있다. 모두 태조무열제 때 쌓은 것이다.

「삼한비기」에서 말한다. "옛 책에선 '요서에 창요현이 있다'고 했는데 당나라 때 요주라 개명했다. 남쪽에 갈석산이 있고 그 밑은 곧 백암성이다. 역시 당나라 때의 소위 암주가 그것이다. 건안성은 당산의 경내에 있다. 그 서남을 개평이라 한다. 일명 개평이요, 당나라 때에는 개주라 한 곳이 이것이다."

『자치통감』에 말하기를 "현도군은 유성과 노룡 사이에 있다. 『한서』의 마수산은 유성의 서남쪽에 있다. 당나라 때 토성을 쌓다"라고 했다. -

186

발해와 통일신라

다음은 통일신라와 「대진국본기」에서 두 제국이 대륙을 양분한 모습을 보자.

대조영, (AD 698) 국호를 정하여 대진이라 하고 연호를 천통이라 하고 고구려의 옛 땅을 차지하니, 땅은 6,000리가 개척되었다.

천통 21년(718) 봄 대안전에서 돌아가시니 묘호를 태조라 하고 시호를 성무고황제라 하다. 태자 무예가 즉위하다. 개원하여 인안이라 하고 서쪽으로 거란과 경계를 정하니 오주목의 동쪽 10리에서 황수를 굽어본다. 이 해 개마, 구다, 흑수의 여러 나라가 모두 신하가 될 것을 청하며 공물을 바쳤다. 또 대장 장문휴를 보내 자사 위준을 죽이고, 등주와 동래를 취하여 성읍으로 삼다. 당나라 왕 융기가 노하여 병사를 보냈으나 이기지 못했다.

이듬해 수비 장수 연충린이 말갈병과 함께 요서의 대산의 남쪽에서 크게 당나라 군사를 격파하였다. 당나라는 비밀히 신라와 약속하여 동남의 여러 군과 읍을 급습하여 천정군에 이르다. 제는 조서를 내려 보병과 기병 2만을 보내 이를 격파하다. 이때 큰 눈으로 신라와 당의 군사는 동사자가 아주 많았다. 이에 추격하여 하서의 이하에 이르러 국계를 정하니, 지금 강릉의 북이하가 그것이다. 해주 암연현은 동쪽으로 신라와 접했는데 암연은 지금의 옹진이다. 이로부터 신라는 해마다 입공하고 임진강 이북의 제성은 모조리 발해에 속하였다. 다시 이듬해 당나라는 신라와 연합하여 침입하였으나 결국은 아무 공도 없이 물러났다.

여기서 천정군에 대한 『고려사』「지리지」의 기록을 살펴보자. 『고려사』「지리지」에는 천정군에 관한 기록이 두 번 나온다. 첫 번째는 남경 유수관 양주의 소속 군, 현에 대한 설명에서 본 주에 소속된 군이 3개, 현이 6개 있으며 관할하에 도호부가 1개, 지사군이 2개 현령관이 1개가 있다.

교하군交河郡은 원래 고구려의 천정구현泉井口縣(굴화군 또는 어을매곳이라고도 한다)인데 신라 경덕왕이 교하군으로 고쳤다. 현종 2년 양주의 소속이 되었는바 선성宣城이라고도 부른다. 오도성烏島城(한수와 임진강 하류가 이곳에서 합류된다), 낙하나루落河渡(이 현의 북쪽에) 있다.

두 번째의 기록은 동계東界는 고려의 5도 양계의 하나인데 이 동계의 관할 하에는 도호부가 1개, 방어군이 9개, 진이 10개, 현이 25개가 있었다가 예종 때 대도호부 1개, 방어군 4개, 진 6개를 추가로 설치하였다. 공민왕 이후에는 부 2개를 설치하였다. 이에 소속된 안변도호부 등주는 원래 고구려의 비렬홀比列忽군(천성淺城군이라고도 한다)인데, 신라 진흥왕 17년에 비렬주로 만들고 군주를 두었다. 경덕왕은 삭정군으로 고쳤고, 고려 초에 등주라고 불렀으며 성종 14년에 단련사를 두었다. 삭방朔方이라고도 부른다. 이 주에 소속된 현이 7개가 있으며 관할하에 방어군이 9개, 진이 10개(사使가 3개, 장將이 7개 있다), 현령관이 8개 있다.

의주宜州는 원래 고구려의 천정泉井군(어을매라고도 한다)인데 신라 문무왕 21년에 이곳을 빼앗아 정천군으로 만들었다. 고려 초에 용주라고 불렀고 성종 14년에 방어사를 두었다가 후에 의주로 고쳤으며 예종 3년에 성을 쌓는바 동모東牟(성종 때 정한 명칭) 또는 의춘宜春, 의성宜城이라고도 부른다. 이 주에 요해처로서 철관鐵關이 있고, 섬으로는 죽도가 있다.

이 의성宜城과 선성宣城이 문자가 비슷하며, 천정泉井군(어을매라고도 한다)

으로 동일한 곳임을 알 수 있다. 이곳이 어디일까? 대륙의 하남성이다. 이곳 한수 유역에 건설된 도시가 백제의 수도 한성이다. 본래는 고구려의 북한산 군인데 백제의 근초고왕이 빼앗아 서기 370년 남한산으로부터 이곳으로 수도를 옮겼다.

105년이 지난 후 개로왕 20년(474)에 고구려 장수왕이 군사를 거느리고 한성을 포위하니 개로왕이 성을 벗어나 달아나다가 고구려 군사에게 살해당하였으며 이 해에 개로왕의 아들 문주왕이 수도를 웅진으로 옮겼다.

그 후 신라 진흥왕 15년(554)에 북한산군이 신라의 영토가 되었고 경덕왕 14년(755)에 9주 5소경으로 개편할 때 한양군이 되었다. 고려 초 다시 양주로 고쳤으며 성종 14년 처음으로 전국을 10개 도로 정하고 12개 주에 절도사를 두면서 양주를 좌신책군으로 불러 해주와 함께 좌, 우 2보로 삼아서 관내도에 소속시켰다. 문종 21년 남경 유수관 양주로 승격되었고, 충렬왕 34년 한양부로 고쳤는데 광릉이라고도 부른다.

삼각산, 한수漢水, 양진이 있다. 이 양주에 소속된 교하군이 천정군이라고 『고려사』「지리지」는 기록하고 있다. 과연 지도상에 낙양을 향하여 흐르는 낙수洛水(낙하도洛河渡)와 의성宜城이라는 지명도 뚜렷이 지도에 기록되어 있다. 무엇보다도 중요하고 분명한 것은 한수漢水가 엄연히 흐르고 있다는 것이다. 다른 이름은 다 고칠 수 있어도 중원 땅을 흐르는 한수漢水만큼은 손댈 수가 없었던 것이다. 이 임진강과 한수가 만나는 교하군 즉 천정군이 대진국 발해와 신라의 국경이었다. 「대진국본기」의 기록에 임진강 이북의 모든 성이 모조리 대진국에 속하였다고 기록되어 있다.

그리고 또 하나의 국경이 해주 암연현이다. 『한단고기』「대진국본기」에는 "해주 암연현은 동쪽으로 신라와 접했는데 암연은 지금의 웅진이다"라고 기록하고 있다. 또한 『요사』「지리지」에는 다음과 같은 기록이 있다. "암연현은 동쪽으로 신라와 경계하고 옛 평양성은 암연현의 서남쪽에 있으며 동북쪽으로 120리 지점에 해주가 있다"라고 기록하고 있다.

　해주는 지도에 해성으로 표기된 곳이다. 현재 지명이 서녕西寧으로 『고려사』「지리지」의 해주의 또 다른 이름 대녕서해大寧西海와 일치한다. 또 이곳을 고죽이라고 불렀다. 이곳 청해성이 고려의 서해도이고 서녕이 해주였음을 알 수 있다. 또 한 곳은 "대장 장문휴를 보내 자사 위준을 죽이고, 등주와 동래를 취하여 성읍으로 삼다"고 한 등주와 동래는 지금의 산동성이다.

　이때 대륙의 지도에는 당나라가 없다. 왜 그럴까? 사실 당나라는 이때 멸망하고 없다. 당나라의 마지막 현종은 양귀비와 정신없이 세월을 보내다가 안록산의 난에 쫓겨 사천성으로 피난한다. 신라 땅으로 깊숙이 도망 와서 망명 정부를 세운 것이나 같다. 이때 신라 경덕왕은 강(양진=양자강)을 거슬러 현종에게 위로의 사절을 보낸다. 이때 고마워하는 현종의 구구절절 감사의 글이 『삼국사기』에 실려 있다. 현종 이후의 왕들은 신라의 보호 아래 이름만 이어 간다. 서기 918년 고려가 건국할 때까지 일부에서는 후당이라는 명목으로... 그때 후촉왕 왕건은 사천성 성도에서 고려를 건국한다. 촉막군 개주에서...

　이상입니다. 다음에는 고려의 수도 개경의 위치를 고찰한 내용을 보내드리겠습니다. 삼복더위에 건강 유의하시며 항상 건승을 기원합니다.

　　　　　　　　　　　　　　　　　　　　부산에서 마윤일.

제
5
부

구층목탑

"박 대통령은 후보 때 대통합과 화해를 여러 번 강조했지만 인재 등용에서 그것이 실현되지 않았습니다. 더구나 윤창중 대변인의 발탁을 위시하여 인사 처리에서 약점을 노출시켰습니다. 역사상 최초의 흑인 대통령인 넬슨 만델라 남아공 대통령은 당선되자마자, 제일 처음 찾은 사람이 누군지 아십니까? 바로 자기에게 사형을 구형한 백인 검사였습니다.

그는 대통합만이 남아공의 살길이라면서 흑백 통합을 철저하게 실천했습니다. 그러나 통합과 화해를 공약한 박 대통령은 자기에게 표를 제일 적게 찍은 호남에서 유능한 인재를 많이 등용하지 않음으로써 자신의 대통합 공약을 실천하는 데 소홀했습니다.

서기 643년 선덕여왕 12년, 신라의 동맹국인 당나라 임금인 태종은 다음과 같은 모욕적인 발언을 했습니다. '신라는 여자를 왕으로 삼아 이웃나라의 업신여김을 당하고 있다. 내가 종친 한 사람을 보내어 신라의 왕으로 삼되, 그 스스로 임금 노릇 하기가 어려울 것이니 마땅히 군대를 보내어 호위하게 할 것이다.'

이때 신라는 고구려와 백제의 협공을 받아 대야성을 비롯한 40여 개 성을 빼앗기는 절체절명의 위기에 처해 있었습니다. 설상가상으로 동맹국의 국왕인 당태종이 퇴위론까지 들고 나오자 신라 내부에서도 이에 대한 시비가 분분했습니다. 선덕여왕으로서는 만만찮은 경색 국면이 아닐 수 없었고, 비상

한 극적인 반전이 없는 한 돌파구가 보이지 않았습니다. 이때 그녀는 어떻게 이 난국을 헤쳐 나갔을까요?

선덕여왕은 이때 당나라에 유학 중이던 자장법사를 불러들여 의론했습니다. 자장법사는 신라와 같이 산세가 험한 경우엔 9층목탑九層木塔을 세우면 아홉 나라가 조공하여 왕업이 길이 태평할 것이라고 건의했습니다.

당시 동아시아에서는 비보裨補 풍수 사상이 요즘의 첨단과학이라도 되는 양 크게 유행했습니다. 비보란 산수로 모자라는 기운을 보완하는 것을 말하는데, 9층목탑은 바로 그 비보의 방편이었습니다. 선덕여왕은 그의 제안을 받아들이기로 했습니다.

그런데 이 탑을 조성하는 공사의 총감독은 여왕의 퇴위론에 동조하는 김춘추, 김유신 세력에 속한 사람이었습니다. 그가 누군고 하니 바로 김춘추의 아버지 김용춘이었습니다. 말하자면 반대 세력을 포용한 것입니다. 그뿐만 아니라 건축기술 총책임자인 도편수로는 적대국인 백제의 명장名匠 아비지를 초빙해 오기로 했습니다. 말하자면 적국의 문화와 기술을 기피하는 대신 능동적으로 수용한 것입니다. 신라의 초청을 받고 이적행위가 아닌가 고심하던 아비지도 모험을 택하여 신라의 초청에 응하기로 했습니다.

『삼국유사』에 따르면 이 9층목탑이 조성되면 1층부터 9층 순으로 일본, 중화, 오월, 탁라, 응유, 말갈, 단국, 여적, 예맥의 아홉 나라를 신라가 복속시킬 수 있다는 것이었습니다. 말하자면 일본과 중화(중국)까지도 복속시키겠다는 야심 찬 의지가 포함된 신라 중심의 세계관과 비전을 제시하고 있습니다.

게다가 『삼국사기』와 함께 『삼국유사』는 일제가 날조한 반도식민사관과는 달리 한반도 경상도가 아니라 중원의 강소(장쑤)성, 절강(저장성)성, 안휘(안후이)성 등지에 있었다는 것을 보여 주고 있습니다."

"무엇을 보고 그렇게 말할 수 있습니까?"

"9층목탑 네 번째로 등장하는 탁라托羅가 바로 지금의 한반도를 관할하는 나라였기 때문입니다. 더구나 여기에는 동족 국가인 고구려와 백제는 포함되지도 않아, 삼국통일이 완성된 25년 전부터 신라는 고구려와 백제는 이미 신라와 합쳐진 나라로 생각하고 있었다는 것은 놀라운 사실이 아닐 수 없습니다.

선덕여왕의 지혜가 비보 풍수와 절묘한 조화를 이루어 극적인 반전을 가져왔고 황룡사 9층목탑을 그야말로 전화위복의 계기로 삼았습니다. 이런 일이 있은 지 3년 후 646년 선덕여왕은 서거하고, 그로부터 20년 뒤인 660년에 나당 연합군에 의해 백제가, 8년 뒤인 668년에는 고구려까지도 역사의 무대에서 영영 사라졌습니다."

"박근혜 대통령도 이런 때 선덕여왕과 같은 발상의 전환에 관심을 기울였으면 좋겠습니다.

더구나 요즘 야당으로부터 소통부재, 민생실종, 정치실종이라는 비난을 사고 있고 그 말에 일부 국민들이 동조하여 박근혜 대통령의 인기가 요즘 50프로 선 이하인 48프로 대로 떨어졌습니다. 이 경색국면을 돌파하는 데 선덕여왕의 9층목탑의 지혜와 만델라의 일화가 교훈이 되었으면 좋겠네요."

"동감입니다. 그리고 박정희 전 대통령에게도 비슷한 일화가 있습니다. 윤보선 후보와의 막상막하의 대통령 선거전이 불을 뿜고 있을 때, 윤보선 진영에서 박정희 후보 저격수로 맹활약을 벌인 사람이 있었습니다. 격전 끝에 근소한 표차로 박정희 후보가 당선이 되었습니다.

당선이 되자마자 자기를 끈질기게 저격하던 바로 그 사람을 찾아간 박정희 대통령은 그를 새 정부의 국무총리로 발탁했습니다. 그야말로 통 큰 대통합의 정치가 아닐 수 없습니다. 정치의 부전여전이 아쉬운 때입니다.

그러나 그런 포용의 정치에 우선하는 것은 인간적인 신의라고 봅니다. 포용 대상이 특정 이념, 예컨대 공산주의 사상에 사로잡힌 경우라면 재삼재사

심사숙고해야 합니다. 왜냐하면 정치는 냉혹한 현실이기 때문입니다.

공산주의자에게는 인간적인 신의나 나라 사랑보다는 당연히 이념이 우선이기 때문입니다. 그런 사람이 만약에 국무총리로 임명될 경우 그는 그 자리를 나라를 위해서가 아니라 자신의 이념을 실현하는 기회로 틀림없이 이용할 것이기 때문입니다."

"포용의 정치도 보통 어려운 것이 아니군요."

"그래서 지도자는 비상한 통찰력과 예지를 반드시 갖추어야 합니다."

고려의 개경

마윤일

　다음은 재야 사학자 마윤일 씨가 고려 시대의 수도였던 개경에 관하여 『삼
국사기』, 『고려사』 「지리지」, 『세종실록지리지』 등 각종 기록을 참고하여
서술한 것인데, 그 위치는 한반도가 아니라 한결같이 중원 대륙에 있었음을
밝히고 있다. (편집자)

『고려사』 권 제56, 지 제10, 지리 1

惟我海東三面阻海一隅連陸輻員之廣幾於萬里

　우리 해동은 3면이 바다로 둘려 있고 한 면은 육지로 연결되어 있는데 강
토의 너비는 거의 만 리나 된다. 고려 태조가 고구려 땅에서 일어나 신라를
항복받았으며 후백제를 멸망시키고 개경에 수도를 정하니 삼한 땅이 이제
통일이 되었다.

　태조 23년(940)에서야 전국의 주, 부, 군, 현의 명칭을 고치고 성종이 다
시 고치면서 드디어 전국을 10개 도로 나누고 12개 주에 절도사를 두었는
데, 그 10도는 첫째 관내도, 둘째 중원도, 셋째 하남도, 넷째 강남도, 다섯째
영남도, 여섯째 영동도, 일곱째 산남도, 여덟째 해양도, 아홉째 삭방도, 열째
패서도이며 그 관할하에 주, 군의 총수가 580여 개였다.

이때 우리 동국의 지리가 가장 성할 때이다. 현종 초에 절도사를 폐지하고 전국에 5개 도호와 75개 도에 안무사를 두었다가 얼마 후에 안무사를 없애고 4개 도호와 8개 목을 두었다.

그 후로부터 전국을 5개 도와 두 개의 계로 정하였으니 즉 양광도, 경상도, 전라도, 교주도, 서해도와 동계, 북계였다.

전국에 총계 경 4개, 목 8개, 부 15개, 군 129개, 현 335개, 진 29개를 두었으며 그 경계선의 서북쪽은 당나라 이래로 압록을 경계로 하였고 동북쪽은 선춘령을 경계로 하였다. 대개 서북쪽은 고구려 경계에 미치지 못하였으나 동북쪽은 고구려 때보다 확장되었다.

略據沿革之見於史策者作地理志
대략 역사 기록에 나타난 연혁에 근거하여 이 지리지를 만든다.

왕경 개성부는 원래 고구려의 부소갑인데 신라 때에는 송악군으로 고쳤으며 고려에 와서 태조 2년에 수도를 송악산 남쪽에 정하면서 개주라 하고 여기다 궁궐을 새로 세웠다. [후에 회경전을 승경으로, 응건전을 봉원으로, 장령전을 천령으로, 함경전을 향복으로, 건명전을 저상으로, 명경전을 금명으로, 건덕전을 대관으로, 문덕전을 수문으로, 연영전을 집현으로, 선정전을 광인으로, 선명전을 목청으로, 함원전을 정덕으로, 만수전을 영수로, 중광전을 강안으로, 연친전을 목친으로, 오성전을 영현으로, 자화전을 집희로, 정양궁을 서화로, 수춘궁을 여정으로, 망운루를 관상으로, 의춘루를 소휘로, 신봉문을 의봉으로, 춘덕문을 체통으로, 대초문을 태정으로, 창합문을 운룡으로, 회일문을 이빈으로, 창덕문을 홍례로, 개경문을 황극으로, 금마문을 연수로, 천복문을 자신으로, 통천문을 영통으로, 경양문을 양화로, 안우문을 순우로, 좌우 승천문을 통가로, 좌우 선경문을 부우로, 좌우 연우문을 봉명으로, 연수문을 교화로, 장녕문을 조인으로, 선화문을 통인으로, 홍태문을 분방으로, 양춘문을 광양으로, 태평문을 중화로, 백복문을 보화로, 통경문을 성덕으로, 동화문을 경도로, 서화문을 향성으로, 대청문을 청태로, 영안문을 흥안으로 각각 개칭하였다.]

- 이 전각과 대문의 기록들은 후에 역사의 진실을 알리는 중요한 정보가 될 것이다. 궁궐 안에만 문이 30개이다. 개경의 궁성이며 정궁인 본대궐에 속한 문들이다. 이 왕궁 외에도 계림궁, 부여궁 등의 별궁과 상서성, 중서성, 추밀원, 팔관사 등의 관청이 있었고, 이를 둘러싼 황궁의 규모는 주위 1만 6백 보로 약 22.7km에 달한다. 그리고 그 황궁의 성문이 또한 20개이다. -

立市廛辨坊里分五部

시전을 세우고 방, 리를 구분하여 5개의 부로 나누었다. 광종 11년(960)에 개경을 황도로 고쳤고 성종 6년(987)에 5개 부의 방리를 개편하였으며, 14년(995)에는 개성부가 되어 적현 6개와 기현 7개를 관할하였다.

현종 9년(1018)에 부를 없애고 현령을 두어 정주, 덕수, 강음 등 3개 현을 관할하고 또한 장단 현령이 송림, 임진, 토산, 임강, 적성, 파평, 마전 등 7개 현을 관할케 하면서 모두 상서도성에 직속시켰는바 이것을 경기京畿라고 하였다.

- 경기라는 행정구역 명칭은 고려가 시초인 것 같다. 일부에서는 당나라의 제도를 모방하였다고 하나 사실과 다르다. -

현종 15년에는 다시 서울 5개 부의 방리를 개편하였는데...

- 동부는 방 7개, 리 70개: 안정방, 봉향방, 영창방, 송령방, 양제방, 창령방, 홍인방이고

남부는 방 5개, 리 71개: 덕수방, 덕풍방, 안흥방, 덕산방, 안신방이며

서부는 방 5개, 리 81개: 삼송방, 오정방, 건복방, 진안방, 향천방이고

북부는 방 10개, 리 47개: 정원방, 법왕방, 흥국방, 오관방, 자운방, 왕륜방, 제상방, 사내방, 사자암방, 내천왕방.

중부는 방 8개, 리 75개: 남계방, 홍원방, 홍도방, 앵계방, 유암방, 변양방, 광덕방, 성화방이다. 총 35방, 344리이다.

방坊은 고려 시대뿐만 아니라 『세종실록지리지』에도 동·서·남·북·중의 5개 부部와 49개 방의 명칭이 나오는데 리의 언급이 없다. 이것은 『세종실록지리지』가 왜정 시대에 훼손되었다는 것을 의미한다. 고려 시대 개경의 35개 방坊에서 조선 시대 한양성에는 49개 방坊으로 늘었다. -

현종 20년(1029)에 서울의 나성이 준공되었다.

- 현종은 즉위하자 즉시 장정 304,400명을 징발하여 이 성 축조에 착수하였는데 20년 만에 공사가 끝났다. 성의 주위는 29,700보(약 65km), 나각은 13,000간이며 대문이 4개, 중문이 8개, 소문이 13개인바 즉 자안문, 안화, 성도, 영창, 안정, 숭인, 홍인, 선기, 덕산, 장패, 덕풍, 영동, 회빈, 선계, 태안, 앵계, 선엄, 광덕, 건복, 창신, 보태, 선의, 산예, 영평, 통덕문이다. 나성의 성문이 25개이다.

고려의 문인 이규보는 이를 다음과 같이 표현하였다.

신령한 사당 주악군에 보이려고,
때로 절정에 오르니 바라보기에 의젓하네,
성중의 1만 가옥은 벌들이 모인 것 같고,
노상의 1천 사람들은 개미가 달리는 것 같구나.
무성한 상서로운 구름은 궁궐을 둘렀고,
총총한 왕기는 하늘 문을 끌어안고 있네,
곡산鵠山의 형승에 용이 서린 듯한데,
여기서부터 황도皇都의 줄기와 뿌리가 굳어진 것이라네.

또 황성은 2,600간이며 문이 20개인바 광화문, 통양문, 주작, 남훈, 안상, 귀인, 영추, 선의, 장평, 통덕, 건화, 금요, 태화, 상동, 화평, 조종, 선인, 청양, 현무, 북소문이다. 황성의 문이 20개이다. 이 성 구축에 동원된 장정이 238,938명이요 공장工匠이 8,450명이며 성 주위는 10,600보(약 22.7km), 높이는 27척, 두께는 12척, 낭옥은 4,910간이다.

참고로 신라의 수도였던 금성의 둘레가 55리(22km)인데 공교롭게도 대륙의 낙양성과 둘레가 동일하다. 고려가 얼마나 대단한 나라였는지 알 수 있다. 황성의 크기가 신라의 금성이며, 동경이었던 낙양성만 하였던 것이다. 아래 장안성의 황성과 비교해 보라.

위 그림(생략)은 대륙의 서안에 있는 당나라 때 장안성을 복원해 본 것이다. 장안성의 면적은 약 42km²이다. 동서가 9,721m, 남북이 8,652m가 된다. 당대 장안의 방坊의 숫자는 108개나 되었는데 리里는 없으며 고려의 한 개의 리里보다 당의 한 개의 방坊이 더 작았던 것 같다.

『장안지』에는 249개의 저택이 기록되어 있고, 6만 가구의 민가가 있었다고 한다. 이는 장안성 안에 있는 방이 지금의 행정 구역의 동과 비슷하다.

서울시 용산구 효창동 ....

개주 송악군 북부 흥국방...

고려 개경의 황성의 문이 20개인데 위의 장안성 황성의 문은 11개로 절반밖에 안 된다. 또 서울의 나성의 둘레가 65km, 문이 25개이다. 위의 장안성은 11개이다. 개경의 가구수는 17만 가구이며 장안성은 6만 가구였다고 한다.

고려 시대의 화재 기록에서 드러난 리에 속한 호수

의종 12년- 신창관리 320여 호,

충렬왕 2년- 연정리 1000여 호,

충렬왕 4년- 마판리 10호,

충숙왕 11년- 앵계리 100여호,

충숙왕 11년- 지장방리 300여 호의 기록이 나오는데 이를 참고로 344리의 호수를 유추 해 보면 1리에 평균 500호 × 344 = 172,000호. 호당 평균 5인으로 약 백만의 인구가 개경 도성 안에 살았다고 보여진다.

참고로 『삼국사기』에는, 통일신라는 성덕왕(702~737) 때 극성기를 맞이하여 통일신라의 수도 "경주의 호수가 178,000호" × 5인 = 890,000명이라고 기록돼 있다. 지금의 경주시 인구 (2010년 통계 기준으로 267,098명)보다 1천 년 전의 인구수가 더 많다.

둘레가 22.7km인 개경 황성의 면적은 지름이 7,229m이므로 약 41㎢로 현 장안성 크기이다. 둘레가 65km인 개경 나성의 면적은 지름이 20.7km이므로 336㎢가 된다. 장안성의 8배이다. -

공민왕 7년(1357) 송도 외성을 (修)쌓았다.

공양왕 2년(1390) 경기를 좌·우도로 나누어 장단, 임강, 토산, 임진, 송림, 마전, 적성, 파평 등 현을 좌左도로, 개성, 강음, 해풍, 덕수, 우봉 등 현과 군을 우右도로 만들었다.

- 원래 '경京'이라는 글자는 천자天子가 도읍한 지역이란 뜻이고, '기畿'는 왕성을 중심으로 주변 500리를 뜻하는 말이다. 행정 구역상으로 경기라는 명칭은 우리나라에서는 고려 시대인 995년(성종 14) 개경 주변을 6개의 적현과 7개의 기현으로 나누었는데, 1018년(현종 9) 이들을 묶어 경기라고 한것이 시초이다. 1390년(공양왕 2) 경기도란 명칭을 부여하여 경기 좌·우도로 나누었다가 조선 초기에 경기도로 합쳤다. -

또한 문종의 옛 제도(문종 23년, 1069년 정월에 양광도의 한양, 사천, 교하, 견주, 고봉, 풍양, 심악, 행주, 해주, 포주, 봉성, 금포, 양천, 부평, 동성,

석천, 황조, 황어, 부원, 과주, 인주, 안산, 금주, 남양, 수안과 교주도의 영흥, 토산, 안협, 승령과 삭령, 철원과 서해도의 연안, 백주, 평주, 협주, 신은, 우봉, 통건, 안주, 봉주, 서흥 등의 주, 현을 경기에 소속시켰다)에 따라 양광도의 한양, 남양, 인주, 안산, 교하, 양천, 금주, 과주, 포주, 서원, 고봉과 교주도의 철원, 영평, 이천, 안협, 련주, 삭령을 경기 좌左도에, 양광도의 부평, 강화, 교동, 금포, 통진과 서해도의 연안, 평주, 백주, 곡주, 수안, 재녕, 서흥, 신은, 협계를 경기 우右도에 각각 소속시켰다. 두 도에 도 관찰 출척사를 두고 수령관으로 그를 보좌하게 하였다.

이 고려 시대의 경기도는 어디인가? 우선 경기의 좌, 우도는 황도 개경에서 북쪽에서 남쪽을 향해 앉아서 좌측과 우측을 정했다는 것을 알 수 있다. 다음 지명을 설명하는 글을 보면서 이곳이 어디인지 살펴보자.

황도皇都의 진산鎭山은 송악松嶽(일명 숭악崧嶽, 산마루에 신사神祠가 있다)이며 이외에 용수산龍岫山, 진봉산進鳳山, 동강東江(정주에 있다), 서강西江(즉 禮成江이다), 벽란도碧瀾渡(푸른 병풍 같은 절벽과 거친 여울이 굽이치는 곳에 있는 나루이다. 이것은 대륙의 양자강 중류, 사천성의 장강 삼협을 가장 잘 설명한 지명이다)가 있고 본 부에 소속된 군이 1개, 현이 12개 있다.

1) 개성현은 원래 고구려의 동비홀인데 신라 경덕왕 15년(756)에 개성군으로 고쳤다. 현종 9년에 개성부를 없애고 개성현령을 두어 정주, 덕수, 강음 등 3개 현을 관할하게 하면서 상서 도성에 직속시켰다. 이 현에 대정이란 우물이 있고 기평도岐平渡가 있다. 기평도는 나루로 강을 건너는 요지라는 말이다. 기岐는 갈림길 기로 강이 갈라지는 곳이란 뜻이다.

2) 우봉군은 원래 고구려의 우잠군(우령 또는 수지의이라고도 한다)인데 신라 경덕왕이 우봉으로 고쳤다. 현종 9년 평주의 소속 현이 되었다가 문종 16년(1062)에 본 개성부에 소속시켰다. 예종 원년(1106) 감무를 두었다. 구룡산九龍山이 있고, 박연朴淵이 있다.

- 상하 두 개의 못이 있는데 둘 다 그 깊이를 알 수 없으며 가뭄에 여기서 기우제를 지내면 즉시 비가 온다. 윗못 가운데에 올라가서 구경할 수 있을 만큼 넓고 편편한 바위가 있다. 문종이 어느 때 이곳에 와서 그 바위에 올라갔더니 갑자기 바람이 일고 비가 쏟아져서 바위가 진동하였다. 황제가 놀라고 겁에 질렸다. 이때 이령간李靈幹이 황제을 모시고 있다가 용龍의 죄상을 지적하는 글을 써서 못에 던졌더니 용龍이 즉시 그 등을 물위에 드러내므로 곧 이를 곤장으로 두들겨서 물이 온통 빨개졌다고 한다.

사천성 대파산의 본래 명칭이 구룡산이다. 다음은 중국 지명을 현지에서 설명해 놓은 자료이다.

대파산大巴山

사천, 섬서의 성 경계를 서북 동남으로 달리는 산맥. 구룡산맥이라고도 한다. 미창산米倉山, 대파산이 주요 봉이며 한중분지의 북산면은 급하고 남산면은 밋밋하다. 유명한 촉의 잔도가 이 산맥의 일부에 있다.

강진江津

사천성의 남동부 양자강 남안에 위치한 도시. 양자강의 지류인 기강(綦江)과의 합류점에 있어서 양자강의 수운에 의하여 중경과 여주濾州로 통하며, 사천성 동부의 양조업의 중심지로 유명하다.

가릉강嘉陵江

사천성에 있는 양자강의 주요 지류 중의 하나. 상원上源은 감숙성의 남동부에서 발원하는 서한수西漢水인 백룡강白龍江, 사천성 합천合川 부근에서 거강渠江 및 부강涪江을 합하며 중경의 북동부에서 양자강에 이른다. 뱃길이 편하다.

구당협瞿塘峽

장강 삼협 중의 하나. 양쪽 기슭이 가파르고 그 절벽 사이를 급류가 흘러 위험한 곳.

복룡담伏龍潭

사천성 관현의 서문밖에 있는 못. 원이름은 이퇴離堆. 촉의 전설상 군주였던 이빙李氷이 치수를 하면서 만들었는데 후에 얼룡孽龍을 이곳에 가두었다고 한다. 일 년 내내 물이 마르지 않고 굉장히 깊다고 한다.

삼협三峽

양자강 상류 사천성 봉절의 백제성에서 호북성의 의창宜昌의 남진관南津關 사이를 통과하는 대협곡의 총칭. 구당협, 무협, 서릉협의 3협을 포함하여 귀협歸峽, 우동협右洞峽, 명월협明月峽, 온탕협溫湯峽 등의 오백 리에 달한다. 서안을 절벽을 이루고 하도河道는 좁고 굴곡이 심하고 물결이 급하며 경치가 좋다. 서릉협은 황묘黃苗, 등영燈影, 황우黃牛, 우간마폐牛肝馬肺, 병서보검兵書寶劍, 철관鐵棺협으로 되었고 구당협은 하마下馬, 장군將軍, 보자탄寶子灘, 황장배慌張背, 흑석탄黑石灘으로 이루어졌으며, 무협은 구룡九龍, 우구牛口, 석문石門, 청죽표靑竹標, 설탄洩灘(자료집에는 예탄으로 되어 있음)으로 되어 있다. 우가 무산 삼협을 치수할 때 수로를 열고 있던 용 한 마리가 그만 잘못하여 협곡을 만들어 놓고 말았다. 그 협곡은 하등의 필요도 없는 것이었다.

우는 화가 나서 절벽에서 우둔한 그를 죽여 다른 용들에게 경종을 울렸다고 하는데 지금도 무산에는 착개협錯開峽과 참룡대斬龍臺가 남아 있다고 한다. 삼협으로부터 칠백 리 사이에는 양쪽 언덕으로 산이 연달았고 높은 바위가 첩첩이 쌓였는데 하늘의 해를 가리울 정도고, 내내 원숭이 울음소리가 끊이지 않고 골짜기에 퍼진다고 한다.

충주忠州

사천성의 동부, 양자강의 좌안에 있는 도시. 본래 한대의 임강臨江현이며, 당나라 때 충주를 두고, 송나라에 이르러 이것을 함순부咸淳府로 승격시키고, 원대에는 다시 충주로 되고, 명대에도 그대로 두었다가 청조에 이르러 충주 직례주直隷州를 설치하여 그 밑에 풍도酆都 기타 3현을 관할하고 있다. 부근에는 치평사治平寺, 사현당四賢堂, 파대巴臺, 서루西樓, 병풍산屛風山 등의 명승이 있다. -

3) 정주는 원래 고구려의 정주인데 현종 9년에 개성현의 속현이 되었다가 문종 16년에는 개성부에 속하였으며 예종 3년(1108)에 승천부로 고쳐서 지부사를 두었다. 충선왕 2년(1310) 해풍군으로 낮추었다.
백마산, 장원정(도선의 『송악명당기』에 이르기를 서강가에 성인이 말을 타고 있는 듯한 명당자리가 있는바 태조가 국토를 통일한 병신년(936)으로부터 120년간에 이르러 이곳에 정자를 정하면 고려 왕조가 오래 유지될 수 있다고 하였다. 그리하여 문종이 태사령 김종윤에게 명하여 서강의 병악餠嶽 남쪽에 궁궐을 건축하였다), 하원도河源渡(이 주의 남쪽에 있다), 중방제重房堤(중방비보였다고 한다. 매년 봄과 가을에 반주가 부병을 데리고 와서 이를 수축한다) 등이 있다.
- "서강의 병악餠嶽 남쪽에 궁궐을 건축하였다"라는 『고려사』의 기록을 생각해 보자. 서강은 사천성 민강의 고려 시대 지명이며, 예성강이라

고 불렸고, 그곳에 현재 도강언이라는 고대 수리시설이 있는데 고대 사천의 왕국인 촉의 유능한 장수가 축조한 것이라는데, 그 후촉왕의 이름은 왕건이며 그 왕릉이 사천성 성도에 지금도 잘 보존되어 있다. 그리고 중방비보가 바로 지금의 도강언이다. 도강언의 특징은 강물을 두 흐름으로 가르는 두 개의 거대한 둑으로 이루어져 있다는 점이다.

4) 덕수현은 원래 고구려의 덕물현(인물현)으로 신라 경덕왕이 개칭하다. 문종 10년(1056) 이 현에 흥왕사를 창건하면서 현 소재지를 양천으로 옮기다. 조강도祖江渡와 인녕도引寧渡가 있다. 인녕도引寧渡는 장강 삼협의 상징적 나루터이다. 즉 강 양쪽 혹은 한쪽에서 줄을 배에 매어 끌어당겨서 이동시키는 곳이 인영나루이다.

5) 강음현은 원래 고구려의 굴압屈押현(일명 강서)이다. 굴압이란 장강 삼협의 굴곡지고 물의 압력이 거센 곳을 의미한다.

6) 장단長湍현은 고구려의 장천성長淺城현(야아耶耶또는 야아夜牙라고도 한다. 그 그림 같은 경치에 사람들이 놀라 감탄사가 지명이 될 정도의 아름다운 경치를 말한다)으로 경덕왕 때 개칭하였고 우봉군 관할로 하였으며 목종 4년(1001) 단주湍州로 고쳤고, 장단도長湍渡(강 양쪽 기슭에 푸른 바위가 벽처럼 솟아 있어서 수십 리 밖에서 바라보면 마치 그림과 같다. 세간에 전하기를 태조가 이곳에 와서 놀고 간 일이 있다고 하는데 민간에서는 지금까지도 당시의 노래 곡조를 전한다)가 있다. - 위의 『고려사』 「지리지」의 기록을 음미하여 보자. 바로 장강 삼협의 풍경을 설명하는 그대로이다. 장단長湍현은 장강의 거센 여울이 있는 곳을 말해 준다. 장천성長淺城현은 장강의 얕은 여울이 급하게 흐르는 것을 말하며, 아예 단주湍州라고 할 만한 곳이다. -

7) 임강臨江현은 원래 고구려의 장항獐項현(혹은 고사야홀차古斯也忽次라고도 한다. 장항은 노루 목덜미를 의미한다). 신라 경덕왕이 임강으로 고쳐

우봉군 관할 현으로 하다. 영통사靈通寺가 있다.

- 경치가 매우 아름다운 점에서 송도 도성에서 첫째가는데 즉 아간인 강충 보육성인이 살던 마아갑摩阿岬(산허리를 갈아 놓은 듯한 언덕이란 뜻으로 장강 삼협을 의미한다) 지역이다.

임강은 현재 중경시로 충주의 한나라 때 이름이라는 설명이다. 한나라 때란 말은 고구려와 동시대이다. 유방이 세운 한나라는 후한 말에 이르러『삼국지』의 동탁, 조조 등이 난세를 만들어 결국 멸망한다. 대륙의 황하 유역은 유방이 세운 전한(BC 202~AD 8)이 멸망한 후 후한이 건국(25~220)한 지 얼마 되지 않아 혼란기인데, 후한 광무제 30년간 정도가 조정의 위신이 섰을 뿐 내내 어린 황제와 외척의 횡포와 내시의 위세로 220년 조비가 한나라를 멸망시킬 때까지 혼돈 속에 빠져 있었던 곳이다. 이때 이 지역의 실질적인 지배자는 고구려였다. -

8) 토산현은 원래 고구려의 오사함달현인데 경덕왕이 개칭했다.

9) 임진臨津현은 원래 고구려의 진임성津臨城현(혹은 오아홀烏阿忽)인데 경덕왕이 개칭, 신경의 옛터가 있고 임진도臨津渡가 있다. 임진, 임강은 모두가 사천성 양자강 유역의 고려 시대의 지명으로 현재도 그 지명이 그대로 쓰이고 있다.

10) 송림松林현은 원래 고구려의 약지두치若只豆恥현(지섬之蟾 또는 삭두朔頭라고도 한다)인데 경덕왕이 여파如羆로 개칭하였고 광종은 이 현에 불일사佛日寺를 창건하였다. 오관산五冠山(효자 문충이 이 산 밑에 살았다고 하며 악부에 오관산곡이 있다)이 있다.

- 木頭雕作小唐鷄(목두조작소당계)
筋子拈來壁上棲(저자념래벽상서)
此鳥膠膠報時節(차조교교보시절)

208

慈顔始似日平西(자안시사일평서)
나무를 깎아 작은 닭 한 마리 만들어
젓가락으로 집어다가 벽 위에 앉혀 놓았네.
이 닭이 꼬끼오 꼬끼오 시간을 알리면
어머니 얼굴이 그제서야 서산에 지는 해처럼 되리.
* 서산에 지는 해는 '죽음'의 이미지.

이 노래를 부른 문충은 고려 시대 사람으로 어머니를 지극한 효성으로 섬 겼다. 개성과 30리 정도 떨어진 오관산 영통사동에 살았는데, 어머니의 봉 양을 위해 벼슬을 했다. 아침에 나갈 때는 반드시 목적지를 아뢰고 갔으며 저녁에 돌아올 때 반드시 얼굴을 뵙고 인사를 했다. 저녁에는 잠자리를 보 살피고 새벽에는 문안하는 것을 조금도 게을리하지 않았다. 그는 어머니가 늙은 것을 탄식하여 〈목계가〉를 지었는데, 〈오관산곡〉이라는 노래로 악보 에 전하는 것을 이제현이 한시로 번역했다. -

11) 마전麻田현은 원래 고구려의 마전천麻田淺현(혹은 니사파홀泥沙波忽)인데 경덕왕은 임단臨溍으로 고쳐 우봉군 관할에 두었다. 후에 적성현에 합 쳤다.
  - 임단臨溍, 이 지명도 임진, 임강과 함께 양자강의 흐름을 상징하는 것 으로 사천성 중경시에서 호북성 의창시까지의 장강 삼협의 거센 여울 을 말해 준다, 탄이라고 하는데 신탄진이 대표적인 지명이다.-
12) 적성현은 원래 고구려의 칠중성인데 경덕왕은 중성으로 고치고 내소 군의 관할 현으로 정했다. 고려 초 다시 적성이라 부르고 장단현에 속 했다가 개성부로 바꿨으며 후에 감무를 두었다. 곤악이 있다.
  - 신라 이래 소사이다. 산 위에 사당이 있는데 매년 봄과 가을에 황제

가 향과 축문을 보내어 제사를 지낸다. 현종 2년(1011) 거란 침략군이 장단악 사당까지 이르니 군기와 군마들이 있는 듯 보여서 거란병이 겁을 먹고 감히 더 침입하지 못하였으므로 황제는 이 사당을 복구하여 신령의 보호에 보답하게 하였다. 이글은 장강 삼협의 협곡의 형상을 적성으로 표현하고 있다. -

13) 파평波平현은 원래 고구려의 파해평사波害平史현으로 경덕왕이 개칭하여 내소군 관할 현으로 하였다. 영평鈴平이라고도 한다. 파평이란 물결이 거세 피해를 입으니 평안을 기원하는 마음으로 지은 지명이다. 파해평사현이란 물결이 거세 피해를 입는 일이 역사에 기록된 지역이란 뜻이다.

이상으로 고려 시대 경기에 속한 지역이 대륙의 사천성 양자강 유역이었다는 지명 연구를 마칩니다. 현재 연구하고 있는 것은 사천성 만현과 개현, 개강현에 관한 연구입니다. 그곳이 고려의 도읍지 개주 촉막군이었으며, 개주 송악군의 또 다른 이름이 촉나라가 있었던 사천성이라는 유력한 증거입니다.

그럼 이만 총총...

사천성, 청해성, 감숙성, 영하회족자치구
여행기

마윤일

다음 기사는 재야 사학자 마윤일 씨가 『삼국사기』와 『고려사』에 등장하는 고구려와 고려의 영토였던 사천성, 청해성, 감숙성, 영하회족자치구를 2013년 11월에 10일 동안 돌아보고 나서 써 보낸 여행기이다. (편집자)

열흘 일정으로 대륙의 사천성을 향해 출발하였다. 부산에서 상해 포동공항까지 1시간 반, 상해에서 사천성 성도공항까지 2시간 반 예정이었다. 그런데 오후 1시 탑승 예정이었는데 상해공항에서 중국 국내선을 기다리는 데 무려 6시간을 기다려야 했다. 아무런 안내도 없이 무조건이었다. 비행기에 탑승해서도 한 시간 이상을 기다렸다. 오후 10시경 겨우 성도호텔에 도착했는데 다른 팀은 그다음 날 새벽 4시경에 호텔에 도착했다고 한다.

그 덕분에 성도에서 꼭 가고 싶었던 왕건묘에 가지 못했다. 왕건묘는 한국 사람들에게 그 이름이 알려져 유명해지자 영릉으로 그 이름을 바꿔 놓았다. 하지만 아직도 중국 현지 지도에도 왕건묘로 표기되어 있었다. 역사 왜곡이 이루어지고 있는 현장을 확인한 것 같았다.

성도의 왕건묘를 그들은 서촉왕(847~918) 왕건으로 비하하고 있지만, 실은 고려 태조(918~943) 왕건의 묘로 그 규모가 조그마한 하나의 능 수준을 넘는 거대한 왕궁의 규모이다. 우리 서울의 경복궁이나 비원 같은 다양한 전각과 연못이 있고 발굴된 무덤의 규모도 엄청나다.

왕건묘와 함께 사천성에는 중요한 고려 시대의 유적이 있다. 중국인들이 자랑하는 고대 수리시설인 도강언이다. 도강언의 특징은 강물을 두 흐름으로 가르는 거대한 둑으로 이루어져 있다는 점이다. 이 둑의 특징은 둑이 강 중앙에 강을 따라 길게 설치되어 강물의 흐름을 두 갈래로 갈라서 수량을 조정하는 방법이다. 즉 『고려사』「지리지」의 중방제를 말하는 것이다. 즉 강물을 가두는 방이 두 개란 뜻이다.

『고려사』「지리지」에 "도선의 『송악명당기』에 이르기를 '서강가에 성인이 말을 타고 있는 형상의 명당자리가 있다'고 하여 이곳에 즉 서강의 병악 남쪽에 궁궐을 건축하게 했는데 이것이 장원정이라는 사원이다. 이곳에 또 중방제(중방비보라고도 하는데 매년 봄과 가을에 반주가 부병을 데리고 와서 이를 수축한다)가 있다"고 했다.

사천성 성도에서 도강언을 지나 민강의 발원지 민산에는 구채구와 황룡 그리고 모니구라는 아름다운 비경이 있다. 이곳에는 티베트 자치구 원주민들이 아직도 전통적인 방식으로 살아가고 있었다. 이곳 민산의 최고봉은 해발 5588m의 만년 설산으로 설보정이라고 한다.

이곳에 송반松潘이라는 옛 도시가 있었는데 당나라 때 송주松州라고 했다고 한다. 고려의 도읍지 송악군 개주의 이름이 이곳에 남아 있었다. 멋진 옛 고성과 함께 공민왕의 후예 우왕은 신돈의 여종 반야般若의 소생으로 아명은 모니노牟尼奴, 이름은 우禑였다. 그의 이름이 이곳 지명이 되어 있었다.

그다음 날은 감숙성 하하夏河란 고대도시를 향해 민산을 넘어 고원지대를 가로질러 버스는 달린다. 이곳에는 오래된 웅장한 사찰 라부랑사가 있다.

라부랑사는 티베트어로 '최고 활불의 관저'란 뜻이다. 원나라 초기 즉 고려 시대의 사찰인데 포탈라궁에 버금가는 규모를 자랑한다.

대학 6개와 불전 및 활불의 거처 48곳, 승려의 거처 500여 곳을 거느린 라부랑사는 그 사찰의 둘레가 3킬로이며 사천, 감숙, 청해성 최대의 종교 및 문화 중심으로 완벽한 라마교 교학체계를 보유한 한족풍의 건물과 티베트풍의 건물이 어우러진 사찰군이다.

라부랑사는 크고 작은 건물을 수없이 거느리는데 그중 7층 건물, 6층 건물, 4층 건물, 3층 건물, 2층 건물 등이 활불의 관저로 이용되고, 주방과 스님의 별장으로도 이용된다. 경을 논하는 방만 해도 500여 간이 넘으며 스님의 숙소는 만여 간이 넘는다.

특히 이 사찰이 자랑하는 본전인 대경당에는 석가모니와 총카파 등의 불상이 있고 미륵불상을 공양하는 뒤쪽 별채에는 스님의 사리영탑이 41기가 보존되어 있다. 라부랑사에는 불교 경전을 논하는 장소 외에 신도들의 참배 장소인 불전도 아주 많다. 즉, 관음전, 미륵불전과 석가모니불전 등이다.

6층인 미륵불전은 한족과 티베트풍의 건축 양식이 어우러져 있어 건물의 맨 위층에는 궁궐식 네모난 정자를 올려놓았다. 지붕의 네 귀퉁이가 건듯 들린 가운데 노란 구리로 주조한 사자와 용, 보병과 법륜 등이 자리잡아 찬란한 햇빛 아래 화려한 빛을 뿌림으로써 대금와사란 별칭도 갖는다. 또한 노란 기와를 얹은 석가모니불전은 소금와사로 불린다.

이 티베트와 사천성의 수많은 사원에는 무수한 승려들이 불법을 공부하고 있는데 현지인들은 자식 중에 장남을 대부분 어릴 때부터 사원에 보낸다고 한다. 『고려사』의 기록에 의하면 왕이 되지 못한 대부분의 왕자들이 스님이 되었다고 하며 왕도 궁궐에서 보내는 시간보다 절에서 유하는 시간이 많았으며 궁궐과 사찰 사이에 비단 장막을 치고 그 사이로 왕이 이동하였다고 한다. 라부랑사는 '최고 활불의 관저'라는 의미심장한 뜻을 가지고 있다.

라부랑사를 둘러보고는 다시 청해성 서녕시를 향해 출발하였다. 서녕西寧
이란 지명은 『고려사』「지리지」에 의하면 해주의 또 다른 이름으로 대녕서
해大寧西海를 말하며 이곳에는 청해진이 있었다. 지금 그들은 그 지명을 서해
진이라고 표기해 놓았다.

이곳 서녕시에는 타얼사라는 유명한 사찰이 있는데 티베트 불교 겔룩파
의 창시자인 총카파가 이곳에서 태어났다고 한다. 초대 달라이라마와 판첸
라마는 총카파의 제자였다고 한다. 타얼사란 탑 뒤에 세운 절이란 뜻이다.

타얼사를 둘러보고는 청해성 청해호를 향해 가는데 중간에 문성공주가
시집가다 머문 곳이란 일월정에 들렸다. 이곳에서 양뿔로 만든 붓을 하나
샀다. 이곳이 황토고원과 청장고원의 분계 지점이라고 한다.

「대진국본기」에 "해주 암연현은 동쪽으로 신라와 접했는데 암연은 지금
의 옹진이다"라고 했다. 『요사』「지리지」에 의하면 "암연현은 동쪽으로 신
라와 경계하고 옛 평양성은 암연현의 서남쪽에 있으며 동북쪽으로 120리 지
점에 해주가 있다"고 했다. 이곳은 해주였던 서녕시에서 서남으로 시속 60
킬로로 한 시간 거리에 있었다. 10리가 4킬로이니 120리는 60킬로 아닌가?

토번吐蕃의 송첸캄포(松贊干布, Songtsän Gampo: 604~650)가 티베트를 통일
하고 현재의 서장자치구의 라싸拉薩에 도읍을 정하고 강대한 토번 왕조를 수
립한 이후 641년 송첸캄포가 당唐과의 혼인으로 맞이한 두 번째 황후로 당
태종(626~649)의 조카딸 문성공주와의 혼인은 당태종 이세민이 고구려 침공
(645) 몇 해 전에 고구려의 후방을 교란시킬 목적으로 한 정략결혼이었다.

당태종 이세민은 고구려를 공격하다가 안시성 전투에서 양만춘 장군의 화
살에 왼쪽 눈을 맞아 그 후유증으로 4년 만에 죽는다(649). 문성공주, 그녀가
당나라와 토번의 경계에서 눈물을 흘리며 어머니를 그리워했다는 그곳이 신
라와 발해의 국경이었던 바로 그곳인 해주의 암연현이고 이곳에 일월정이 있
었다. 그리고 그 서남쪽의 옛 평양성은 지금의 오란烏蘭 도란都蘭이 된다.

드디어 청해호에 도착했다. 해발 3205미터의 고원에 위치한 중국에서 가장 큰 호수로 넓이가 4,340㎢이며, 한국의 경상남도만 한 면적이다. 이스라엘의 사해死海와 함께 세계 2대 염호이다. 이 호수를 중공은 잠수함 어뢰 실험장으로 이용했다고 한다. 호수 가운데 섬이 여러 개 있다. 그중 하나에는 높은 산이 있는데 해심산이라 한다. 원래는 웅심산이 아니었을까?

「고구려국본기」에 말하기를 "고리군의 왕 고진은 해모수의 둘째 아들이며 옥저후 불리지는 고진의 손자이다. 모두 도적 위만을 토벌함에 공을 세워 봉함을 받은 바라, 불리지는 일찍이 서쪽 압록강변을 지나다가 하백녀 유화를 맞아 고주몽을 낳게 하였다. 때는 임인년(BC 199) 5월 5일이라, 곧 한나라 왕 불능 원봉 2년이다. 불리지가 죽으니 유화는 아들 주몽을 데리고 웅심산으로 돌아왔는데 지금의 서란이다"라고 하였다.

그 웅심산이 여기 해심산이고 서란은 오란 도란이다. 청해호에는 또 새들의 섬이 있다. 수많은 철새들이 장관을 연출하고 있는데 특히 청둥오리 떼의 군무는 보는 이들의 감탄을 자아내게 한다. 우리 압록강鴨綠江의 압鴨이 오리鴨이다. 황하 상류의 청둥오리 떼를 보면 압록강의 의미를 되새기게 한다.

서녕시와 감숙성 난주는 실크로드의 핵심 길목으로 이곳에 청해진을 설치하여 실크로드를 장악한 신라의 군벌이 장보고이다. 그는 통일신라의 최대의 무역왕이었다. 그가 장악한 실크로드의 최대 중요 거점이 이곳 감숙성 난주와 해주의 청해진이다. 그러고 보니 이 지역에는 많은 진이 있었다.

지도에 나와 있는 진의 이름을 옮겨 본다. 우선 냉룡령이라는 기련산의 중심 고갯길을 시작으로 안원진, 황양진, 서해진, 서보진, 다파진, 경양진, 공화진, 난융구진, 상오장진, 남관협진, 단마진, 오십진 등이 있다. 이 중에서 가장 큰 진이 서해진인데 이곳이 바로 청해진이었다. 얼마 전까지 지도 상에 서해진이었는데 지금은 해북장족자치주로 지명을 고쳐 놓았다.

그다음 날 서녕시를 출발하여 감숙성 난주를 향하여 227번 국도를 따라 버스는 달린다. 해발 4천 미터가 넘는 달판산 고갯길을 넘어서니 멀리 기련산맥의 설봉이 보였다. 정상 가까운 곳에서 마땅한 전망대가 없어 중턱에 있는 간이 전망대에 버스를 세우고 기련산을 배경 삼아 사진 촬영을 하였다. 그런데 알고 보니 앞에 보이는 설봉은 냉룡령(4843m)이라는 기련산맥의 연장선상의 산맥이었는데 이곳이 사실은 우리 역사 속의 죽령산이다.

　서녕시에서 달판산을 넘어서면 유채꽃으로 이름 높은 문원시가 나오고, 냉룡령을 우측으로 바라보면서 국도를 달리다가 보니 어느새 기련산 고갯길에 접어들어 기련산맥을 넘어갔다. 계곡을 옆에 끼고 협곡을 빠져나갔다. 그 옛날 고구려 대왕이 말 타고 넘었던 고갯길 죽령이었다.

　고구려 제11대 동천제 20년 8월에 위나라 유주자사 관구검이 군사 만 명을 거느리고 현도를 나와 침범하니 제왕은 보, 기병 2만을 거느리고 비류수 위에서 영전하여 이를 깨뜨리고 3천의 목을 베었다. 또 군사를 이끌고 양맥의 입구인 골짜기에서 다시 싸워 또 3천을 베었다. (大戰 梁口) 이에 황제는 관구검을 몰살시키려 철기병 5천을 거느리고 공격하니, 관구검이 방진을 벌이며 결사적으로 싸워 우리 군사가 대패하였다.

　황제는 겨우 1천의 기병과 압록원으로 달아났다. 10월 검이 환도성을 쳐 무찌르고 장군 왕기를 보내어 황제를 추격하게 하였다. 제는 남옥저로 달아나 죽령에 이르니 군사가 다 흩어졌다. 오직 동부의 밀우가 곁에 있다가 "신이 죽기로서 싸울 터이니 그 틈에 달아나소서" 하여 제는 사잇길로 달아나 겨우 흩어진 군사를 모아 수습하며, 능이 밀우를 데려오는 자에게 후한 상을 주리라 하였다.

　하부의 유옥구가 가서 밀우가 땅에 쓰러져 있는 것을 업고 돌아왔다. 제는 사잇길로 전전하여 남옥저에 이르렀으나 위군의 추격이 오히려 그치지 않았다. 이에 동부 사람 유유가 계책으로 항복을 청하여 위장과 함께 돌진하니 위군이 흩어져 버렸다. 위병들은 드디어 낙랑 방면으로 퇴거하였다. 이에 제는 해빈海濱에서 돌아왔다.

이 싸움에서 위장 관구검은 숙신의 남계에 이르러 공을 돌에 새기고, 환도산에 이르러 불내성이라고 새기고 돌아갔다. (『괄지지』에 이르기를 불내성은 국내성이니 그 성은 돌로 쌓아 만들었다. 이는 국내성과 환도산이 상접한 까닭이다.) 처음 관구검이 공격한 환도성은 신강위구르의 투루판에 있는 고구려 수도이다. 국내성을 위나암尉那巖이라고도 하는데 이곳이 신강위구르의 위리慰梨라는 곳이다.

을지문덕乙支文德이 『자치통감』에는 위지尉支문덕으로 기록되어 있다. 해빈海濱은 해모수가 건국한 북부여의 수도 난빈蘭濱이다. 양맥梁貊의 골짜기가 양구梁口이다. 감숙성 기련산의 냉룡령冷龍嶺이 죽령竹嶺이다. 동천제는 감숙성 냉룡령(죽령)을 넘어 청해성 해빈으로 도피한 것이다. 이곳까지 쫓아온 위군이 감숙성 난주를 지나 평량(낙랑)으로 철군한 것이다.

기련산의 주봉은 감숙성 주천시 바로 정면에 솟아 있는 기련산(5547m)과 돈황시와 옥문관 사이의 대설산(5483m)을 연결하는 산맥이다. 문원에서 제대로 보지 못한 유채꽃을 기련산을 넘어 민락시로 가던 중 편도구라는 곳에서 아주 멋진 유채밭을 만났다. 이곳에서 사진 촬영을 하고 장액시로 들어갔다. 장액은 원래 감초의 주산지라고 감주라고 불렀다. 이곳에 온 이유는 여기에 칠채산이라고 하는 단하지모가 있기 때문이다.

이곳의 이름이 산단山丹, 『고려사』「지리지」에는 단산丹山으로 나와 있다. 고구려의 적산현인데 신라 때에는 내제군 관할하에 현으로 만들었다. 고려 초에 단산으로 명칭을 바꾸다. 충숙왕 5년(1318)에 지 단양군사로 승격시켰다. 죽령산이 있다. 단양丹陽이 단산丹山이었다. 그런데 이 단산丹山은 글자 그대로 온통 붉은 산이었다.

과연 『고려사』「지리지」의 지명은 하나하나가 그대로 역사였다. 이곳이 진정한 단양이었다. 이곳 감숙성에는 주천, 단양, 평량平凉, 백은白銀(白鳥), 영월寧越(중령中寧, 회령會寧, 정령靜寧) 등 여러 지명이 있는데,『고려사』「지리지」에서는 원주를 평량平凉이라고 했다. 한반도에는 없는 평량平凉이 이곳에는 있었다. 주천酒泉, 산단山丹과 함께. 붉은 산을 한없이 바라보면서 여기가 단양이라고 외치고 싶었다.

이제 감숙성 실크로드의 길을 따라 황하가 흐르는 난주를 향해 고속도로를 달려갔다. 장액張液, 산단山丹, 영창永昌, 금창金昌, 은창銀昌, 황양진黃羊鎭, 고랑古浪을 지나니 고성古城이라는 도를 지난다. 무슨 고성古城인가? 이제 고속도로를 벗어나 영하회족자치주寧夏回族自治州 중령中寧을 향해 국도를 달린다.

차창 밖에 사막의 풍경이 나타난다. 안북 대도호부安北大都護府 영주寧州는 원래 고구려의 팽원彭原군(이곳에 팽양彭陽이라는 도시가 있다)인데, 고려 태조 14년 안북부를 설치하였고, 성종 2년 영주 안북 대도호부라고 불렀으며, 현종 9년에 안북 대도호부라고 하였다.

고종 43년 황제가 몽골 침략군을 피해 창린도로 들어갔다가 후에 육지로 나왔다. 공민왕 18년 안주 도호부를 설치하였고 후에 안주목으로 승격되었다. 안릉安陵(성종이 정한 명칭)이라고 부른다. 여기에 청천강이 있다. (청수하라는 강이 흐른다.)

본 영주 안북 대도호부 관할하에 25개 방어군이 속해 있다. 또 진이 12개, 현이 6개 속해 있다. 엄청나게 거대한 지역이다. 지금으로부터 천 년 전에 방어군 하나는 주둔군이 5만 이상이었다.

고구려 고국원제 12년(341) 연나라 모용왕이 고구려를 도모하는 내용이『삼국사기』「고구려본기」에 실려 있다.

【10월에 연왕 황이 국도를 극성에서 용성(조양)으로 옮겼는데, 입위장군 한(모용황의 형)이 권하기를 "먼저 고구려를 취하고 다음에 우문씨를 없애

야만 중원을 도모할 수 있다. 고구려로 가는 길은 남북으로 두 길이 있는데 그 북쪽 길은 평활하고 남쪽 길은 험하고 좁으므로 고구려는 대군이 북쪽으로 오리라고 북쪽의 방비를 중히 여기고 남쪽의 방비를 가볍게 여길 것이므로 왕은 그때 정병을 거느리고 남쪽 길로 진군하여 불의에 일격을 가하면 북도(환도성)는 애써 취할 것도 못 된다. 따로 한 소대를 북쪽으로 보내면 설령 실수가 있더라도 그의 중심부는 무너지게 되므로 사지는 힘을 쓰지 못할 것이다" 하니 황은 그 말에 따랐다.】

이때 연나라의 수도도 지금의 북경에서 한참 동북쪽이었다. 갈석산 부근이 영하회족자치구이며 고려의 안북 대도호부 영주이다.

이곳 사막에서 나는 낙타도 타고 모래 썰매도 타보았다. 황하를 따라 난주로 이동하던 중 황하 변에 위치한 기암괴석으로 유명한 황하 석림을 구경하였다. 이곳에서 그 옛날 황하를 건너는 유일한 교통수단인 양가죽 뗏목을 타게 되었다.

이곳 감숙성 난주는 실크로드 최대의 요충지이다. 섬서성 서안(서경, 장안, 평양)에서 돈황을 지나 천산산맥을 넘어가는 길목에 위치하고 있으며 이곳에서 황하를 건너게 된다. 이곳 난주가 의주이다.

의주는 원래 고려의 용만현으로 화의라고도 한다. 처음에 거란이 압록강 동쪽 강안에 성을 쌓고 보주라고 불렀고 문종 때 거란은 또한 궁구문을 설치하여 포주라고 불렀다(파주라고도 한다).

예종 12년에 요나라 자사 상효손이 도통 야율영 등과 함께 금나라 공격을 피하여 해로로 도망쳐 와서 내원성과 포주를 우리나라에 돌려주겠다는 내용의 편지를 영덕성에 보냈으므로 우리 군사가 그 성에 진주하여 무기와 물자와 양곡을 인수하였다. 이에 왕은 기뻐하여 의주 방어사로 고치고 남방 백성을 이주시켰으며 다시 압록강(물론 한반도의 압록강이 아니다)을 국경으로 관방을 설치하였다.

인종 4년 금나라가 또 의주를 반환하였다. 고종 8년 반역했다고 해서 함신이라고 낮추어 부르다가 다시 고쳤으며 공민왕 15년 의주목이 되었다. 18년 만호부를 두었는데 용만이라고도 부른다. 이 주에 압록강(마자수 또는 청하라고도 한다) 여기서 황하의 상류를 압록강이라고 불렀음을 알 수 있다.

이상 난주를 끝으로 중국 여행을 마치고 인천공항을 통해 귀국했다.

제
6
부

고려사관과 송상관

2014년 3월 24일 월요일

우창석 씨가 말했다.

"선생님, 오늘 아침, 조선일보 논설란에 실린 '고려사관高麗使館은 있는데 송상관宋商館은 왜 없나'라는 논설 읽어 보셨습니까?"

"아뇨, 급한 일이 있어서 아직 읽어 보지 못했는데 무슨 내용입니까?"

"그럼 제가 읽은 내용을 요약해서 말씀드리겠습니다. 중국은 저장성浙江省 닝보寧波에 고려사관 유적지를 복원하여 한국인 전용 관광명소로 이용하고 있다고 합니다. 고려사관은 12~13세기에 남송과 교류하던 고려의 사신과 상인들이 머물던 지금의 영빈관 같은 곳이라고 합니다.

남송은 여진족이 세운 금나라가 북송을 쳐서 없애 버리자 그 잔당들이 먼 남쪽 땅 지금의 명주明州인 닝보에 피난 가서 세운 왕조로서 9대를 이어오다가 망한 나라입니다. 긴 세월이 흐르는 동안 흔적도 없이 사라졌던 고려사관은 2006년 닝보시에 되살아났습니다. 양저우楊州의 최치원기념관, 하얼빈의 안중근기념관이 세워진 것도 한국인 관광객들을 중국 구석구석으로 끌어들이는 역할을 하고 있습니다. 그런데 한국은 중국인 관광객들을 끌어들이기 위해서 어떤 노력을 했는지 돌아보지 않을 수 없다는 겁니다.

그 당시 송나라 상선들이 봄과 여름 사이의 계절풍을 타고 전남 흑산도, 가거도, 진도 등지로 몰려들었을 터이므로 역사책을 뒤져 보면 무슨 실마리를 찾을 수 있을 텐데도 목포의 해양유물전시관과 인천의 차이나타운을 빼면 중국인이 한국에 머물던 흔적을 찾을 수 없다는 겁니다.

상대의 마음을 얻는 전략에서 우리는 중국에 뒤진 것은 아닌가 하고 개탄하고 있습니다. '대장금'에 이어 10년 만에 '별에서 온 그대'가 중국에서 폭발적인 인기를 끌고 있는 이때에 한국 곳곳에 한중 교류의 발자취를 발굴 복원하는 노력을 기울여야 된다는 취지입니다. 이 논설을 쓴 필자를 만난다면 선생님께서는 반드시 하실 말씀이 있을 것이라고 생각됩니다."

"우선 한반도에는 고려사관이 세워진 12~13세기 고려와 조선은 말할 것도 없고 그 훨씬 윗대인 배달국, 청구국, 단군조선, 부여, 고구려, 백제, 신라, 발해, 통일신라에도 도읍이 있어 본 일이 없다는 것을 그 논설을 쓴 필자를 만나면 꼭 일깨워 줄 겁니다."

"그렇게 말하면 그 논설의 필자는 틀림없이 선생님의 머리가 돌아 버렸다고 상대도 하지 않으려고 하지 않겠습니까?"

"그분도 학자니까 지금 우리가 알고 있는 역사가 우리 조상들이 써서 남긴 기록을 바탕으로 하여 써져야 한다는 것은 당연히 알고 있지 않겠습니까?"

"그야 그렇겠죠만."

"그럼 반도식민 사학자는 물론이고 세계가 공인하는 한국사의 기본 사료인 『삼국사기』, 『고려사』, 『조선왕조실록』 중의 『세종실록지리지』와 성종 때 편찬된 『신증동국여지승람』, 『동문선』, 『중국고금지명대사전』 등을 일일이 보여 주면서 위에서 말한 우리나라들 중 어느 한 나라도 한반도에는 있어 본 일이 없다고 말해 줄 것입니다. 요컨대 위에 나오는 일체의 기록물들은 전부 다 대륙을 경영하면서 그곳에서 우리 조상들에 의해 쓰여진 것들입니다.

사극 '정도전'에 나오는 '요동'은 어딘가?

그리고 지금 인기리에 방영되고 있는 '정도전'이란 티브이 연속 방송극에 나오는 요동遼東은 해설자의 말대로 한반도의 압록강 너머의 지역이 아니라 지금의 내몽고자치구 수도 호화호특을 에워싼 지방으로서 이성계의 고향입니다.

바로 함흥차사咸興差使로 유명한 그 함흥입니다. 『신증동국여지승람』에도 함경도 함흥으로 되어 있습니다. 물론 한반도에 있는 함경남도 함흥이 아니고 내몽고자치구 수도이고 이성계의 고향인 호화호특을 말합니다."

"그럼 북한에 있는 함흥은 어떻게 되는 겁니까?"

"함경남도 함흥은 조선이 일제에게 멸망당한 뒤에 일제가 그들이 날조한 반도식민사관에 꿰맞추어 대륙의 지명을 그대로 한반도에 옮겨온 것에 지나지 않습니다. 우리 조상들이 기록한 『삼국사기』, 『고려사』, 『세종실록지리지』, 『신증동국여지승람』 등 그 어떠한 사록도 한반도에서 기록된 것은 하나도 없습니다.

그리고 '정도전'에 나오는 철령鐵嶺은 해설자의 애매모호한 설명과는 달리 지금의 영하회족자치구에 있는 육반산六盤山이고, 압록강은 지금 신의주 옆을 흐르는 강이 아니라 육반산에서 황하까지 흐르는 마자수라고도 부르는 강으로서, 오리 머리처럼 물빛이 푸르다고 해서 붙여진 이름입니다. 그러니까 지금의 북한의 압록강은 이성계 시절의 압록강과는 아무런 관련도 없습니다.

동북면 역시 한반도의 함경도와는 아무 상관도 없는 내몽고자치구 수도 호화호특 동쪽 지방을 말하고, 서북면은 호화호특 서쪽 지방을 말합니다. 그리고 화령和寧은 영흥의 별칭으로서 호화호특 남쪽 지방이며 단군왕검이 박달나무 아래서 등극하고 해모수가 강림한 곳이기도 합니다.

그 시대의 개경은 지금의 하남성 낙양이고 송도 또는 동경이라고도 하며 고려와 함께 신라의 도읍이기도 했습니다. 위화도威化島는 굴포掘浦라고도 했는데 지금의 내몽고자치구와 영하회족자치구 사이의 중령中寧으로서 둘레가 40리였습니다. 두만강은 지금의 내몽고자치구 북쪽 오해烏海, 포두包頭, 하곡河曲 구간을 흐르는 황하黃河 구간입니다.

또 서경西京은 지금의 섬서성 서안西安 즉 시안이고 중국이 야심차게 개발하려는 내륙 지역으로서 2013년 6월에 박근혜 대통령이 들렀던 곳이기도 한데, 정도전이 살던 때에는 평양平壤이라고 불렀지만 작가의 말처럼 지금의 북한의 평양은 절대로 아닙니다.

이렇게 볼 때 연속 방송극 '정도전'의 작가는 조선조를 멸망시키고, 한국을 강점하여 식민지 통치를 해 온 일본 제국주의자들이 한국인을 자기들의 식민지 노예로 길들이기 위해서 날조해 낸 반도식민사관을 일제가 물러간 지 69년이 지난 지금까지도 계속 복창하고 있는 꼴이 아닐 수 없습니다."

"그렇게 말씀하시면 그 필자는 틀림없이 우리가 학교에서 지금까지 배워온 역사 지식은 어떻게 된 거냐고 따지고 들 텐데요."

"그건 우리가 1910년 한일합병이라는 국가적 수치를 당하여 국가의 맥이 끊어지고, 우리가 환국桓國 이래 9100년 동안 대륙에서 살아온 역사를 통째로 뒤바꾸어, 이른바 반도식민사관으로 날조했기 때문이라고 차근차근 알아듣게 설명해 줄 것입니다.

일제는 이처럼 우리 역사를 날조하여 반도식민사관에 입각하여 교과서를 만들었고 그것으로 역사 교육을 했고 해방이 되어서도 한국사 분야만은 전연 광복이 되지 않고, 일제 때 반도식민사관으로 일본인 스승들에게서 역사 교육을 받은 사학자들과 그 제자들이 지금까지 그대로 교과서 집필과 강단을 독차지하고 있기 때문이라고 말해 줄 것입니다."

"그럼 그 필자는 또 지금 한국 서울과 그 인근에 널려 있는 4대 궁과 숭례문, 동대문 같은 건축물과 경주의 신라 유적과 개성의 만월대, 선죽교 같은 고려 유적, 평양의 고구려 유적 등은 어떻게 된 거냐고 물어 온다면 뭐라고 답변하시겠습니까?"

"그건 서세동점기 이래 대영제국이 주동이 된 서방 제국주의 국가들이 중국 대륙을 독차지하려고 9100년 동안 터줏대감으로 대륙에서 살아온 우리 민족을 한반도로 추방하고 그 역사까지도 그 당시 원주민들만 살고 있던 한반도에 고스란히 이식했기 때문이라고 말해 줄 것입니다.

대륙에는 한양을 중심으로 하여 오른쪽에서 시계 방향으로 강원도, 경상도, 전라도, 충청도, 황해도, 평안도, 함경도로 널찍하게 배치되어 있던 것이 좁고 긴 한반도에 억지로 꿰어맞추어 배치하다 보니 비록 옹색하긴 했지만 대륙에서와 비슷하게 만들려고 애를 썼습니다.

대륙에서는 서울인 한양을 둘러싸고 있는 중국中國(서울을 둘러싼 황제가 주재하는 지역을 의미하며 지금 쓰이는 의미의 중국이라는 국가의 이름은 1911년 신해혁명 이후에 생겨났습니다. 『훈민정음』 해례에 나오는 중국이 바로 원래의 뜻입니다)이 각 도와 직접 붙어 있었는데 좁고 긴 반도 지형에 억지로 맞추다 보니 함경도, 경상도, 전라도, 평안도 등은 경기도와 직접 맞닿을 수 없게 되었습니다.

그리고 전라도를 지금도 우리는 호남湖南이라고 부르는데 이러한 언어상의 습관도, 대륙에서 동정호洞庭湖 남쪽에 있던 전라도를 호남이라고 부르던 습관이 그대로 껴묻어 들어왔기 때문에 지금도 그대로 쓰이고 있습니다. 그렇지 않으면, 한반도에는 아무리 찾아보아도 동정호 같은 큰 호수가 없는데 전라도를 호남이라고 부르는 이유를 설명할 수 없습니다.

그뿐 아니라 우리가 지금도 쓰고 있는 언어 습관에서도 우리가 대륙에서 살아온 민족이라는 흔적을 얼마든지 찾아볼 수 있습니다. '춘삼월에 강남 갔던 제비가 돌아오면'이나 '친구 따라 강남 간다'라는 말을 지금도 우리는 누구나 무심코 흔히 씁니다. 한반도에서는 아무리 찾아보아도 양자강과 같은 큰 강이 없으므로 강남江南이라고 부를 만한 큰 강이 없습니다.

'태산이 높다 하되 하늘 아래 뫼이로다'는 이조 중종 때 양사언의 시조의 일 절입니다. 중종 때 조선이 한반도에 있었다면 대륙의 산동성에 있는 태산을 읊을 리가 있겠습니까? 산동성은 원래 백제 땅이었고 백제가 망한 후에는 신라, 고려, 조선조 말까지 주욱 우리 민족의 영역이었기 때문에 이러한 시조가 자연스럽게 읊어지게 된 것입니다.

우리 민족은 북망산北邙山과도 깊은 연관이 있습니다. 이 산은 대대로 우리 민족의 귀인들이 죽으면 장사 지내는 거대한 공동묘지였습니다. 그 위치는 하남성 낙양에 있고 원래 백제의 영역이었는데 백제에 이어 고구려가 망하자 신라의 삼국통일의 격변기에 일시 당나라가 한때 점령한 일은 있었지만 그 후 신라, 고려, 조선조 말엽까지 내내 우리 영토였습니다.

그래서 춘향전에도 '어르신네는 북망산천에 돌아가시고' 하는 구절이 나옵니다. 50년 전까지만 해도 우리 조상들은 초혼 의식을 지냈습니다. 사람이 일단 숨을 거두면 그 혼은 육체에서 빠져나가 멀리 북망산천으로 떠나는 것으로 알고 있었으므로 그렇게 되기 전에 붙잡아 두어야 했습니다.

그래서 지붕 위에 올라가 고인이 입었던 겉옷을 북망산천이 있는 북쪽을 향해 흔들면서 돌아오라는 뜻으로 '복'을 세 번 외쳤습니다. 이 때문에 이것을 고복皐復이라고 합니다. 고皐는 길게 빼는 소리를 말합니다. 하남성 낙양의 북망산 남쪽에는 배달국, 청구국, 단군조선, 부여, 백제, 신라, 고려, 조선이 있었습니다. 이때 형성된 초혼 의식이 최근까지도 우리 민족의 일상생활에서도 이어져 온 것입니다.

또 우리 속담에는 '하룻밤을 자도 만리장성을 쌓으랬다'는 말이 있습니다. 이 속담은 우리 민족이 만리장성과는 뗄래야 뗄 수 없는 깊은 관계가 있음을 말해 줍니다.

백년하청百年河淸이란 사자성어는 예정되었던 일이나 약속이 제때에 이루어지지 않을 때 자기도 모르게 식자들의 입에서 저절로 흘러나오는 불평입니다. 이 말의 본뜻은 언제나 누우런 황하黃河의 빛깔이 맑아질 수 있겠느냐는 체념과 야유가 깃들어 있는 말입니다. '강남 갔던 제비'에 나오는 양자강과 함께 황하 유역은 환국부터 조선까지 9100년 동안 우리 민족이 살아온 생활 터전이었습니다.

만약에 우리가 반도식민사관이 주장하는 것처럼 처음부터 한반도에서 살아왔다면 한반도에는 있지도 않는 황하, 양자강, 태산, 북망산이 바로 우리 곁에 있는 산천인 양 그렇게도 친근하게 우리 민족의 정서 속에 깊숙이 자리잡을 수는 없었을 것입니다.

따라서 배달족 국가들이 대륙에서 차지했던 감숙성, 섬서성, 산서성, 하북성, 산동성, 하남성, 호북성, 안휘성, 강소성, 절강성, 복건성, 강서성, 호남성, 귀주성 등 한반도의 10 내지 15배에 달하는 황하와 양자강 유역에서는 1910년 조선이 한반도로 도읍을 옮기기 이전에 만들어진 한족 국가들의 유물과 유적은 거의 발견되지 않습니다.

오직 있는 것이란 명대 이후의 유적들과 배달족이 그곳에 있지 않았다는 것을 입증하기 위하여 최근에 중국 당국에 의해 조작된 유적들뿐입니다. 지금 중국인들은 이 지역에 수없이 많이 남아 있는 배달국, 청구국, 단군조선, 고구려, 백제, 신라, 고려, 조선의 유적들을 보고 남송의 유적이라고 둘러대고 있습니다.

그러나 남송은 12, 13세기에 9대에 걸쳐 152년 만에 금에 의해 멸망된 북송의 망명 국가로서 대륙 남부 지역에 있던 고려의 제후국이었으므로 광범한 지역에 걸쳐 무려 9100년 동안이나 지속된 배달민족 국가들에 비해서는 지극히 보잘것없는 나라로서 이렇다 할 유적을 남길 만한 처지가 아니었습니다."

"그럼 선생님, '동해물과 백두산이 마르고 닳도록, 무궁화 삼천리 화려한 강산' 하는 구절이 들어 있는 것을 보면 우리나라 애국가는 조선 왕조가 일제에 의해 망해 버릴 무렵에 지어진 것이 아닐까 하는 생각이 듭니다."

"왜요?"

"첫 구절에 '동해물과 백두산'이나 '무궁화 삼천리'가 나오는 걸 보면 한반도를 중심으로 한 영토 개념을 피력하고 있어서 반도식민사관이 배어 있기 때문입니다."

"그렇지 않아도 애국가의 작곡가는 안익태로 알려져 있지만 작사자는 누군지 전연 알려져 있지 않아서 어쩌면 친일파나 일본인이 아닐까 하는 의심을 불러일으킬 만합니다."

"선생님, 역사란 도대체 무엇입니까?"

"역사란 어떤 존재의 지나온 발자취입니다."

"그것이 왜 그렇게 소중합니까?

"지나온 발자취는 앞으로 갈 길을 가르쳐 주기 때문입니다. 왜냐하면 과거와 미래는 항상 연속선상에 있기 때문입니다. 그래서 역사는 한 국가에게는 미래의 자산이요 정신 전력입니다. 역사를 제대로 활용하는 국가는 일류 국가로 계속 번영할 것이고 그렇지 않고 타국에 예속되어 그 나라에 의해 왜곡되고 날조된 역사를 가진 국가나 민족은 2류나 3류 국가로 추락할 수밖에 없게 되어 있습니다.

그런데 다 아시다시피 우리는 1910년부터 1945년까지 35년 동안 일본 제국주의자들에 의해 국가의 맥이 완전히 끊긴 채 살아오다가 해방이 된 지 69년이 되었건만 일제가 우리를 자기네 식민지 노예로 길들이려고 만들어낸 반도식민사관에 의해서 날조된 식민지 역사 교육에서 아직도 벗어나지 못하고 있습니다.

그렇게 소중한 우리 역사를 되찾지 못한 채, 통일이 된다 한들 어떻게 우리의 잠재력을 유감없이 발휘하여 힘차게 세계에 뻗어나갈 수 있겠습니까?"

"그럼 어떻게 해야 합니까?"

"당연히 동아시아 대륙에서 9100년 동안 살아온 우리의 진정한 역사를 되찾아와야죠."

"어떻게요?"

"사극이나 역사소설을 쓰는 작가들은 당연히 일제강점기에 활약했던 독립투사들의 기개로 『삼국사기』「지리지」, 『고려사』「지리지」, 『조선왕조실록』 중 『세종실록지리지』, 조선조 성종 때 편찬된 『신증동국여지승람』, 『중국고금지명대사전』을 반드시 참고하여 지명에 관한 한 역사의 진실을 꼭 되살려놓아야 할 것입니다."

문창극 후보자의 식민사관 시비

2014년 6월 13일 금요일

우창석 씨가 말했다.

"검경의 유병언 씨 체포 상황 추적 보도에 전력투구하던 언론이 어제 오늘 사이에 갑자기 문창극 국무총리 후보자의 식민사관 시비에 온 신경을 집중하기 시작했습니다. 그의 역사관에서 무엇보다도 먼저 '일제의 식민 지배와 남북 분단은 하나님의 뜻'이라는 그의 교회에서의 과거의 발언이 식민사관이라는 비난이 일자, 그는 '한국사의 숱한 시련이야말로 우리나라를 부강하게 만들기 위한 것이었음을 표현하자는 것이 본뜻이었다'고 해명했습니다. 이에 대해서 선생님께서는 어떻게 생각하십니까?"

"기독교도인 문창극 후보자의 입장에서는 그의 역사관에 하등의 문제가 되지 않는다고 봅니다. 기독교인이 아닌 평균적인 한국인들도 인명은 재천 즉 사람의 목숨은 하늘에 달려 있다고 흔히들 말하지 않습니까? 그와 마찬가지로 한 국가의 흥망성쇠 역시 하늘의 뜻이라고 말하든 하나님의 뜻이라고 말하든 그가 말한 취지에는 별 차이가 없다고 봅니다."

"두 번째로 '우리 민족 DNA에는 게으름이 있다'는 발언이 또 문제가 되자 그는 '일반인의 정서와 다소 거리가 있을 수 있다. 그 점 때문에 오해의 소지가 생긴 것은 유감이다'라고 해명했습니다. 이에 대해서는 어떻게 생각하십니까?"

"한국과 일본 국민의 근면성에는 다소 기복이 있습니다. 그러나 역사적으로 한일 관계를 관찰해 볼 때 임진왜란 이전까지는 우리 민족이 일본보다 더 부지런했다고 생각합니다. 왜 그러냐 하면 그 이전에는 왜구의 폐단은 있었지만 우리가 늘 일본을 가르쳐 온 선생의 나라였기 때문입니다.

그래서 일본의 국보급 문화재의 90프로 이상은 한국인이 만들어 준 것이라는 것이 코벨이라는 미국의 미술사학자를 비롯한 국내외 학자들의 견해입니다. 실제로 일본이 1868년 명치유신으로 공업화에 성과를 보이자, 한국에서도 그와 비슷한 근대화 운동인 갑신정변이 김옥균 등의 개화파에 의해 1884년에 일어났지만 삼일천하로 끝나 버렸습니다.

일본의 명치유신보다 겨우 16년 늦었지만 결국 준비 부족으로 실패했습니다. 그러나 그로부터 일제강점기와 분단과 육이오를 거친 77년 뒤에 5·16군사혁명으로 본격적인 조국 근대화 작업은 시작되었습니다.

그 작업은 초고속으로 진행되어 지금은 IT, 조선, 휴대폰, 자동차, 영화, 드라마, 팝송, 팝댄스 등의 분야에서는 이미 우리가 일본을 추월하기 시작했습니다. 이처럼 한국과 일본 두 나라 국민의 근면성은 다소 기복은 있지만, 한국인에게 게으른 DNA가 있다는 말에는 동의할 수 없습니다. 그러나 본인이 이 말에 유감을 표시한 이상 특별히 문제가 될 것은 없다고 봅니다."

"세 번째로 문 후보는 '위안부 문제는 일본이 사과할 필요 없다'고 말했는데 이것이 문제가 되자 처음에 그는 '자신의 동영상을 일부 언론이 악의적이고 왜곡된 편집을 했다. 해당 언론을 상대로 법적 조치를 취하겠다'고 말했다가 태도를 바꾸어 일본 측의 형식적인 사과보다는 진정한 사과를 원한다는 것이 본뜻이라'고 말했습니다. 이에 대해서는 어떻게 생각하십니까?"

"위안부 문제는 한국뿐만 아니라 중국, 필리핀, 네덜란드, 영국, 미국 등 전 세계가 일본의 사과와 보상을 요구하고 있기는 하지만 그 발언은 그가 총리 후보자가 되기 전에 일개 자연인으로 서울대 강단에서 한 발언입니다.

비록 독도와 함께 위안부 문제는 한일 관계를 경색 국면으로 몰아넣은 민감한 문제이긴 하지만 그 발언 자체가 그렇게 결정적인 결격 사유가 될 만한 사항은 아니라고 봅니다."

"야당과 새누리당 일부 초선 국회의원들도 그가 이조, 민비, 동학난 등의 용어를 쓰는 것으로 보아 식민사관을 가지고 있다고 비난하는가 하면 일본의 우익 신문들은 한국의 총리 후보자가 아베 총리의 후원자로 등장했다고 대환영이라고 합니다. 이에 대해서는 어떻게 생각하십니까?"

"그 정도의 발언을 문제 삼아 그가 식민사관을 가지고 있다고 비난하는 것은 지나친 침소봉대라고 봅니다."

"왜 그렇게 생각하십니까?"

"우리나라의 진짜 식민 사학자들은 일제로부터 한국이 해방된 지 69년이 된 지금까지도, 일제가 한국인을 일본의 노예로 길들이기 위하여 한국 강점기에 일본인 사학자들이 만들어 놓은 반도식민사관으로 각종 교과서를 집필하고 있고 대학 강단과 각급 중·고등학교 교단에서 제자들에게 역사를 가르치고 있는, 교수와 교사들이기 때문입니다.

내가 보기에는 문창극 후보자를 식민 사학자라고 비난하는 정치인들은 한국사를 가르치는 교수와 교사들이 바로 지금도 한국의 젊은이들을 일본의 노예로 길들이고 있는 식민 사학자라는 것을 모르고 함부로 식민사관 운운하고 있다고 봅니다.

자기 내장이 썩어 들어가는 것도 모르고 피부에 난 가벼운 찰과상을 걱정하는 격입니다. 한국 역사 교육에 관한 한 대한민국은 지금도 일본 제국주의 강점기와 비교해서 변한 것이 없습니다."

"반도식민사관 교육을 그처럼 방치하고 있는 것은 도대체 누구의 잘못입니까?"

"대한민국 정부 수립 후 지난 66년 동안 대한민국에서 대통령과 문교부장

관을 지낸 사람들에게 일차적인 책임이 있습니다. 그다음에는 국회의원을 비롯한 정치인들과 5천만 국민 전체의 책임입니다."

"왜 그런 끔찍한 일이 벌어지게 되었습니까?"

"해방과 육이오를 거치는 동안 일본인 사학자들에게서 역사를 공부한 이병도를 비롯한 한국인 사학자들이 대를 물려 가면서 아무런 반성 없이 지금까지 각급 학교 강단에서 제자들을 가르치고 교과서를 집필해 왔기 때문입니다.

그 대신 백암 박은식, 단재 신채호 같은 이름난 재야 사학자들은 이미 해방 전에 별세했고 위당 정인보 같은 이름난 사학자는 육이오 때 납북을 당하고 말았으니 한국은 식민 사학자들의 독무대가 될 수밖에 없었습니다.

그동안 백당 문정창, 이유립, 박창암, 임승국 같은 재야 사학자들이 피나는 노력을 기울여왔지만 역사 교육의 중요성을 모르는 여야 정치인들의 무지몽매와 게으름으로 이 나라 역사 교육은 지금도 해방 전 일본 제국주의 강점 시대의 현황을 그대로 유지하고 있습니다."

"식민사관 중에서도 가장 문제가 되는 부분은 무엇입니까?"

"우리 한국 민족은 동아시아 대륙의 선주민족으로서 9100여 년의 역사를 가지고 있는 동양 문화의 종주국입니다. 그런데도 식민사관은 한단 시대 7천 년의 상고사를 아예 뚝 잘라 버리고 한나라의 식민지인 한사군에서부터 시작된, 겨우 2천여 년밖에 안 되는, 날조된 역사를 각급 학교 학생들에게 가르침으로써 우리 민족을 뿌리도 조상도 없는 열등 민족으로 폄하시킨 것입니다.

이처럼 잘못된 역사가 바로잡히지 않는 한 우리 민족의 장래는 암담할 수밖에 없습니다. 그래서 역사를 잃어버린 민족은 장래를 잃어버린 민족이라고 아니할 수 없습니다. 여기에 바로 식민사관의 사악한 독소가 숨겨져 있는 것입니다."

안경전 역주 『환단고기』 독후감

2014년 6월 19일 목요일

우창석 씨가 말했다.

"선생님, 안경전 역주 『환단고기』 다 읽으셨습니까?"

"네, 부피가 『도전道典』보다 약간 못한 1434쪽이어서 이번엔 23일 만에 전부 다 읽었습니다."

"저도 오늘 아침에 다 읽었습니다. 이 책을 읽으신 선생님의 독후감이 무척 궁금합니다."

"전반부를 읽을 때는 이 책의 흡인력에 몰입되어 상당히 긴장되었었는데 후반부터는 맥이 빠지는 기분이었습니다. 내 독후감을 요약하면 전반부는 우리 민족의 지구촌의 시원 문화와 삼신일체 신도의 환단의 역사가, 최근에 만주에서 발굴된 홍산 문화와 각종 자료와 저자가 중국과 중앙아시아를 비롯한 세계 각지를 탐방한 체험을 바탕으로, 생생하게 기술되어 있어서 그 참신함과 함께 우리의 상고사에 대한 저자의 열정과 노고에 숙연함마저 느꼈습니다.

불현듯 내가 30년 전인 1984년에 『소설 한단고기』 상하권을 집필할 때 이용할 만한 자료가 부족해서 거의 가공적인 상상력으로 지면을 채우면서 앞으로 내 후배 중에서 부디 훌륭한 사학자가 배출되어 나의 부족함을 메워주기를 은근히 기원했던 일이 뇌리에 되살아나면서 감회가 무척 새로웠습니다. 그러나 북부여 시대를 지나 고구려, 백제, 신라, 대진국, 고려 시대에 접어들면서 갑자기 맥이 빠지는 기분이었습니다."

"아니, 왜요?"

"『환단고기』 본문과 맞지 않는 저자의 주석에 실망했기 때문입니다. 실례로 '해양 제국을 건설한 백제'라는 항목 후미에 다음과 같은 글이 나옵니다.

'백제는 단군조선과 북부여 이후 무려 340년이 넘는 오랜 기간에 중국 동부 해안 지역을 지배했던 것이다. 그런데 백제와 고구려가 대중국 투쟁을 벌이며 대륙 해안선을 따라 경쟁적으로 획득한 영토는, 안타깝게도 신라가 반민족적 망국 통일을 추진함으로써 고스란히 당나라에 돌아가고 말았다. (윤내현 『한국열국사연구』, 이도학 『새로 쓰는 백제사』 참고)'

위 인용문의 뜻은 신라의 삼국통일 추진 때문에 고구려와 백제가 중국 동부 해안에 확보하여 340년 동안이나 지배했던 영토를 당나라에 돌려주고 중국에서 쫓겨난 것으로 되어 있습니다. 그러나 역사적 진실은 전연 그렇지 않습니다.

사학자 윤내현과 이도학의 저서를 인용했지만 저자도 그들의 주장에 동의하기 때문에 이런 글을 여기에 인용한 것입니다. 이후에 지도와 역주에서 고구려, 백제, 신라, 고려가 한반도에는 있었던 일이 없다는 것이 역사의 진실인데 있었던 것으로 되어 있습니다.

『환단고기』의 「북부여기」, 「태백일사」를 위시하여 『삼국사기』, 『삼국유사』, 『고려사』 「지리지」, 『중국고금지명대사전』을 제아무리 두 눈에 쌍심지를 거꾸로 켜고 뒤져 보아도 고구려, 백제, 신라, 고려가 지금의 한반도에 도읍을 갖고 있었다는 기록은 전연 보이지 않습니다.

김부식이 인종의 명을 받고 1145년에 『삼국사기』 집필을 마쳤을 때도 그는 한반도가 아니라 지금 중국 산동성 임치구의 개경에 있었던 것입니다. 요즘 제아무리 고고학이 발달되었다고 해도 역사는 당 시대의 사관들이 집필한 기록을 기초로 기술되어야 합니다.

바로 그 한국사의 기록이 『환단고기』, 『삼국사기』, 『삼국유사』, 『고려사』, 『조선왕조실록』, 『신증동국여지승람』, 참고 사료로는 중국의 이십오사 동이전, 조선전, 『중국고금지명대사전』 등이 있습니다. 이들 한국사의 기초 자료들 그 어디에도 지금의 한반도에, 19세기 이전에, 고구려, 백제, 신라, 고려, 조선 왕조의 도읍이 있었다는 기록은 보이지 않습니다.

한반도에 조선 왕조의 도읍이 있게 된 것은 오직 19세기 중엽 이후 서세동점기에 조선과 일본 사이에, 조선 쪽에 불리하고도 굴욕적인 강화도조약이 체결된 1876년 이후의 일입니다.

그 당시 일본 제국주의자들이 한반도를 병탄하고 한민족을 자기네 노예로 길들이기 위해서 한국 역사를 왜곡 날조한 일본인 어용 사학자 하야시 다이스케(林泰輔)가 19세기 후반에 반도식민사관에 맞추어 집필한 『조선사』에 처음으로 한반도에 도읍이 등장할 뿐입니다. 하야시야말로 반도식민 사학 날조에 가장 앞장섰던 일본제국의 어용 사학자입니다.”

“그럼 선생님, 환국, 신시 배달, 단군조선, 북부여는 어디에 있었습니까?”

“지금의 섬서성을 중심으로 한 중국 대륙에 있었습니다. 그리고 한반도는 ‘탁라乇羅’라는 이름으로 『삼국유사』와 『고려사』에 등장합니다. 좌우간 우리나라는 환국 이래 9100년 만에 우리나라의 식민지였던 탁라 즉 한반도로 이주한 것입니다.”

“왜요?”

“당시 동양 침략의 선두에 섰던 영국 제국주의와 제휴한 일본 제국주의의 강요로 한반도로 추방된 것이지만 지금 생각하면 이 모두가 원대한 앞날을 내다본 하늘의 섭리라고 생각합니다.”

“그게 무슨 뜻입니까?”

“한반도는 지구촌의 길지요 명당이기 때문입니다. 이 명당이야말로 지구촌을 관리하는 사령탑이 차지해야, 우리 민족이 앞으로 전개될 5만 년 후천세계를 이끌어 갈 지도국이 될 수 있기 때문입니다."

"그건 그렇구요. 이 독후감을 읽은 『환단고기』 역주자나 일부 독자들 중에는 요즘 인기리에 방영 중인 티브이 연속방송극 '정도전'을 시청하는 사람이 있을 수도 있습니다. 무학대사의 추천으로 이성계가 도읍으로 정하려고 했던 계룡산 일대를 하륜河崙의 반대로 무산시키는 장면이 나오는데, 이것을 본 시청자들이 이것만 보아도 조선의 도읍이 한반도의 개성에 있었다는 것을 입증하는 것이 아니냐고 반문하면 선생님께서는 뭐라고 대답하실 것입니까?"

"참으로 좋은 질문을 해 주셨습니다. 지금 우리가 쓰고 있는 한반도 내의 한자 지명의 90프로 이상은 1910년 경술국치 이후 조선총독부에서 중국 대륙에 있던 한국 지명들을 고대로 수평으로 위도와 경도에 맞추어 한반도로 옮겨온 것입니다. 그전까지 한반도 안에서 사용된 지명은 진고개, 무너미마을, 복사골 같은 순우리말 지명이었습니다.

그렇게 하여 중국에 있던 한국식 지명들이 한반도로 무더기로 옮겨오면서 1911년 중국에서는 신해혁명이 일어나 만주족이 세운 청나라가 무너지고, 손문의 중화민국이 수립되면서, 반도로 옮겨간 한국식 지명 대신에 중국 서쪽 지방의 지명들을 순차적으로 옮겨오면서 될수록 빠른 시일 안에 한국인이 살았던 흔적을 모조리 파괴하고 없애 버렸습니다.

1926년까지 대륙에 있던 일본의 조선총독부가 국공합작의 압력으로 견디지 못하고 경복궁 앞의 신청사가 준공되자 서울로 옮겨오면서, 중국 내에 남아 있던 한국인 흔적들은 또 한 번 수난을 당했고, 세 번째 수난은 1960년 대의 중공의 문화대혁명 때 홍위병들에 의해 깡그리 다 파괴당하고 말았습니다. 중국은 그때부터 이미 역사 주도권 확보 전쟁에 혈안이 되어 있던 것입니다.

이것을 모르는 대부분의 한국의 식자들은 현재 우리가 쓰고 있는 한반도

239

내의 지명들이 2천 년, 3천 년 전에도 그대로 쓰였던 것으로 착각을 합니다. 그래서 함흥차사咸興差使의 함흥하면 으레 북한의 함경남도 함흥으로 알지만 그거야말로 천만의 말씀입니다."

"그럼 함흥이 어딥니까?"

"지금의 중국의 내몽고자치구에 있는 호화호특시 근처에 있던 이성계의 고향인 동북면에 있는 화령和寧 즉 함흥입니다."

"그럼 지금도 경남 진주시 미천면 오방리에 있는 것으로 티브이 화면에 비쳐진 하륜河崙의 묘는 어떻게 된 겁니까?"

"하륜의 후손들이 중국에서 이장을 했거나 아니면 선죽교나 공민왕릉, 조선 왕조의 24개 왕릉, 4대 궁궐 그리고 경주의 신라 왕릉들처럼 일제가 반도 식민사관에 맞추어 주요 유적지들을 영화 세트 만들 듯 그럴듯하게 조작한 것입니다.

단한국의 사학자들은 반도식민 사학자들이나 재야 사학자들을 막론하고『환단고기』, 『삼국사기』, 『삼국유사』, 『고려사』, 『조선왕조실록』, 『신증동국여지승람』, 『이십오사』, 『중국고금지명대사전』과 같은 기본 사료로 읽으면서 공부를 하려고 하지 않으니까 아직도 반도식민사관에서 완전히 벗어나지 못하고 있습니다."

"선생님의 서가에 보이는 『중국고금지명대사전』은 중국에서 만든 겁니까?"

"중국이 아니라 대만에서 만든 겁니다. 한국에서 계속적으로 주문이 하도 많이 쇄도하니까 이상하다고 생각하고 대만 출판사에서 한국에 사람을 보내 조사해 보고는 이러다가는 동양사의 주도권 싸움에 불리하겠다 싶었던지 지금은 일체 수출이 중단되고 있습니다. 그래서 복사판만이 나돌고 있습니다. 이것도 복사판입니다.

한반도 안의 웬만한 한자 지명 쳐놓고 이 책에 들어 있지 않은 것은 거의 없습니다. 지명은 말할 것도 없고 압록강, 두만강, 백두산, 금강산, 한강, 낙동강, 금강, 섬진강 등등 강산의 이름도 이 책에 등재되지 않은 것은 거의 없습니다. 그러나 이 중에는 중국에서는 사라진 지명도 많지만 아직도 옛날 그대로 쓰이고 있는 것도 적지 않습니다.

동양사의 기본 사료들을 살펴보면 한반도와 만주의 지명들은 이들 사료에 별로 등장하지 않습니다. 압록강, 두만강, 백두산 같은 유명한 지명들도 한반도에는 20세기 이후에 등장합니다. 지금 만주와 한반도의 한자 자명들은 20세기 전후에 중원 지방의 지명들에서 수평 이동한 것임을 알 수 있습니다."

"그렇다면 한반도와 만주는 최근까지 역사의 소외 지대였다는 말씀인가요?"

"그렇다고 말할 수밖에 없습니다. 그러니까 기본 사료에 등장하지 않는 2천 년, 3천 년 전 역사에 만주와 한반도를 개입시키는 어리석고도 무의미한 일이 아닐 수 없습니다."

제
7
부

반도식민사관의 세 가지 기본 지침

2014년 6월 24일 월요일

우창석 씨가 말했다.

"선생님, 요즘 문창극 국무총리 후보 문제는 시진핑 중국 주석 내외의 방문과 임 병장, 김형식, 유병언 관련 기사 등의 폭주로 완전히 매몰되어 버린 것 같은 느낌이 듭니다. 제가 생각하기에는 이번 문창극 파동은 문 씨가 국무총리 후보를 자진 사퇴한 것으로 싱겁게 끝내 버리기에는 아무래도 찜찜하고 개운치 않고, 아쉬운 느낌입니다."

"그 이유를 좀더 조리 있게 설명해 주시겠습니까?"

"그를 국무총리 후보로 지명한 박근혜 대통령의 곤혹스러운 처지를 감안하더라도, 이처럼 자의 반 타의 반으로 자진 사퇴를 하는 것으로 끝내 버리는 것은 40여 년 동안 신문기자, 논설위원, 주필까지 별 사고 없이 무사히 마친, 한 직업 언론인의 손상된 명예는 물론이고, 그동안 여론을 지배했던 그에 대한 친일파, 식민 사학자라는 근거 없는 꼬리표 문제는 반드시 해결되어야 한다고 봅니다.

물론 당사자의 해명이 몇 번 있었다고는 해도 그것만으로는 턱없이 부족합니다. 이대로 방치한다면 현직에서 명예롭게 은퇴한 60대 중반의, 멀쩡한 한 언론인인 그 자신은 물론이고 그의 가족들에게도 너무나도 큰 상처를 안겨 주게 될 것입니다. 그뿐 아니라 친할아버지가 독립투사로서 생을 마감한 그에게는 친일파요 식민 사학자라는 치욕적인 딱지는 천부당만부당한 일이 아닐 수 없습니다.

그가 과연 친일파요 식민 사학자였다면 유수한 중앙 보수지인 중앙일보사에서 40여 년 동안이나 신문기사와 논설을 쓰고도 무사하게 언론인의 한 생애를 마칠 수 있었겠느냐는 의문이 일지 않을 수 없기 때문입니다. 만약에 이대로 묻혀 버린다면 우리나라는 유능한 한 언론인의 인권을 모독한 파렴치한 후진국으로 지탄받아도 변명의 여지가 없을 것입니다."

"문창극 후보가 식민 사학자가 아니라는 것을 어떻게 입증할 수 있습니까?"

"백 년 전에 우리가 일본의 식민지가 된 것은 우리 민족이 게으르고 자립심이 없고 무능했기 때문이라고 그가 말한 것은 그가 일제의 식민사관을 추종했기 때문이라고 KBS가 보도했는데, 이것은 백여 년 전 영국의 한 여자 여행가의 저서를 그가 인용한 데서 비롯된 것입니다.

2008년에 MBC가 낮도깨비 같은 광우병 소동을 주도했다면 KBS는 이번에 터무니없는 문창극 파동을 주도한 것입니다. 그런데 그 저서의 내용은 국내의 조선인들은 관리들의 횡포와 가렴주구에 대한 항의의 수단으로 게을렀을망정, 시베리아 연해주로 이민 간 조선인들은 더없이 부지런하고 자립심이 강했다는 대목은 뚝 잘라 버리고 편집한 것이었습니다.

이러한 짜깁기식 보도에 야당 정치인은 물론이고 일부 여당 정치인까지 부화뇌동하여 그가 친일파요 식민 사학자라고 몰아붙인 과장된 보도들이 퍼져나가 마침내 그를 아예 친일파로 둔갑시킨 엉터리 여론이 순식간에 조성된 것입니다.

마치 2008년 이명박 정부 초기에 종북 세력이 주도한, 근거 없는 광우병 소동으로 온 나라를 쑥밭으로 만들고 갓 취임한 대통령의 항복까지 얻어내어 그의 임기 내내 종북 단체들이, 친북 좌파 정권 때처럼 정부 보조금 받아가면서 반정부 활동을 맘놓고 벌일 수 있었던 것처럼, 문창극 사건은 제2의 광우병 소동을 방불케 했습니다."

"결국은 국내 언론, 여야 정치인들이 합심하여 신문기자로서 40여 년 현역 생활을 무사히 마친 유능한 한 사람의 언론인의 명예에 치명적인 손상을 입힌 것입니다. 선생님께서는 어떻게 생각하십니까?"

"조선인들이 게으르고 남에게 의존하려는 고약한 버릇이 있다는 것은 신채호, 함석헌 같은 민족 사학자들도 지적한 바 있습니다. 서세동점기 3백 년 동안에 일본이 부지런히 노력하여 강대국이 되는 동안 우리는 당파싸움에 세월 가는 줄 몰랐다는 것은 뼈저리게 반성해야 할 일입니다.

문창극 후보가 그러한 우리 민족의 약점을 지적했다고 해서 식민 사학자로 몰아 버리는 것은, 자기반성이라는 것을 아예 하지 말자는 말과 같습니다. 그건 그렇고 기왕에 식민사관 얘기가 나온 김에 꼭 짚고 넘어가야 할 일이 있습니다. 우창석 씨는 반도식민사관이라는 것이 무엇인지 아십니까?"

"반도식민사관이란 일제가 우리 민족을 영원히 자기네 노예로 길들이기 위해서 일본보다 훨씬 더 찬란하고 장구한 우리 역사의 상고사 부분을 잘라 버리지 않고는 식민지 지배가 불가능하다고 생각한 나머지 한국 역사를 제멋대로 뜯어고치고 날조한 것이 아닙니까?"

"그 말은 맞습니다. 그렇게 한국 역사를 조작하고 날조하는 데는 세 가지 기본 지침이 있었습니다. 그게 무엇인지 아십니까?"

"그것까지는 모르겠는데요."

"그럼 내가 말하죠. 첫째가 환국桓國 이래 그 당시까지 9100여 년의 우리 역사에서 우리 선조들이 중원 대륙의 선주민으로서, 동북아 대륙 전체를 일방적으로 지배했던 7천 년의 찬란한 상고사 부분을 아예 뚝 잘라 없애 버린 것이었습니다.

구체적으로 환국, 배달국, 단군조선, 북부여로 이어지는 7천 년의 우리 역사의 핵심 부분을 아예 뚝 잘라 없애 버리고 그 대신 우리나라 역사가 중국이 날조한 기자조선과, 중국과 일본이 합심하여 조작한 위만조선과 한사군 즉 한나라의 식민지로부터 시작한 것으로 변조함으로써, 우리 민족은 겨우 2천 년의 역사밖에 없는, 조상도 뿌리도 없는, 남의 식민지로부터 역사를 시작한 형편없이 열등한 민족임을 부각시켰습니다.

그리고 그 두 번째가 우리 민족은 역사 이래 처음부터 지금까지 한반도 안에서만 살아온 민족이라는 것입니다. 그래서 반도식민사관이라는 역사 술어가 만들어진 것입니다. 실례를 들면 천 년의 역사를 가진 신라의 수도 경주는 단 한 번도 도읍을 옮긴 일이 없는 것으로 역사를 날조했습니다.

실제로 『삼국사기』와 『삼국유사』를 읽어 보면 신라는 수없이 많이 수도를 옮긴 기록이 나오는데 이것을 깡그리 다 무시한 것입니다. 그뿐 아니라 세계 역사학계가 공인하는 『삼국사기』, 『삼국유사』, 『고려사』, 『조선왕조실록』, 『세종실록지리지』, 『신증동국여지승람』, 『중국고금지명대사전』을 아무리 뒤져 보아도 신라, 백제, 고구려, 고려, 조선 왕조의 도읍들이 1876년 강화도조약 이전에 한반도에 있었다는 기록은 아무리 눈 씻고 찾아보아도 어디에도 없습니다."

"그럼 환국, 배달국, 단군조선, 북부여, 고구려, 백제, 신라, 발해, 고려, 조선 왕조의 수도들은 어디에 있었습니까?"

"환국 이래 9100년 동안 우리나라 수도는 중원 대륙에 있었고, 우리 조상들은 중국 대륙의 중부와 동부의 황하, 양자강 유역의 한반도의 10배 내지 15배의 영토를 보유하고 있었습니다.

이것이 역사의 진실입니다. 일본은 이것을 알고 있었고 이러한 역사를 그대로 두고는 한민족을 식민지 백성으로 지배할 수 없다는 것을 깨닫고, 유사 이래 한국인의 역사는 한반도 안에서만 벌어졌다고 역사를 날조하지 않을 수 없었던 것입니다.

그 때문에 일본은 대륙에 있던 우리의 역사 유적들을 한반도에 있었던 것처럼, 용인 민속촌이나 남한 각지에 만들어진 영화 세트 비슷하게, 당시 대영제국의 자금 지원을 받아 한반도 내의 전국 방방곡곡에 계획적으로 정교하고 치밀하게 조작 설치했던 것입니다.

1910년 일본의 한국 강점 이후 그렇게 만들어진 반도식민사관을 바탕으로 써진 교과서로 역사 교육을 받은 우리는, 해방된 지 69년이 흘러간 지금까지도 우리 역사가 정말 한반도 안에서만 이루어진 것으로 잘못 알고 있습니다.

세 번째가 한국 민족은 게으르고 무능하고 자립심이 없어서 남에게 의존하기를 좋아하므로 나라를 스스로 꾸려나갈 능력이 없는 열등 민족이므로 일본의 식민지 지배를 받아야 마땅하다는 것입니다. 문창극 후보는 식민사관의 바로 이 세 번째 지침에 걸린 것입니다.

그러나 이 세 번째 지침은 지난 50년 동안 휴전선 남쪽에서나마 한국이 이룩한 기적적인 국가 재건 성과로, 일본도 할 말을 잃고 말았습니다. 2차 대전 이후 선진 강대국들의 원조를 받던 식민지에서 출발한 국가로서 원조를 주는 강국으로 탈바꿈한 나라는 지구촌에서 오직 한국밖에 없다는 것이 세계인들의 공통된 인식입니다.

이제는 일본인을 포함하여 온 세계의 그 누구도 한국인이 게으르고 자립심이 없다고 말하는 사람은 없습니다. 그런데 40여 년 동안 신문사에서 논설을 써 온 문창극 언론인이 서세동점기의 역사적 사실을 들어 한국인은 역사의 어느 한 시기에 게으르고 자립심이 없었다고 말했다고 하여, 친일파로 낙인이 찍혀 여론의 집중 공격을 받는 어처구니없는 얄궂은 일이 이 땅에서 그것도 백주 대낮에 벌어진 것입니다."

"그럼 선생님, 문창극 언론인은 진짜 반도식민 사학자는 아니지 않습니까?"

"물론입니다."

김정은과 궁예

우창석 씨가 말했다.

"러시아통으로 이름난 북한의 현영철 인민무력부장이 4월 30일에 구속된 지 단 사흘 만에 아무런 재판이나 심의 과정도 거치지 않은 채 기관포로 그의 가족을 위시하여 수백 명의 동료들이 지켜보는 가운데 무참하게 처형되었습니다. 그렇게 함으로써 이태 전 2013년에 중국통으로 소문난 장성택의 경우처럼 그의 모습은 형체도 없이 지상에서 깡그리 사라져 버렸다고 합니다.

김정은의 심복과 고위 관리 처형 수법은 후삼국 시대의 궁예弓裔의 측근에 대한 병적인 잔혹한 처형 방식을 훨씬 능가합니다. 그뿐 아니라 그는 북한의 김씨 왕조의 세 번째 왕으로 등장한 2012년에 17명, 2013년에 10명, 2014년에 41명, 2015년 중반인 지금까지 벌써 15명 등 총 83명의 측근 고위 관료들을 가장 야만적이고도 잔혹하게 처형함으로써 세계를 놀라게 했습니다.

더구나 2012년에 김정일 사망 당시 그의 시신을 운구한 7인방 측근 중 지금까지 살아남은 사람은 겨우 둘뿐입니다. 현영철이 그렇게 갑자기 처형된 것은 북한 언론이 보도한 대로 김정은이 연설하는 회의장에서 단순히 졸았기 때문만은 아닌 것 같습니다. 김정은이 아무리 측근 고위 관료 죽이기를 파리 잡듯 한다고 해도 회의 중에 졸은 것 외에 다른 이유가 분명히 있을 것이라 생각됩니다."

"중국통으로 알려진 장성택이 처형된 이유가 김정은이 연설할 때 박수를 건성건성 쳤기 때문이라고 했지만 실은 그가 중국의 내응으로 북한에 친중 정권을 세우려고 한 것이 진짜 이유였던 것처럼, 현영철의 갑작스런 처형의 진짜 이유도 그와 비슷한 것이 아닐까요? 장성택의 처형 이유가 북한에 친중 정권을 세우려는 것이었다면 현영철 처형의 진짜 이유는 북한에 친러 정권을 세우려는 의도가 발각된 것이 아닐까 하는 생각이 듭니다."

"그러나 중국은 육이오 참전으로 60만 명의 중공군이 희생되는 등 북한에 친중 정권을 수립할 만한 이유가 있었지만 러시아도 그럴 만한 이유가 있었을까요?"

"있고말고요. 러시아는 중국보다 더 다급한 현실적인 이유가 있습니다."

"그게 무엇이죠?"

"러시아는 지금 우크라이나 문제로 유럽연방 국가들의 강력한 반대와 제재에 부딪쳐 시베리아산 가스와 석유의 대서방 수출 길이 꽉 막혀 버리는 통에 당장 경제적으로 격심한 타격을 받고 있습니다. 이에 대한 유일한 해결책은 시베리아산 가스와 유류를 한국과 일본에 수출하는 방법밖에 다른 길이 없습니다.

그러자면 시베리아와 북한을 경유하는 송유관, 가스관 및 철도를 남북한을 경유하여 부산에까지 부설하는 것이 꼭 필요합니다. 따라서 러시아로서는 중국 이상으로 북한에 항구적인 친러 정권 수립이 초미의 관심사가 아닐 수 없습니다.

한편 김정은은 가스관, 송유관, 철도 부설을 허가하는 대신 자기네가 필요로 하는 러시아산 첨단 무기를 중국처럼 물물교환 형식으로 해 주기를 요구했지만 러시아는 그것을 거절하고 자기네가 절실히 필요로 하는 외화 결재를 요구했을 가능성이 있습니다. 이것 외에도 현영철이 자주 러시아를 왕래하는 임무를 수행하는 동안 김정은을 화나게 함으로써 잠수함 탄도 미사일 실험을 조작해야 할 만큼 다급한 사정이 틀림없이 있었을 것으로 보입니다."

"그것이 무엇일까요?"

"미구에 한국이 통일되면, 아니 그전에라도 밝혀질 때가 있겠죠."

"통일이 그렇게 쉽게 이루어질까요?"

"외신들은 앞으로 3년 안에 통일이 될 것이라고 보도하고 있지만 내가 보기에는 김정은의 심복에 대한 잔혹한 처형이 계속되는 한 그와 같은 일이 앞으로 지금보다 더 자주 일어날 것이고 그렇게 되면 궁예의 심복 부하들이 그랬던 것처럼 그들도 살아남기 위해서 불가피하게 무슨 자구책이든지 강구하지 않을 수 없을 것입니다."

"궁예의 심복 부하들은 그때 어떻게 했죠?"

"궁예의 심복 부하들은 참다못해 결국은 극비리에 왕건을 새 주군으로 내세우고 궁예를 추격했습니다. 급보에 접한 궁예는 잠옷 차림으로 허겁지겁 산속으로 도망치다가 산골 마을 농민들에게 붙잡혀 몰매를 맞고 죽었습니다.

지금 살아남은 김정은의 측근들도 죽기를 싫어하는 사람의 속성상, 그들도 미구에 뻔히 죽을 것을 알면서 자기 앞줄에 선 동료들이 차례차례 눈앞에서 고사포와 화염방사기로 흔적도 없이 땅 위에서 사라져가는 것을 강 건너 불구경하듯 멍청하게 바라보기만 하려고는 절대로 하지 않을 것입니다.

무슨 일이든지 극즉반이라고 극에 달하면 반드시 반작용이 있게 마련이고, 오르막이 있으면 내리막이 있듯이 죽음에 대한 공포가 극에 달하면 반드시 생존 본능을 수반한 분노가 치미는 것이 인지상정이기 때문입니다. 바로 그 공포가 분노로 바뀌는 시점이 김씨 왕조의 종말이 될 것입니다.

이 분노야말로 70년 동안 계속된 개인 우상화 작업으로 형성된, 이 비극의 원인인, 김씨 왕조를 뒤집어엎으려는 민중 봉기로 자연스럽게 이어질 것입니다. 이 인민 봉기에 군대가 가담함으로써 1990년대에 소련의 붕괴에 뒤이어 동유럽 공산위성국 인민들과 군인들이 들고 일어나 독재자를 모조리

다 타도하고 자연스럽게 개혁 개방의 길을 선택했습니다.

그러나 분단국인 동독 인민들은 서독으로의 대량 탈출로 서독에 흡수 통일되는 길을 스스로 택했습니다. 북한도 동독 인민들과 비슷한 길을 걷지 않을 수 없게 될 것입니다. 이로써 1945년 2월 얄타 협정에서 전승국인 미·소 양국이 제멋대로 만들어 놓은 한국 민족에 대한 인위적 분단의 비극은 육이오와 휴전, 한국의 선진국으로의 비약적인 발전 등 수많은 사건들을 거쳐 약 70여 년 만에 드디어 종말을 고하게 될 것으로 보입니다."

역사 찾기의 중요성

"한국 분단이 북한 주민들과 군대의 힘으로 해소된 후에 장기간에 걸친 남북 사이의 소통 부재로 야기된 이질감과 국민소득 수준도 한국의 기술과 자본의 대량 투입으로 북한이 산업화 되어, 남북의 생활수준이 어느 정도 비슷해지고 실질적인 통일이 완성된 후에 제일 먼저 우리가 착수해야 할 일이 무엇이라고 보십니까?"

"중국과 일본에 의해 왜곡 또는 날조되었던 우리나라 역사를 되찾는 일입니다. 우리나라 역사를 가장 먼저 왜곡하고 날조한 나라가 중국입니다. 중국은 이미 한나라 때부터 우리 역사를 본격적으로 날조하기 시작했습니다.

한나라 때에 쓰여진 사마천의 『사기』에서부터 국가 단위로 우리 상고사가 본격적으로 왜곡되었는데, 중국 사서의 고전이라 불리는 이 사서가 집필된 시기는 중원 대륙의 동쪽의 조선족과 서쪽의 한족의 투쟁이 치열했던 서기전 141년 이후 한무제 때부터였습니다.

당시 한나라는 조선으로 연속적으로 많은 군대를 파견했지만 그때마다 패배만 거듭했습니다. 군사력으로는 도저히 당해낼 수 없다고 생각한 한나라는 뇌물로 이간질을 하는 비열한 수법으로 위만조선의 우거를 멸망시킨 뒤에, 그 땅에 군현을 설치하려 했지만 그것마저 배달족의 줄기찬 항쟁으로 수포로 돌아갔습니다.

그 분풀이로 한나라는 두 나라 역사의 위상을 감쪽같이 뒤바꾸어 버림으로써 사기를 치는 수법을 구사했습니다. 이것을 실행한 사람이 바로 무제의 사관인 사마천이었습니다. 그 역사 기록이 바로 한족의 시조인 황제헌원과 배달국의 천자인 치우의 전쟁으로 시작되는 「오제본기五帝本紀」입니다.

치우는 세속에서 부르는 별칭일 뿐이고 이분이 바로 배달국의 14세 자오지慈烏支 천황입니다. 그리고 황제헌원은 바로 한족이 그들 역사의 시조로 받드는 인물입니다. 헌원은 원래 배달의 신농씨神農氏의 후손이고 신농씨 나라의 마지막 8대 왕은 염제유망炎帝楡罔이었습니다.

이 나라가 쇠망하게 되자 치우천황은 큰 뜻을 품고 서쪽으로 진출하여 여러 제후국들을 차례로 정복하고 마침내 유망의 수도인 공상空桑(하남성 진류)을 함락했습니다. 크게 패한 유망이 탁록涿鹿(하북성)으로 도망치자 또다시 진격하여 일거에 정복해 버렸습니다.

이때 천자인 치우천황의 공상 입성 소식을 듣고 치우의 일개 제후인 헌원이 독자적인 천자라도 되는 양 치우천황에게 대항해 왔습니다. 이로 인해 저 유명한 동방 고대사의 탁록대결전涿鹿大決戰이 전개됩니다.

사마천의 『사기』에서는 당시의 상황을 '치우작란蚩尤作亂'이라고 하여 사실을 완전히 뒤바꾸어 왜곡했습니다. 그러나 유망의 제후인 헌원 자신이 '천자가 되겠다'는 야심을 품고 군대를 일으켜 치우천황에게 싸움을 걸어 온 것이므로 '황제작란黃帝作亂'이라고 해야 역사의 진실이 되는데 이를 뒤바꾸어 놓은 것입니다.

치우천황은 일찍이 갈노산, 옹호산에서 쇠를 캐어 투구, 갑옷, 칼, 창 등을 만들어 당시로서는 최첨단 무기를 사용하였기 때문에 10년 동안에 73회의 전투가 벌어졌는데도 계속 이길 수 있었습니다. 게다가 도술로 안개를 만들어 헌원군을 큰 혼란에 빠뜨림으로써 대승을 거두었습니다.

이에 헌원은 치우천황을 본받아 병기와 갑옷을 만들고 지남거를 만들어 대항했습니다. 그러나 이때 치우천황은 대격전 끝에 대승을 거두고 헌원을 사로잡아 신하로 삼았습니다. 그러나 이 전투 중에 치우천황의 장수 치우비蚩尤飛가 헌원군에게 성급하게 공격을 시도하다가 적진 속에 깊숙이 들어가 포위되어 전사했습니다.

사마천은 『사기』에서 이것을 '헌원이 치우천황을 사로잡아 죽였다'고 기록함으로써 고대 역사상 최대의 사건을 왜곡 날조한 것입니다. 그러나 이것이 순전한 거짓이었음은 그 후의 동양사의 전개 과정을 보면 자연스레 명백해집니다.

치우천황은 배달족은 말할 것도 없고 진, 한고조 유방劉邦과, 그 후 한 시대의 중국 왕조와 백성들의 숭배의 대상이 되었고, 그들은 해마다 10월이 되면 산동성 동평군에 있는 높이 일곱 길이나 되는 치우능에 제사를 지냈습니다. 이때에는 항상 붉은 기운이 뻗치므로 이를 치우기라고 불렀던 것(『사기』, 『한서』)만 보아도 알 수 있습니다.

게다가 한고조 유방은 자기 고향의 풍속에 따라 동방 무신武神의 원조인 치우천황에게 반드시 제사를 지낸 뒤에라야 군사를 일으켰습니다. 그리고 5년 동안 항우項羽와 싸우다가 마지막 한 판의 승리로 제위에 오른 그는 장안에 치우천황 사당을 짓고 더욱 돈독하게 공경하였습니다.(『사기』「봉선서封禪書」)

만약에 사마천의 『사기』의 기록대로 치우천황의 부하 장수인 치우비가 아니라 치우천황 자신이 헌원에게 사로잡혀 죽었다면 이처럼 배달족과 한족들에 의해 장기간에 걸쳐 추앙을 받을 수는 없는 일입니다.

한편 치우천황의 신하가 된 헌원은 동방 배달의 청구靑邱(치우천황 때의 도읍, 그 후 배달국의 별칭)에 이르러 풍산風山을 지나다가 치우천황의 국사國師인 자부선인紫府仙人의 가르침을 받고 『음부경陰符經』이라 불리는 『삼황내문三皇內文』을 전수받았다(『포박자抱朴子』「지진地眞」)고 합니다. 이처럼 배달국의 종교와 문화를 전수받음으로써 헌원은 황로학黃老學이라 불리는 도교의 시조가 되었습니다.

그 당시에는 헌원뿐만 아니라 공공共工, 창힐蒼頡, 대요大撓 등이 모두 동방 배달에 와서 자부선인으로부터 가르침을 받았건만 거의 대부분의 중국 사서들은 이것을 철저하게 날조하여 헌원의 공적으로 돌리고 있습니다.

또 사마천은 단군조선에서 통용되는 '단군천황'이라는 말을 쓰기 싫어서 '천신天神'이라는 아리송한 단어로 얼버무렸습니다. 그뿐 아니라 배달국, 청구국, 단군조선과 같은 정식 국가 명칭을 쓰지 않고 항상 동이東夷, 동호東胡, 말갈靺鞨, 북적北狄, 서이西夷와 같은 이웃 나라를 무조건 깎아내리고 모욕하는 비칭만을 사용했습니다.

사마천이야말로 배달족의 눈으로 볼 때, 한족의 우월성만을 무턱대고 내세우고 이웃 나라들을 턱없이 모독하고 깎아내리는 화이사상에 투철한, 휘치필법만을 구사한 속물, 저질의 중화적 국수주의자일 뿐입니다.

2천여 년 전 사마천의 한국사 왜곡 날조의 고약한 전통은 오늘날에도 한족들에 의해 고스란히 계승되어 최근엔 동북공정으로 현대 중국 사학자들은 엄연히 건원칭제建元稱帝한 고구려와 발해제국의 역사를 한갓 지방정권으로 폄하 날조하고 있습니다.

사마천에 의해 날조된 우리 역사는 일제강점기에 이마니시 류今西龍와 쓰다 소키치津田左右吉 같은 일본 식민 사학자들에 의해 이중삼중으로 만신창이가 되었습니다. 이마니시 류는 『삼국유사』의 첫머리에 나오는 '옛날에 환국이 있었다'는 '석유환국昔有桓國'이라는 구절을 '옛날에 환인이 있었다' 즉 '석유환인昔有桓因'으로 활자 바꿔치기를 함으로써 한국 상고사 7천 년을 단숨에 날려 버린 공적을 세웠다고 하여 일본 왕의 상금까지 받은 가장 악질적인 식민 사학자입니다.

그리고 쓰다 소키치는 한국 합병을 합리화하려고, 한반도 남부에 임나일본부라는 일본 통치 기구가 서기 4 내지 5세기경 있었다는 허무맹랑한 『일본서기』 기록을 믿고 『삼국사기』를 아무리 뒤져 보아도 그런 꼬투리를 전연 찾아낼 수 없게 되자 『삼국사기』의 초기부터 5세기까지의 기록은 믿을 수 없다고 하여 『삼국사기』에서 5세기 이전 기록은 아예 잘라내 버리는 만행을 저질렀습니다.

그러자 쓰다의 충성스러운 한국인 제자인 김원용이라는 고고학자는 한국에서 출토되는 서기전 5세기 이전의 유물의 출처를 고구려, 신라, 백제에서 나왔다고 기록하지 못하고 역사상 존재하지도 않았던 원삼국原三國이라는 가상의 공간을 만들어 원고구려元高句麗, 원신라元新羅, 원백제元百濟에서 나왔다고 주장했고, 그가 죽은 후에는 그의 제자들에 의해 지금도 그렇게 사용되고 있고 교과서에도 그렇게 나와 있습니다.

이처럼 중국에 의해 날조된 우리 상고사와 함께 일제강점기에 일본에 의해 70년 동안, 약탈당했던 우리 역사의 진실을 되찾는 일이 우리가 기필코 신속하게 수행해야 할 과제입니다. 이처럼 지금 각급 학교에서 가르치는 잘못된 가짜 역사 교과서를 대대적으로 개정하는 대사업이야말로 범국가적인 과업으로 실천해야 합니다.

그렇게 하자면 무엇보다도 먼저 우리 조상들이 대륙에 살면서 기록해 놓은 『환단고기』, 『삼국사기』, 『삼국유사』, 『고려사』, 『조선왕조실록』, 『동국여지승람』에 기록된 그대로의 역사를 되찾는, 역사 복원 공사가 대대적으로 선행되어야 합니다. 이러한 역사 복원 작업이야말로 다른 그 무엇보다도 시급하고 필수불가결한 일입니다."

"한 민족에게 역사란 도대체 무엇입니까?"

"우리 역사는 우리 민족정신의 핵심입니다. 그러므로 반드시 진실 그대로 복원되어야만이 앞으로 무한하게 재도약해야 할 민족 에너지의 원천, 다시 말해서 정신 전력이 될 수 있습니다. 동시에 역사란 우리의 족보이고 등기 부등본이고 주민등록증이기도 합니다. 따라서 역사 찾기야말로 우리나라가 지구촌을 이끌어 나갈 지도국이 되려면 무슨 일이 있어도 꼭 성취해야 할 과제입니다."

"그런데 선생님, 우리나라는 일제강점 시기를 벗어난 지 70년이 되었건만 아직도 반도식민사관으로 쓰여진 역사를 학교에서 그대로 가르치는 것을 보면 한국 역사 분야만은 일제시대와 조금도 달라진 것이 없지 않습니까?"

"그렇습니다. 해방과 더불어 일제에게 빼앗겼던 국토와 우리말과 우리글과 우리의 성과 이름과 재산 등 모든 문화재가 우리에게 되돌아왔지만 조선총독부 조선사편수회에 의해 조직적으로 강탈당했던 우리의 역사만은 전연 환수되지 못하고 있습니다.

그것을 가장 구체적으로 입증해 주는 것이 지금도 각급 학교에서 이용되는 국사 교과서가 일제가 우리 민족을 영원히 일본의 노예로 길들이기 위해서 이마니시 류나 쓰다 소키치 같은 가장 악질적인 일제 어용 사학자들이 만든 반도식민사관으로 교육을 받은 한국인 친일 사학자들에 의해 지금도 집필되고 있다는 엄연한 사실입니다.

나라가 외국의 강점 상태에서 해방이 되었다면 당연히 강점자들이 식민지 통치를 위해서 만들어 놓은 가짜 역사부터 제일 먼저 폐기하여 불태워 버리고 잃었던 우리 역사부터 되찾아야 마땅하건만 그러한 가짜 역사를 해방된 지 70년이나 지났는데도 아직까지 그대로 각급 학교에서 가르치고 있습니다."

"도대체 왜 그렇게 되었습니까?"

"일제강점 35년 동안 일본은 한국 역사를 왜곡 날조하는 사업을 범국가적인 사업으로 보고 온 국력을 기울여 대대적으로 집행했을 뿐만 아니라 이로 인하여 우리의 민족 사학자들은 조직적으로 말살되어 거의 학문의 대가 끊어졌습니다.

해방이 되었어도 조선총독부 조선사편수회가 날조해 놓은 『조선사』 36권을 파기해 버리고 진정한 우리 역사를 내놓을 정도로 유능한 정치 지도자와 사학자들을 지금껏 우리는 갖지 못했습니다. 더구나 이승만 대통령은 해외 망명 생활만 하다 보니 국내에 정치 기반이 없었으므로 친일 분자들의 협조로 정부를 꾸려나갈 수밖에 없었습니다.

일제 어용 사학자들에게서 역사를 전수받은 이병도, 김원용을 비롯한 한국인 반도식민 사학자들은 이들 친일파 정치인들을 등에 업고 계속 활개를 칠 수밖에 없었습니다. 더구나 이승만 대통령은 정부 수립 후 겨우 3년 만에 북한의 남침으로 임시 수도를 부산으로 옮길 수밖에 없었습니다.

휴전이 된 후 박정희 시대에는 재야 민족 사학자들이 〈자유〉라는 월간지를 통하여 역사 찾기 운동을 벌였지만 식민 사학자들의 준동으로 정부 당국의 관심을 끌지 못했습니다. 그러는 사이에 역사 찾기 운동을 주도했던 문정창, 안호상, 박시인, 임승국, 박창암 같은 쟁쟁한 재야 민족 사학자들은 역사 광복을 이루지 못한 원한을 품은 채 노령으로 한 분 두 분 모두 다 세상을 등져 버렸습니다."

저자 약력

경기도 개풍 출생
1963년 포병 중위로 예편
1966년 경희대학교 영어영문학과 졸업
코리아 헤럴드 및 코리아 타임즈 기자생활 23년
1974년 단편 『산놀이』로 《한국문학》 제1회 신인상 당선
1982년 장편 『훈풍』으로 삼성문학상 당선
1985년 장편 『중립지대』로 MBC 6.25문학상 수상

저서로는 단편집 『살려놓고 봐야죠』(1978년), 대일출판사, 민족미래소설 『다물』(1985년), 정신세계사, 장편 『소설 한단고기』(1987년), 도서출판 유림, 『인민군』 3부작(1989년), 도서출판 유림, 『소설 단군』 5권(1996년), 도서출판 유림, 소설선집 『산놀이』 ①(2004년), 『가면 벗기기』 ②(2006년), 『하계수련』 ③(2006년), 지상사, 『선도체험기』(1990년~2020년), 도서출판 유림 및 글터, 『한국사 진실 찾기』 1~2(2024), 글터 등이 있다.

한국사 진실 찾기 2

2024년 11월 8일 초판 인쇄
2024년 11월 15일 초판 발행

지 은 이   김 태 영
펴 낸 이   한 신 규
본문디자인 안 혜 숙
표지디자인 이 은 영
펴 낸 곳   글터
주   소   05827 서울특별시 송파구 동남로 11길 19(가락동)
전   화   070 - 7613 - 9110 Fax02 - 443 - 0212
등   록   2013년 4월 12일(제25100 - 2013 - 000041호)
E-mail   geul2013@naver.com

ⓒ김태영, 2024
ⓒ글터, 2024, Printed in Korea

ISBN 979 - 11 - 88353 - 65 - 1   04910   정가 20,000원
ISBN 979 - 11 - 88353 - 63 - 7(세트)